上海孙中山故居
史事编年
(1918-1949)

上海孙中山故居纪念馆　编

上海人民出版社

上海莫利爱路 29 号寓所主楼及草坪

上海莫利爱路 29 号寓所正门旧影

1924 年 11 月孙中山在莫利爱路 29 号寓所留影

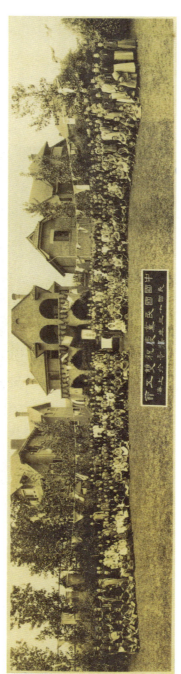

1924 年 5 月 5 日，国民党上海执行部在莫利爱路 29 号孙中山寓所举行纪念孙中山就任非常大总统三周年庆祝集会活动并合影

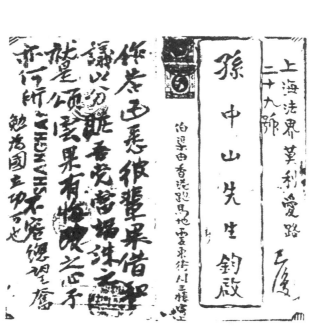

林伯渠致孙中山函

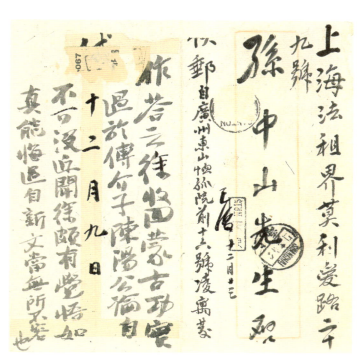

1919 年 12 月 9 日凌钺致孙中山函

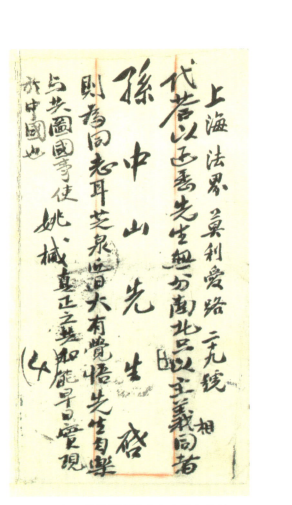

上海 法界 霞利愛路 二元錢 相

代若以正喬先生無分南北以眠主義相同者

孫中山先生啟

則為同志耳芝泉匝近大有覺悟先生自樂

与共圖國爭使姚、械真正之英如能早日實現

於中國也

(4

1920 年 5 月姚畏青致孫中山函之信封

1935 年冬何香凝为贺宋庆龄生日绘赠宋庆龄的松竹梅图

编 委 会

编者按

　　上海孙中山故居(原莫利爱路 29 号,今黄浦区香山路 7 号)是伟大的民主革命先行者孙中山先生和夫人宋庆龄在上海的寓所。孙中山与宋庆龄于 1918 年 6 月入住该寓所,自此这里便成了这对革命伉俪唯一共同的家。孙中山在此完成了《孙文学说》《实业计划》等重要著作;会见了中国共产党人以及共产国际代表,商谈国共合作,为"联俄、联共、扶助农工"三大政策的确立和第一次国共合作的实现奠定了基础。1924 年下半年,孙中山受冯玉祥之邀,北上共商国是,临行前他在这里召开了记者招待会,阐明了谋求和平统一的主张。1925 年孙中山逝世后,宋庆龄继续在莫利爱路 29 号寓所居住至全面抗战爆发,并在此为中国革命作出了许多独特的贡献,于抗战胜利后将此寓所移赠给国民政府。孙中山、宋庆龄在莫利爱路 29 号寓所共同生活、工作、学习,谋划中国革命、规划中国未来发展的建设蓝图,在中国近现代历史进程上有着举足轻重的历史地位。恰如宋庆龄所言"中国人民曾经经历了漫长而艰苦的道路取得胜利,而为建设富强繁荣的社会主义国家奠定基础。在这条道路上,中山故居象征着重要的里程碑"。为更好地宣传孙中山宋庆龄思想,保存故居记忆,为不可移动文物保护及历史研究提供第一手资料,我馆整理编写了《上海孙中山故居史事编年(1918—1949)》。

　　本书以时间为顺序,结合《孙中山全集》《孙中山史事编年》《孙中山年谱长编》、上海孙中山故居馆藏文物史料及民国档案资料,记述了孙中山、宋庆龄 1918—1924 年,宋庆龄 1925—1949 年在莫利爱路 29 号寓所发生的历史事件,包含孙中山、宋庆龄的电文电报、信件往来、会客摘要等,比较全面地收集莫利爱路 29 号寓所关联的档案资料,汇编成书。

　　本书编写过程中参考了《孙中山史事编年》各卷,在此向主编桑兵教授及各卷编者表示感谢。由于编者自身水平有限,加之史料搜集难以尽善,书中难免有错讹疏漏之处,祈请专家、读者批评指正。

编　者

2023 年 9 月

目　录

1918 年

6 月 24 日　关于孙中山至沪后的居所,报端亦有猜测。法新租界环龙路孙中山"自筑之洋房",当孙离开广州时,曾有人打扫"以备来沪驻节",而目前却"反关如无人"。(《孙中山来沪消息》,《时事新报》1918 年 6 月 26 日,"本埠时事")

注:原文有注曰,此处有误,环龙路寓所为租住,而"自筑之洋房"当指莫利爱路住宅。此处"自筑之洋房"指莫利爱路寓所当属无误,但需说明的是莫利爱路寓所也并非孙中山"自筑",而是加拿大华侨所赠。

6 月 26 日　另有上海日文报纸记者曾登上"近江轮"采访,称孙氏当日上岸后即乘车"至法租界斯安路二十九号住宅"。(《东报纪孙逸仙来沪情形》,《时报》1918 年 6 月 28 日,"本埠新闻")

有研究者认为孙中山此次抵沪后即入住莫利爱路 29 号。(王耿雄:《伟人相册的盲点——孙中山留影辨正》,第 244—245 页)5 月中旬,宋庆龄在宋耀如葬礼后搬离了宋家(《宋美龄致米尔斯函》,上海孙中山宋庆龄文物管理委员会、上海宋庆龄研究会编:《宋耀如生平档案文献汇编》,东方出版中心 2013 年版,第 121 页),有可能就已经入住此宅。

6 月 27 日　致电陈炯明、蒋介石。

曰:"汕头陈总司令鉴,并转介石兄鉴:闻张怀芝率大兵已到赣,不日恐有攻粤之事。又闻北兵二千余,由海道至汕,登陆援龙;李厚基在闽兵力,日日增加……现已在三面包围之中,地位极为危险,此时敢冒险进攻则生,不冒险则必致坐困……而我以可胜不可败之兵,据能战而不能退之地,必无幸免也。诸兄其速图之!"(罗家伦主编,黄季陆、秦孝仪增订:《国父年谱(增订本)》下册,台北中国国民党中央委员会党史委员会 1985 年版,第 1003 页)

6 月 29 日　谢持来谒。

孙洪伊、谢持等人连日讨论是否就任总裁及主席总裁的问题。(谢持:

《谢持日记未刊稿》第 4 册,广西师范大学出版社 2007 年版,第 29—30、31、45 页)

6 月 30 日　岑春煊搭"春阳丸"离沪南下。岑离沪前曾派人来晤,促与其同行返粤。

"孙乃对岑之使者言,此次改组军政府非岑公早日回粤主持则西南大局必难发展,故希望岑公肩此重任,早日起程。至中山自己则愿赴美一行,筹集款项以为军政府及岑公等之助力,务求同尽责任以期军政府之日渐发展云。"(《成立后之军政府》,上海《中华新报》1918 年 7 月 16 日,"紧要新闻")

△ **6 月**　宋庆龄在上海致电在日本的孙中山。

谓:"已与法国领事交涉好,上海可以居住。"孙中山于 6 月 23 日由神户乘船,26 日抵达上海。(《孙中山全集》第 4 卷,中华书局 1984 年版,第 485 页)

7 月 3 日　致函某领事馆,询问北方政府运动逮捕一事。(《孙中山最近之行动》,《新闻报》1918 年 7 月 4 日,"本埠新闻")

7 月 4 日　孙中山接受日本记者访问。被问及"对于中日两国应如何处置欧洲战争,且于日本之地位与中国之关系等",孙中山"绝对不谈"。(《孙文绝对不谈内政》,《顺天时报》1918 年 7 月 8 日,"时事要闻")

△ 致函孙科,告知离粤后赴日及至沪日程。

"同时得孙夫人由上海来电云:已与法国领事交涉好,上海可以居住。遂于六月二十三日由神户乘船,二十六日抵上海,平安登陆。现住上海法界莫利爱路二十九号(29 Rue Moliere)",对于现在的时局,"拟暂不过问"。并让孙科去看望宋子文与宋庆龄。(《孙中山全集》第 5 卷,人民出版社 2015 年版,第 28—29 页)

7 月 5 日　谢持、杨庶堪前来谒见。杨庶堪因入川道路不通,于 5 月下旬返回上海。(谢持:《谢持日记未刊稿》第 4 册,第 35、42 页)

△ 吴铁城自汕头来函,详细报告广东各方面情况,并拟到前线视察战况后再赴沪。(《铁上总理函》,环龙路档案第 02058 号)

7 月 7 日　李宗黄来谒。李氏奉唐继尧命,于 1918 年上半年历访长江三督,7 月抵沪,将往日本采购兵工厂机械。

谈话中指出军人只懂军事是不够的,"还必须了解政治",建议李氏到日本后,多考察些政治、尤其是地方自治方面。谓"政治的基础,在于地方自治","日本之强,非强于其坚甲利兵,乃强于其地方组织之健全",但日本的地方自治"官治气息很重","不合乎吾党民权主义全民政治的要求",不过他们的某种精神和方法,"在训政时期却很可参考"。李氏因请为其写一两封介绍信携至日本。后为李宗黄"写了一厚叠介绍信",包括原敬、犬养毅、床次竹二郎、宫崎寅藏、头山满、萱野长知等人,李氏由此认为"孙先生对我赴日考察地方自治之行,确是寄予莫大的期望"。(李宗黄:《李宗黄回忆录——八十三年奋斗史》第 2 册,中国地方自治学会 1972 年版,第 234—235 页)

7 月 8 日　晚,梁士诒来见。梁氏于 7 日由津至沪,本日往各处拜客。当晚,"以外国三道头西捕一名保护"至孙宅(莫利爱路 29 号寓所)。(《梁士诒过沪赴港》,《新闻报》1918 年 7 月 10 日,"本埠新闻")

7 月上旬　孙中山接待吴玉章来访。

吴玉章在简要介绍国会非常会议选举 7 总裁的经过和来意后,恳请孙中山南下赴广州就职。孙中山回答:"那些人还革命? 他们根本不革命,他们想拿军政府和北方议和以保个人权位,我绝不与他们同流合污!"当吴玉章劝说:"南方势力派想出卖军政府与北方议和,如果先生在其中团结真正的革命力量,也能制止他们的出卖,以保存革命势力⋯⋯希望先生委曲求全保持革命的联合战线,先生如果不愿亲自前去,派一位代表去也可以。"孙中山听后,感动得流下热泪,随即表示:"我听你的话,决定派汪精卫去。"7 月 16 日,孙中山接受军政府总裁职务,派徐谦去广州任军政府全权代表。(吴玉章:《对孙中山先生的一段回忆》,《文汇报》1956 年 11 月 11 日;《孙中山集外集补编》,上海人民出版社 1994 年版,第 219—220 页)

7 月 13 日　致函陈炯明,分析目前各方情势。

希望攻下福州,则"前途大有可为⋯⋯悉力图之"。"鉴于外交方面骤难活动,一切计划,未能实行。"粤军战事"万难操全胜之算",但必须奋进,"潮汕一隅,势必陷于重围",冒险求胜,"我军当能大占胜利"。(《致陈炯明望向福州进取函》,中国国民党中央委员会编订:《国父全集》第 3 册,台湾近代中国出版社 1989 年版,第 562—563 页)

7 月 15 日　国会议员来电,劝请孙中山速就总裁职。

电称:"尤非得坚忍纯洁者,肩斯巨任,不足以感召全国","一切进行,繁公是赖"，请孙中山速就职，"以竟前功而慰群望"。（《国会议员请孙先生力疾就职电》，上海《民国日报》1918 年 7 月 15 日，"要闻"）

7 月 18 日　致非常国会函不无怨怼，"文之德薄能鲜，前者早有遗大投艰之惧……乃贵会议犹复属望于文，而又委之以重任，此心弥觉内疚"。（《粤军政府之未来两总裁》，《新闻报》1918 年 7 月 24 日，"紧要新闻"）

7 月 21 日　李公武来函，报告其行程，并请孙中山指拨款项，用于安顿在广东的数十名加拿大华侨义勇队员。8 月 17 日复函。（《公武上总理函》，环龙路档案第 08566 号）

7 月 23 日　谢持来谒，请示"国会开议后吾人取何态度"。

谓：对于现在时局，姑置不问，然同人欲行其主张，亦率归失败，不过浮沉而失败，不如有正当主张而失败者之为□也。则有同人自酌定可已。（谢持：《谢持日记未刊稿》第 4 册，第 53 页）

7 月 26 日　开始撰写《孙文学说》。本日致孙科函中谈及"经已起手著书，或于数月后可成一书也"。故此日可作是"撰《学说》之始"。（许师慎：《〈国父全集〉未刊之重要史料》，黄季陆等：《研究中山先生的史料与史学》，中华民国史料研究中心 1975 年版，第 179、182 页）

△　致孙科函，叮嘱其要以读书、译书、考察学问为重，"切勿空过时光"。孙中山托林森给孙科带回新购买的十本书，提及近日由日本订购数百种新书。并向孙科推荐了《宗教破产》《细胞的智能》等书，称："其思想为极新，驾乎近时学者之上，汝可译之，亦可开中国学者之眼界也。"（陈锡祺主编：《孙中山年谱长编》上册，中华书局 1991 年版，第 1128 页）

△　宋庆龄与孙中山、孙科夫人陈淑英等同往霞飞路 491 号宋宅拜访母亲。晚，与陈淑英外出购物。（参见孙中山 1918 年 7 月 26 日致孙科函，《孙中山全集》第 4 卷，第 490 页）

7 月 27 日　复陈家鼎函。陈及部分国会议员来函、来电欢迎就职。函曰："群英济济，荟萃一堂，会当伫瞻新猷耳。"希望议员们担起"救国天职，力持正义，努力进行"。（《军政府新猷初展·孙总裁最近之态度》，上海《民国日报》1918 年 8 月 21 日，"要闻"）

7 月　致函唐继尧，希望"勉任艰巨，克竣闳业"。（《复唐继尧函》，《国父全集》第 3 册，第 565 页）

△　批答陈庚如函，支持其修筑香山县前岐车路。

函曰："筑路为文历所提倡,今得公发起之,喜极慰极",同意入股一千元,"望加入文名为赞成发起人之一"。(《批陈春生函》影印件,《中山墨宝》第 10 卷,北京出版社 1996 年版,第 61 页)

△ 中下旬致孙科函,交代筹集一万元修路经费之相关事宜。(《致孙科告以近况及所需款项已托廖仲恺代筹函》,《国父全集》第 5 册,第 79 页)

△ 许德珩来见。

据许德珩事后回忆:"1918 年的暑假,为成立全国学生统一的爱国组织——学生救国会,我和另一位同学作为学生救国会的代表,南下活动。为了阐述反帝爱国的宗旨,我们去莫利爱路会见了孙中山先生。中山先生和我们谈话时,客厅的一隅,坐着宋庆龄同志在打字,这是我认识她的开始。"(许德珩:《高风亮节 大义凛然——记宋庆龄同志》,《宋庆龄纪念集》,人民出版社 1982 年版,第 68 页)

8 月 1 日   列宁委托苏俄外交人民委员齐契林复函孙中山。

对孙中山的贺电表示感谢,并表示:"当各帝国主义政府从东、西、南、北伸出贪婪的魔掌,想一手击破俄国革命并剥夺俄国工农同世界上前所未有的革命而获得的东西的时候;当外国银行家所扶植的北京政府准备同这伙强盗勾结的时候,——在这个艰辛的时刻,俄国劳动阶级就向他们的中国兄弟呼吁,号召他们共同进行斗争。"但孙中山并未收到此信。(孙剑晨 译:《与孙中山交换的外交信件》,《史学译丛》1958 年第 3 期)

8 月 3 日   谢持来谒,请示对国会的态度。

答称:国会恐率陷于失败地位,失败无伤,惟不可不力持正义,余事吾无所于主张也。对居正谋选举副总统之议大不为然,谓:"如果举为副总统者,则吾必脱中国籍矣。"嘱谢持向居正"详说其不可者"。(谢持:《谢持日记未刊稿》第 4 册,第 64 页)

8 月 9 日   致电孙科,让其转请伍廷芳父子赴沪。

伍廷芳因不满岑春煊、陆荣廷,曾对孙中山表示愿共同进退,孙中山复函:"如先生决意,便可同时行之。吾道不孤,将令彼恣睢挠法之武人若听死刑之宣告,未始于世道人心无益也。"(罗家伦编:《国父墨迹》,台北正中书局 1961 年版,第 168 页)

8 月 12 日   复孙科 7 月 31 日及 8 月 6 日函,再次督促译书。希望孙科翻译 *Government by all Peoples*,"因中国极需此种智识也"。并嘱孙科帮

助戴季陶设立股票交换所。(《孙中山全集》第四卷,中华书局 1984 年版,第497 页)

8 月 15 日　邓家彦来函,请求孙中山提供资助。

邓家彦为《自由新报》事宜,拟从香港赴檀香山,请孙中山资助旅费及美国移民局保证金 500 美金。(《邓家彦上总理函》,环龙路档案第 08567 号)

8 月 17 日　援闽粤军参谋长邓铿来函,报告粤军在闽进军情况和改编计划。9 月 16 日邓铿再次因粤军改编事来函。(罗家伦主编,黄季陆、秦孝仪增订:《国父年谱(增订本)》下册,中国国民党中央委员会党史委员会1985 年版,第 820—821 页)

△ 福建永安郭振刚来函,称自己"蹈穷饿之水火",请求赐小数款项救济。(《郭振刚上总理呈》,环龙路档案第 13669 号)

8 月 18 日　李烈钧来电,劝早日就职,谓"此次以实力问题发生障碍,毅然赞改组之议,大度苦心,尤深倾佩……西南贤豪,半我公旧雨,苟能携手偕行,天下事不足为也"。(《致孙中山书》,周元高、孟彭兴、舒颖云编:《李烈钧集》上册,中华书局 1996 年版,第 433 页)

8 月 19 日　复李襄伯、董直 6 月 5 日来函,感谢华侨踊跃捐款。

表示:"救国之心,未尝少懈。返沪以来,力谋挽护,刻从根本着想,非整理党务,先固实力,不足以及时奋起。"(《复李襄伯董直论救国须先整理党务函》,《国父全集》第 3 册,第 566 页)

8 月 21 日　陈炯明来函,条陈数事。一、促请胡汉民返回广东就任粤军代表。二、希望戴季陶、蒋介石、邵元冲前来襄助帮忙。(《陈炯明上总理函》,环龙路档案第 02771.1 号)

8 月 22 日　谢心准从广州来函,报告粤局各情况。称"自先生去后,颇以事无可为",拟往沪一行,表示"必竭力图报"。(《谢心准上总理函》,环龙路档案第 01877 号)

8 月 23 日　晚,蒋介石前来谒见,报告闽粤战况。(毛思诚编纂:《民国十五年以前之蒋介石先生》第 2 册,香港龙门书店 1965 年版,第 52 页)

8 月下旬　(27 日之前)"据称上海法界爱克路 29 号(原文有误,应为莫利爱路 29 号)孙文寓所内近日党人往来甚多,似有所谋,已饬探随时注意并密令各军警机关从严戒备云云。"(《卢护军使近致北京电》,《新闻报》1918年 8 月 27 日,"本埠新闻")

8 月 28 日   丁怀瑾从广州来函,对孙中山表达景仰之心。(《丁怀瑾上总理函》,环龙路档案第 00339 号)

8 月 30 日   收到周伯甘 20 日来函,孙中山批示"不理"。(《周伯甘上总理函》,环龙路档案第 02406 号)

8 月   林警魂所部蹂躏香山地方,陈庚如来函求救,长文复函详加指导。(《陈庚如上总理函》,环龙路档案第 03090.1 号。《民国七年复港商陈庚如函》,胡汉民编:《总理全集》第 3 集,上海民智书局 1940 年版,第 311—312 页)9 月 23 日,陈庚如再次来函,称复函"虽不能为力,而有心指导维持,足见关心桑梓……倘人人能如先生,则国步何致艰难若是哉"。(《陈庚如上总理函》,环龙路档案第 03090.2 号)

△ **7 月底至 8 月底间**   接受一个印度记者两次采访,体现了其对英日关系的洞察及对殖民地解放运动的关注。(刘建一等译注:《孙中山与一个印度人的谈话》,中山大学学报编辑部编:《孙中山研究论文集》10—11,第 108—109 页)

1918 年夏   宋庆龄代孙中山起草致列宁和苏维埃电。

△ 孙中山致电列宁和苏维埃政府,祝贺十月革命的胜利。

贺电指出:"中国革命党对贵国革命党所进行的艰苦斗争,表示十分钦佩,并愿中俄两党团结共同斗争。"(《孙中山全集》第 4 卷,中华书局 1984 年版,第 500 页)

△ 孙中山和列宁间开始函电来往。从此,宋庆龄便担负起孙中山致列宁苏俄之函电往来的起草工作。(盛永华著:《宋庆龄论》,广东人民出版社 1993 年版,第 32—33 页)

9 月 1 日   祁耿寰自广州上书。接函后批示:"介绍往竞存处,并作详函与竞存。"(《祁耿寰上总理函》,环龙路档案第 13594 号)

△ 赵丕成持石青阳函谒见并求助于孙中山。

函曰:"整饬军队,保此一部分实力",并给予赵丕成二十万元赴上海购置军械,希望孙中山予以指导,并表示:"他日西南有以首义助吾党者,则必此军也。"孙中山于 9 月 17 日复函批示"酌夺可也"。

9 月 3 日   致函李宗黄,为其钱行。(《致李宗黄邀请便餐函》,《国父全集》第 3 册,第 567 页)

△ 焦易堂来函。批示:"照办并复。"(《焦易堂上总理函》,环龙路档案

第 13279 号)

9月4日　蒋介石来谒,辞请训。面谕蒋介石,饬其返闽粤前线。(毛思诚编纂:《民国十五年以前之蒋介石先生》第 2 册,第 54—55 页)

△ 田桐上书,报告粤、闽各军情况,以及浙军归附的可能。(罗家伦主编,黄季陆、秦孝仪增订:《国父年谱(增订本)》下册,台北中国国民党中央委员会党史委员会 1985 年版,第 822—823 页)

9月5日　致函林镜台,派阎崇阶、杨虎(啸天)携往重庆。(《林镜台上总理函》,环龙路档案第 00449 号)

9月12日　复吴忠信 9 月 1 日来函。(《致吴忠信勉在闽南进展函》,《国父全集》第 3 册,第 568 页)

△ 李襄伯来函,感谢"此次到沪,蒙待遇之殷"。(《李襄伯上总理函》,环龙路档案第 01282 号)

9月14日　复李炳初函,称悉尼国民公会 4 月曾来函称,"洪门筹饷救济局存有余款,如此间有函提取,当可汇返",自己已复函请"竭诚接济,俾得专力为国事"。(《嘱李炳初转黄柱等汇寄存款函》,《国父全集》第 3 册,第 568 页)

△ 华侨义勇队队员杨星辉来函求助,后由秘书代复,谓"先生著述海上,不理时事"。(《杨星辉上总理函》,环龙路档案第 01362 号)

9月15日　致函郑忾辰(慨尘),告知近期潜心著述,希望启发"大多数之觉悟,谋将来之进行"。

略谓:弟自避居沪上,默察今日国事人心之坏,不特少数暴戾恣睢者,放佚而无所惮,而大多数之国民,皆持一种苟安偷活之见解,惟知敷衍弥缝于一时,而不为久远之计也。此其弊,在于精神上无勇决之觉悟,于条理上无建设之计划也。故其欲暂时韬晦,潜心著述,于国民之意向,及建国之规模,有所启发,冀得大多数之觉悟,谋将来之进行。(王凌:《怀念辛亥革命先辈、我的外祖父郑忾辰》,《福州文史资料选辑》第 10 辑,第 4 页)

9月17日　赵丕成持石青函来谒见孙中山。

孙中山批示:"已见赵君,所托之件已托赵君另函详达,酌夺可也。"(《石青阳上国父派赵丕成赴沪购械请指导函》,黄季陆主编:《革命文献》第 50 辑,台北文物供应社有限公司 1969 年版,第 285 页)

9月25日　冯自由来函,报告粤中各部情况。(《冯自由上总理函》,环

龙路档案第 02059 号)

△ 陈家鼐来函,拟往广东一行"以期贯彻护法目的"……请求借三百元以济急需。(《陈家鼐上总理函》,环龙路档案第 04654 号)

9 月 27 日　收到冯熙周 20 日广州来函……冯氏"多方挪借数十元",想来沪侍奉左右,请示是否可行。28 日由秘书代复。(《冯熙周上总理函》,环龙路档案第 01502 号)

9 月 28 日　收到马伯麟 9 月 22 日来信……报告岑春煊与李烈钧因和战问题而大生恶感。(《马伯麟上总理函》,环龙路档案第 02233 号)

△ 姜汇清上书,称自己早年在沪追随陈其美,"敢立军令状担任占领淞沪,不至遗(贻)误"。(《姜汇清上总理函》,环龙路档案第 11567 号)

△ 收到陈庆云 9 月 19 日上书,数月之前陈氏曾来谒见,函曰"欲借以演习技术……并非轻于去就,变更宗旨也"。(《陈庆云上总理函》,环龙路档案第 02407 号)

△ 颜德基来函,报告重庆会议结果。派卢舜卿赴上海谒见,报告川中情况。(《颜德基上总理函》,环龙路档案第 13233 号)

9 月 29 日　田桐从厦门来函,报告与浙军联系经过。邹鲁亦就此事致书孙中山:"想先生必能玉成此事。"(《上孙中山书》,王杰、张金超编:《田桐集》,华中师范大学出版社 2011 年版,第 148 页)

△ 日本原敬内阁成立。

孙中山曾请高木陆郎向原敬转告他对日本的建议。据高木陆郎回忆,他于原敬内阁成立后到第一次世界大战结束前某一日,曾到孙宅访问,曰:"很好,若回日本,请传话给原首相。"次日,请高木赴孙宅再叙,称:"昨天与阁下所谈之事非常重要,亦非常机密。我的北京话说得不好,可能有说得不对的地方。今天特请戴天仇来向您重述一遍。"(转引自段云章编著:《孙文与日本史事编年(增订本)》,广东人民出版社 2011 年版,第 580 页)

9 月 30 日　谢持来函,报告之前托赴沪的廖仲恺转达其意见,当下与返粤的汪精卫、徐谦会面,再次致函陈述主张。提出"先生居沪宜留意北方军人,极力联络,布潜势于北。时机到时,乃能包举全国"。(《谢持上总理函》,环龙路档案第 13918.2 号)

10 月 1 日　陈炯明来函。

谓:"桂派忌弟成功,刻已渐下毒手……明断粤军饷源,使进退无路,殊阴险也,弟处兹境,四周皆敌……沪上吾党不乏有为之士,请嘱其来助",攻下厦门"先生当可惠临指示一切,尤所祷盼"。(《陈炯明告粤军在闽情形上总理函》,黄季陆主编:《革命文献》第 48 辑,第 281—282 页)

△ 刘冠辰来函,为办震东牙科医院。

谓:"想先生素以推诚见爱,当亦乐为吹荐也。"(《刘冠辰上总理函》,环龙路档案第 01155 号)另有一牙医郑灼臣来函,表示此前曾上门为孙中山诊视,函谓:"尤幸药到病除,不负一番厚意",不愿收医药费,惟愿"借重英名,题赠匾额"。(《郑灼臣上总理函》,环龙路档案第 01157 号)

△ 蒋介石来谒,向中山先生请辞欲赴欧美游学,孙中山并不同意其在彼时远离游学,勉励其应留在国内继续在军事上协助孙中山。(《民国十五年之前之蒋介石先生》第 2 册,第 85—86 页)

10 月 3 日　据称,本日晚孙中山欲与李征五等人秘密商议以图浙,"运动温、台一带警备队及盐枭,又使前光复军团长曾振卿组织机关,收集江浙军官,拟俟闽省有隙可乘,即行响应"。(《致李厚基等寒电》,中国科学院近代史研究所近代史资料编辑组编辑:《徐树铮电稿》,知识产权出版社 2013年版,第 369 页)

△ 复阮伦函:"文返沪以来,专理党务,对于时政,暂处静默。"(《复阮伦述粤事进展情形函》,《国父全集》第 3 册,第 569 页)

10 月 4 日　徐谦来函,报告军政府情况。

函谓:"竞存得特任宣抚使,名义较优,可为将来独当闽局之先□。至矿捐,仍准照收,于饷源当可无虑……如兵力不能制胜,则国会之(?)复以制定宪法,改正选举法后,依法改选众院……经谦正论,定为不成立。岑西林亦赞同谦说。"并提出对于目前时局的建议,"一面催促两院速招来粤之议员开选举会,一面暂以事实救济法律,议决一护法政府案,即以军政府代行大总统及国务院之职权,大约可望通过"。(《徐谦上总理函》,环龙路档案第02121 号)

△ 范其务来函反对和议。

函谓:"北方诸逆毁国法。卖国权,罪恶滔天……谭浩明一帮人护法无心,早欲了事……(北京政府)可见其悔祸无心,后患正长。"希望孙中山"为国为民,请力排和议"。(《范其务上总理函》,环龙路档案第 07855 号)

10 月 5 日　林镜台自四川来函。

杨庶堪函谓:"返渝后各界极表欢迎,并促就职","数日内一定省长发表,各行其实……是苍白亦不负先生厚望而后已",熊克武"对于先生,精神上毫无隔膜",但懋辛、余际唐"对于先生崇拜极矣","此数人均先生旧部,如得尽力赞助吾党,则先生可免西顾之忧也"。(《林镜台上总理函》,环龙路档案第 00449 号)

10 月 8 日　居正来函。

报告广州召开参众两院联合会,议决军政府代行国务院及大总统职权情形,"当场颇有反对,然亦只好消极。后经吴某胡闹、宋某打人,弄得一团糟。卒以糊糊涂涂草率通过"。(《居正上总理函》,环龙路档案第 02060 号)

10 月 9 日　凌钺来函,代陈家鼎求助。

陈母病重筹备后事,计需最少一千五百元。而陈家"室如悬磬……先生果能一援,他日汉元兄必当结草以报"。函附陈家鼎求助信,谓:"诸事可俭省,惟此项系鼎人子对于生我者最后之用款,不能不稍微慎重。"

△ 秘书代复"不能照办,至多照沧白尊人数目,代筹助□百元,兹先交上一百元"。(《凌钺上总理函》,环龙路档案第 04656 号)

10 月 13 日　马育航派雷毓湘携函来谒。

之前徐化龙致函马氏,称有无烟药及枪可购,马氏不知其底蕴,"不敢径付事权",故派雷毓湘至上海,"如徐君确系可靠,即由雷君交款购运应用也"。(《马育航上总理函》,环龙路档案第 02772 号)

10 月 17 日　孙中山复函康德黎夫人,介绍近几年来的活动并告知与宋庆龄结婚之事。

函谓:"接到您们的信十分高兴,尤其令我喜悦的是您们的每一个可爱的孩子都很健康。"告知:"在广州,我组织了与北方的非法政府相对立的军政府,该非法政府是由袁世凯的追随者和亲信们所组成的……合法的国会在广州召开之后,我便立即辞去了军政府首脑之职,因为我的目的已经达到了。"提及正撰写新书,"希望借此灌输国人新知",将"不问价值与对错,一味固守不放,以致阻碍了我们心理进步及成就的传统理论加以革命化",已完成了《民权初步》一书及正准备撰写《孙文学说》一书。并谓:"从您们最近的来信,我发现您们还没有获悉三年前我在东京第二次结婚的消息。我的妻子在一所美国大学受过教育,是我最早的一位同事和朋友的女儿。目前我正过着新生活,享受着我以前所没有的—— 一种真正的家庭生活,以及一个伴侣,一个贤内助。我的前妻不喜欢外出,因而在我流亡的日子里她从未有在国外陪伴过我。她需要和她的老母亲定居在一起,并老是劝我说按照旧风俗另娶一个妻子。但我所爱的女子是一个现代女性,她不可能容忍这样的地位,而我自己又离不开她。这样一来,除了同我的前妻协议离婚之外,再没有别的办法了。"表示:"我亟盼我的妻子和您们认识并像我一样的享受您们的友谊。因而我希望在不久的将来能够同她一起到英国去。随寄上我俩合影一张"。(《致康德黎夫人告以护法事业及著书婚姻状况函》,《国父全集》第 5 册,第 88—89 页。原函为英文)

10 月 20 日　担忧美国出面调停南北:"此次美国出任调停,其原因为日本对华政策之反感。""谓借外力为可调停,其愚已极,必使时局益形纷纠,其结果必促段氏之再起,非策之得者。"(《上海要人之调停观·上海二十日来电》,《顺天时报》1918 年 10 月 22 日,"时事要闻")

10 月 21 日　李烈钧来函。

称与徐谦会面,"备述我公救国热忱",李氏谓:"第值万方多难之秋,无半途作辍之理,责任所在,生死以之……妖氛匝地,来日大难,翘首申江,承教无自,幸为国珍重。"(《李烈钧上总理函》,环龙路档案第 03063 号)

10 月 22 日　黄复生来电。

称:"从此群贤毕集,盛德益彰,将士承风,万民托命。行见以回天之力,奏返日之功,奠国家于苞桑,拯生灵于涂炭。复生遥拜下风,无任钦仰。"批示"代答收到"。(《吴山录呈黄复生来电上总理函》,黄季陆主编:《革命文献》第 48 辑,第 290 页)

△ 朱慕菲题赠宋庆龄照片一张。(上海孙中山故居纪念馆藏)

10 月 23 日　蒋介石再谒孙中山。

坚称欲出国游学,孙中山仍劝其打消此念头,蒋后慨叹道:"见中师垂爱与施教殷勤之状,不禁赧汗,盖恐难副所期也。"(《民国十五年之前之蒋介石先生》第 2 册,第 85—86 页)

10 月 25 日　凌钺来函,报告在粤情形。孙中山批答曰:"对于时局尚想不出办法,故绝无主张,总由同志多数意见是瞻耳。"(《凌钺上国父报告徐谦来粤后之政情函》,黄季陆主编:《革命文献》第 49 辑,第 146 页)

10 月 26 日　徐谦上书,述坚持护法及维持陈炯明经过。

报告曰:"现在最要两点:(一)维持陈竞存;(二)坚持护法态度。"(黄季

陆主编:《革命文献》第 50 辑,第 219—220 页)

10 月 27 日　接受戊午通信社记者的采访。

谈及南北和议问题认为法律"绝无通融挪移之余地……国人对于法律往往混道德、人情为一例,此根本之错误……强暴专国,公理灭绝,其国内多数人,日在恐惶中,不独不足以对外,且必革命迭起,杀戮日猛。平时不能治安,外力乘之,必至亡国。故吾人对于法律问题,终不敢稍有迁就也"。(《民国某君之政局谈》,上海《民国日报》1918 年 10 月 28 日,"要闻")

10 月 29 日　易宗夔来函,寄上所著《新世说》请孙中山品题。

《新世语》刊行于 1918 年,其"言语"门记孙中山题于 1916 年。(《易宗夔上总理函》,环龙路档案第 01156 号)

11 月 1 日　致函广州军政府暨国会,坚持和议条件。

"吾人正当应此潮流努力奋斗以表示威武不屈之志,世界文明国人,乃能以我为新进之国民而引为同类也。"(《孙总裁致军政府暨国会书》,上海《民国日报》1918 年 12 月 4 日,"要闻")

11 月 3 日　孙中山与日本驻上海总领事有吉明会谈。

4 日,有吉明致电内田康哉,曰:孙氏(孙中山)称唐绍仪及各方面致力于和议,自己无反对和谈理由,南北和谈须"召开旧国会、制定宪法及另行选举大总统两项条件"。([日]外务省编:《日本外交文书》大正七年第 2 册上卷,第 79 页)

11 月 5 日　吴钝民、林剑魂等自吉隆坡来函,报告与同志集资创办《益群报》,以"阐扬吾党之主张,使内外国民咸知正义之所在"。11 月 28 日复函。(《吴钝民等上总理函》,环龙路档案第 04907 号)

△ 高旭自广州来函,求孙中山先生为其题"变雅楼选诗图"六字。(《高旭上总理函》,环龙路档案第 01158 号)

11 月 9 日　徐谦来函,报告政务会议情况,提议"议和务须以依法及永久为要义……于坚定人心不无裨益……某要人已阻谷钟秀(暂缓来粤)……其效力已可见"。(《徐谦上总理函》,环龙路档案第 01981 号)

11 月 10 日　福建汀漳镇守使洪兆麟来函。

洪曾受陈炯明之命准备进攻厦门,被和议所耽误,函谓:"欲进不前者匝月矣……各军戮(勠)力同心,以决一战……以图报效总座者,报效国家也。"孙中山于 23 日收信并作复。(《洪兆麟上总理函》,环龙路档案第 13491 号)

11 月 11 日 凌钺、萧辉锦来函,反对南北和议。

函谓"(徐世昌)既受非法选举,贸然就职",南北已无调和余地,而一帮热心权力之徒,"犹不敢抛弃主张、稍存消极,冒险奔走已数月……各种计划颇有成效"。孙中山接函后批示:"答以文暂时仍不欲问事,如何进行,总由多数同志取决施行便是。"(《凌钺萧辉锦上总理函》,环龙路档案第 13984 号)

11 月 12 日 陈赓如来函,提及其曾于 7 月来函请求先生赞助修路。

函谓"照章认为赞成发起者,每份银一百元……蒙先生认占十份,为最多之数……年来地方变政,惹起盗贼横行",工程师不敢勘测,导致工程延误,有股东提出退股,"想先生热心赞助于前,必不愿听有派回股款之事……请即指示进退之宜,俾作率循之准"。孙中山于 11 月 21 日批示"若以对于股本处置一事,或派回不派回,弟无成见,总随多数就是。至于路事,最好归全县公有。望兄提倡筹备,待时局平靖,立即进行。弟之股本或作筹备,或作捐款,皆兄处置可也"。(《陈赓如上总理函》,环龙路档案第 01608 号)

11 月 16 日 与日本实业家松永安左卫门会面,谈论日本对华政策及满蒙问题。

松永安左卫门在其 1919 年所写的《我的支那观》中记录了此次谈话内容,孙中山指出中国的南北对立是日本助长的,希望日本能停止对北方派的援助,北方派就会不攻自灭。(藤井昇三:《孙中山与满蒙问题》,中国社会科学院近代史研究所编:《国外中国近代史研究》第 3 辑,中国社会科学出版社 1982 年版,第 151 页)

11 月 18 日 孙中山致电美国总统威尔逊,申明维护临时约法的立场。

致电美国总统威尔逊,告以中国南北"唯一无二之议和条件,即民国国会须享有完全自由行使其正当职权是也。如此简单合理易行之条件尚不能办到,则唯有继续奋斗。虽北方武人援引任何强大压力,吾人为民请命,皆所不顾。并请其转告北方武人尊重国会"。(《孙中山全集》第 4 卷,中华书局 1984 年版,第 513—514 页;《孙中山先生致美大总统威尔逊电》,上海《民国日报》1918 年 11 月 23 日,"要闻")

△ 蔡元培来函,认为"国内和平之声浪洋溢南北,大势所趋,绝非少数人所能障挽。颇闻先生近方专心著述,不接政客,当亦是赞同和平之表示……倘于实业、教育两方面确着成效,必足以博社会之信用,而立民治之

基础,较之于议院占若干席、于国务院占若干员者,其成效当远胜也"。(《致孙中山函》,中国蔡元培研究会编:《蔡元培全集》第 10 卷,浙江教育出版社 1997 年版,第 355 页)

11 月 21 日　收到 11 月 8 日丁克涛来函。

函谓:"力辟妖言,护法到底",丁称自己窘迫,请求孙中山救济,"大局平定,自由回复,如数归还,决不负先生大义也"。(《丁克涛上总理函》,环龙路档案第 13891 号)

11 月 22 日　孙中山被传病重。"日朝野皆为抱忧,各团体正协议打电问疾……其知友等多为忧形于色。"(《时事新报》1918 年 11 月 22 日"各国电讯";长沙《大公报》1918 年 11 月 26 日"特别快信")

△《民治日报》社长游运炽等来函。

谓:"为唤起国人崇拜英雄、学者起见",请孙中山赐予肖像登载于报纸上,以"介绍于国人,引导社会进化裨益非浅"。(《游运炽等上总理函》,环龙路档案第 00341 号)

△ 梁记虎来函,并赠送其所作之《催眠术讲义》,请孙中山先生指教。

称自己在四川免费实施催眠治疗,"颇得社会欢迎",现任中华性理学会会长,"欢迎先生名誉赞助",请赐言提倡。(《梁记虎上总理函》,环龙路档案第 00356 号)

11 月 23 日　孙中山复凌钺、萧实中函。

称:"文迩来杜门养晦,聊以著述自娱,对于时局问题,终以多数同志之主张为进退。"(《复广州凌钺萧实中告专以著述关于时事可与胡汉民洽商函》,《国父全集》第 3 册,第 570 页)

11 月 25 日　凌钺来函,报告徐谦"同流合污,主张停战……始知季龙违反先生之意思,非先生改变护法之初衷也"。(《凌钺上国父报告徐谦违反主张请改派胡汉民来粤函》,黄季陆主编:《革命文献》第 50 辑,第 411—412 页)

11 月 27 日　孙中山复王子中函。

称赞陕军"艰难缔造,支柱一载,坚毅不屈,足为义师型范"。但"经济异常困蹙,甚思相济,顾爱莫能助,冀谅之也"。(《复上海王子中告北方诸系必崩勉以坚持护法函》,《国父全集》第 3 册,第 571 页)

△ 李亚东来函,称惊闻孙中山"亦有灰心之说……不胜惊惶……其能

存正气而维一线之光明者,实惟先生一人是望。如先生稍退,举国将有转移之势"。(《李亚东请国父电前敌将帅以振军心函》,黄季陆主编:《革命文献》第48辑,第348页)

11月29日　复凌钺函,同意其所说"国事多艰,吾人当以极远之眼光,最大之毅力,与群魔战争"。并赞扬萧实中为国事操劳,请凌钺代为致意。(《复广州凌钺论坚持护法终必胜利函》,《国父全集》第3册,第571页)

△　复童萱甫函。

谈及林森当选议长,"足征吾党团结之力,不后于人",希望同志"坚持护法初志,则进行前途,终必能达到圆满之目的也"。(《复广州童萱甫告坚持护法必达圆满目的函》,《国父全集》第3册,第572页)

11月30日　徐谦来函。

提出根本解决"惟在裁兵废督"。认为孙中山致电美国总统提出"只争国会自由行使职权",认为"惟如何始能达此目的及此国会之议员是否满中外人望,均属问题……谓护法乃一时原因,并非护法主张达到即属根本解决"。(《徐谦上总理函》,环龙路档案第02298号)

11月中旬　开始研究"国际共同发展中国实业",并撰写英文版《国际共同发展中国实业计划》。(《〈实业计划〉英文版自序》《〈实业计划〉中文版序》)

12月1日　宋均来函,就地方自治发表看法。

称"大总统既由国会选举,则其下一切皆应可类推……人人有权,方合民国有民权之旨","以地方人当地方兵","不动声色可暗削各督军之权","办理妥适,无碍之方,其细节不可一言而尽,请果见之实行,方一一言之"。孙批示"不答"。(《宋均陈述地方自治意见书上总理函》,黄季陆主编:《革命文献》第48辑,第348—351页)

△　蔡济民来函,言及平民政治。

谓:"欲救今日之中国,莫如平民政治;欲平民政治之实现,仍在开通民智","拟请先生就海上组织报馆,收生平所主张之平民政治、社会政策,发为言论,或载之日刊,或编为杂志,或著为专书,以启牖一般人民"。(《蔡济民上总理函》,环龙路档案第09402号)

12月2日　复谢英伯函,得知谢补选国会议员,并准备办报,认为"在国会则多一中坚人才,在舆论则增一健全报纸",但孙中山也提出无法对其

提供资助,"拮据情形,匪言可罄"。(《复广州谢英伯告无力任报馆经费函》,《国父全集》第 3 册,第 572 页)

　　△ 凌钺来函。

　　指徐谦"乖张异常,主张举陆荣廷为大总统",凌钺认为孙中山"将来选举总统时,或予以副座亦可,断不能以主座奉之,至贻引火自焚之讥",凌钺请孙改派驻粤代表,"免误事机"。孙批示"不答"。(《凌钺报告徐谦言论乖谬请改派驻粤代表上总理函》,黄季陆主编:《革命文献》第 48 辑,第 295 页)

12 月 3 日　徐谦来函。

　　报告 12 月 2 日下午日、美、英、法、意五国领事来提交劝告书经过,劝告书承认徐世昌为总统,并将劝告书抄录全份寄予孙中山,询问"此后方针如何? 尚望先生招同人共同讨论,见示为幸"。(《徐谦为请示五国劝告承认徐世昌上总理函》,黄季陆主编:《革命文献》第 48 辑,第 314 页)

12 月 4 日　复王法勤函,称"虑周意密,具见足下爱国爱党之苦衷"。

　　认为王对于徐谦的态度"亦适与文意相同也"。(《复广州王法勤告时事意见已函国会函》,《国父全集》第 3 册,第 573 页)

　　△ 复蔡元培函。

　　称"国民所薪望之平和,为依法之平和,为得法律保障之平和","民国若不行法治之实,则政治终无根本解决之望"。表示自己已致电威尔逊,"美国上议院已有承认中国南方为交战团体之提议,而美政府对文电亦表示赞同"。(《孙中山复蔡元培函》,中国蔡元培研究会编:《蔡元培全集》第 10 卷,第 356—357 页)

　　△ 致电军政府及国会。

　　谓"美总统威尔逊氏,对于我国之主和条件已赞同,以为我国国会应有完全自由之权行使法理上职责。彼尽其能力,协助我国,俾达民主共和及公正平和之目的。至其他要求,均可让步,惟上述之条件,务须坚持。鄙意主张,由我国政府以正式公文,要求美总统出为我国调人"。(《护法要人对于解决时局之要电·孙总裁》,上海《民国日报》1918 年 12 月 16 日,"要闻")

　　△ 徐谦来函,讨论是否请威尔逊作为仲裁人。

　　谓"因事前未得威尔逊致同意,万一有困难情形,而威拒绝,则先生之主张失败",伍朝枢则认为威尔逊"必不能来,如派芮恩施,则不佳……须请另派在美之人来为代表,方不致失败"。(《徐谦上总理函》,环龙路档案第 02023 号)

△ 唐继尧来函,言及援陕、鄂各省情形以及对南北议和的态度。

重庆会议共决攻防计划,"以主力攻陕,而于湘鄂两方亦复分别增援","近日国民心理切盼和平,而欧战将终,各友邦亦多以善意相劝告"。孙批示"作答嘉其正论"。(罗家伦主编,黄季陆、秦孝仪增订:《国父年谱(增订本)》下册,第829页;《唐继尧上总理函》,环龙路档案第04056号)

12月5日　与有吉明见面,有吉明转达内田康哉电文大意。

"孙文始终忧虑东亚大局,以日中提携为念,此帝国政府及本邦人士一般所深刻谅解。帝国政府在对华方针及方法上,虽与孙氏意见有所不同,但相信在结局之目的上,完全归于一致","望能恳切劝说孙文顾及大局之归趋,此刻宜持稳健自重之态度,赞同日本之方针"。孙氏对日本政府深表感谢,认为"事情至此地步,除等待时机之外,别无其他意图","当今有一律裁兵之需要时,日本仍扶植一部分军阀之势力……希望予以仔细慎重之考虑"。([日]外务省编:《日本外交文书》大正七年第2册上卷,第134—136页,译文引自陈耀祥:《1918年中国南北议和酝酿期间孙中山所持的立场》,《岭南文史》1994年第3期,第46页)

12月6日　于右任来函,报告陈树藩军队在陕西进攻的情况。

"阳言和议,暗逞逆谋,节节进逼,蹂躏陕民。""敝军于万不得已之时,不能不为正当防卫之计。"(《致孙中山函》,全国政协文史资料研究委员会等编:《于右任文选》,第170页)

△ 李纯来函,称中央已应允和谈会议,"惟名目为和平、为善后,地点为南京、为上海,正在协商",准备另请居间团体、在野名贤"以声气之应求,促美满之效果",特派白坚武来谒,请孙中山指导。(《李纯上总理函》,环龙路档案第11154号)

12月8日　白坚武偕张新吾来谒。

白坚武受李纯所派,至上海、杭州、南通与孙中山、孙洪伊、张謇等人"接洽意见,兼报告和议内容"。白坚武还拜访了唐绍仪、戴季陶、张继、温世霖,认为"中山政治特识最高,而乏常识"。(中国社会科学院近代史研究所编,杜春和、耿来金整理:《白坚武日记》第1册,江苏古籍出版社1992年版,第171页)

△ 王芝祥抵沪后来莫利爱路寓所谒见孙中山。(《王芝祥昨日抵沪》,《申报》1918年12月9日,"本埠新闻")

12 月 9 日　孙中山为蒋介石母亲五十五岁寿辰题词:"蒋母王太夫人五十晋五荣庆:素行乎丰约夷险,斯锡之福寿康疆。"(毛思诚编纂:《民国十五年以前之蒋介石先生》第 2 册,第 66 页)

12 月 11 日　白坚武、张新吾再次来访。

孙中山认为"中国此时宜提出高丽独立案于和席。盖高丽不能以安南比,中法之战中国以条约割让安南于法,中日之战中国以条约退出主权,令高丽独立,日本当时所承认,其后乃积渐吞并之。美国其时亦有尊重高丽独立之宣示,后以势不便单独立言。今乘国际联合会议提出陈案,中美协力,足令武力吞并者根本销灭"。白坚武回答"诚为解决良机,但内政不清,此节不能办到也"。又谈及裁兵问题、辛亥及军府外交上之利钝关系,"尽欢赠像而别"。(中国社会科学院近代史研究所编,杜春和、耿来金整理:《白坚武日记》第 1 册,第 171 页)

12 月 12 日　复熊希龄、蔡元培 11 月 4 日函。

认为政争连年,民生受困,皆"由于法律为武力所破坏",所以国民祈求的是"永久和平","即使法律得完全之保障,而举国皆托庇于法治之下也","诸君子高瞻远瞩,谅同斯意"。(《复北京蔡元培熊希龄维护国法为治国基本书》,《国父全集》第 3 册,第 575 页)

△ 李卓峰来函。

称接先生函"备聆雅意,感谢弗胜"。李氏与汪精卫等人常相聚,"备闻先生民生计划进行甚速……亦欲本其微长奉行伟创,顾切望鼎力互助,方克发展……会当益自勉力以赴目的,冀不辱命"。(《李卓峰上总理函》,环龙路档案第 01444 号)

12 月 14 日　王济辉来函,其早前被段祺瑞、张作霖诬陷。

函谓:"昔曾大费金心尽力维持,今夏蒙先生嘱黄君大伟本先生意志",孙中山曾为其申雪,致函徐谦"(王)确系反对袁氏之推翻共和,起义桓仁",后王济辉得以平反。(《王济辉上总理函》,环龙路档案第 03045 号)

12 月 17 日　报载王宠惠受徐世昌所派携书南下,与孙中山面商一切。

电请军政府"正式推举相当人物,由中央分别聘委,赴欧预会,切勿南北自分,致启国际间之问题,而遗出席资格上之不便"。(《欧洲和平纪·中央已允西南派员赴欧》,天津《益世报》1918 年 12 月 23 日,"要闻")

12 月 19 日　李海云自汕头来函。

谓邱于寄自沪返回言及"钧座拮据情形,至深驰系",于是勉强筹措了一千元委托马育航带上,请孙中山察收备用,"稍假时日,仍当续汇"。此函孙中山于1919年1月7日回复。(《湖桥盐副李海云上总理函》,环龙路档案第02854号)

12月20日　李亚东来函,称将来沪晋谒。

李氏报告称在粤时与凌钺、徐谦诸人都有所磋商,拟路过上海时晋谒请示,以便有所遵循。(《李亚东上总理函》,环龙路档案第00263号)

12月23日　徐谦来函。

谓:"今日又奉到复电,赞成派汉民为代表,可见先生对于时局应付之方颇为适当,此后即应照此方针进行。"(《徐谦上总理函》,环龙路档案第02063号)

△ 复陈炯明函。

感谢其托人带来的水仙和茶花,"足供新年之用",赞誉陈氏在福建的措施"既切近时需,而规画又复宏远",并告知自己此时"专期《实业计画》有所著述",待此书完成后再从事其他。(《复陈炯明奖勉在闽措施函》,《国父全集》第3册,第579页)

△ 洪兆麟、邓铿、黄大伟来函。

谓:"先生奔走革命数十年,今仅得一中华民国之假招牌,言之痛心……(粤军)纯以先生护法救国之主张为标准,无论如何如何困苦,终以忍耐为归属……吾党当有深远计划,凡属先生左右之人,均当来此相助为理。务使粤军现有势力,完全保存,将来作事自有基础。"(《洪兆麟等上总理函》,环龙路档案第13394号)

12月24日　复函邹鲁。

谓:"闻于推展堂任粤省长事,已较有头绪,如能办到,鄙意当然赞同。惟粤事纠纷错杂,近者尤甚,一切举动,似宜妥慎图之为要。"(《复广州邹鲁赞同推胡汉民为粤省长函》,《国父全集》第3册,第582页)

△ 复函焦易堂。

谓:"哲嗣从戎殉国,志节炳然……赴欧特使,以今日南方尚未得各国承认,未必有效。文苟驽钝所及,此后或以私人名义往赴欧美,以冀尽个人之责职,亦甚有益。"(《复广州焦易堂唁慰其子殉国并告拟以私人名义赴欧美函》,《国父全集》第3册,第581页)

△ 复凌钺等人函。

重申"赴欧代表一节,以南方政府刻尚未为各国承认,无从取得国际资格;即派代表,亦恐未能生效。文非欲以谦退鸣高,实恐不能副此责任耳。鄙意以为不如待有机之时,以个人发言,为效较大,想能谅之"。(《复广州凌钺等十四人告代表参加和会不如由个人发言为有效函》,《国父全集》第 3 册,第 582 页)

12 月 25 日　卢师谛、杨虎来函。

谓:"惟四川一省此番惨淡经营,较昔确有进步",希望能排除熊克武,"熊氏仍背约不发表,且于饷项百端难之",若卢、石、颜三部为一师建成,"与沧伯想提挈,全蜀之统系自立,势力自广"。此函,孙中山于 1919 年 1 月 14 日回复。(《卢师谛等上总理函》,环龙路档案第 00570 号)

12 月 26 日　于右任来函。

谓:"湖南兵燹之惨状,将重演于秦省……凡此皆足为逆党无诚意言和之铁证",望护法各省"罢议续战,下定决心,以武力求和平……如此陕西不难早定,然后出兵潼洛,则大局即日解决矣。"(《于右任为议和及陕西战事上总理函》,黄季陆主编:《革命文献》第 50 辑,第 349—350 页)

12 月 28 日　致函钮永建,慰问其遇刺伤情。

谓:"粤为通都大邑,而奸宄横行,弁髦法纪,宜严惩凶党,以儆将来……出入戒慎,以防未然。"(《慰广州钮永建遇刺函》,《国父全集》第 3 册,第 583 页)

12 月 29 日　吴文龙来函。

之前吴文龙由四川来沪,曾来拜见,"仰见精神矍铄,不异曩时",于 11 月返乡,来函称"倘先生有所驱遣,文龙当即来前听命也"。批示:"代答,现下无事,尽可自由行动。"(《吴文龙请示方针上总理函》,黄季陆主编:《革命文献》第 48 辑,第 135 页)

12 月 30 日　撰成《孙文学说》序。

曰"以破此心理之大敌,而出国人之思想于迷津,庶几吾之建国方略,或不致再被国人视为理想空谈也。夫如是,乃能万众一心,急起直追,以我五千年文明优秀民族,应世界之潮流,而建设一政治最修明、人民最安乐之国家,为民所有,为民所治,为民所享者也"。(《建国方略》,《孙中山全集》第 6 卷,第 157—159 页)

12 月　孙中山复李遂生函。

称"文自返沪以来,日以著述自娱,对于时局殊无成见在胸……足下倘能被选,定能为百粤父老增进幸福也"。(《复香港李遂生告无款援助函》,《国父全集》第 3 册,第 584 页)

是年

胡瑛(经武)曾至莫利爱路 29 号谒见。

苦述赞成洪宪为不得已之苦衷,求宽恕。孙痛斥"胡经武,我从前以三民主义号召汝革命,并未教汝劝人做皇帝,如汝非革命党人,而保皇党、进步党、宪政党为之,翻然改悔可恕也;保皇、立宪、进步党员,尚多不为此劝进丑事者,而子为之,是可恕,孰不可恕乎? 士君子重廉耻道义,爱人以德,既毁袁世凯,又来此忏悔,汝并无意对项城于地下矣。汝且闭户思过,求有功德于人民者,作一二事,国人当为宽恕,不必向予悔过也"。(刘成禺:《先总理旧德录·严正第七》,尚明轩等编:《孙中山生平事业追忆录》,人民出版社1986 年版,第 689—690 页)

△"护法"斗争失败后,孙中山怀着极度苦闷的心情回到上海。宋庆龄以温柔体贴的照顾抚平了孙中山心中的伤痕,并协助他总结失败的经验教训。孙中山从回到上海至 1919 年这段时间,深居简出,发愤著书。写成了《孙文学说》和《实业计划》,与在 1917 年完成的《民权初步》,计 20 万字。后合编为《建国方略》出版。在孙中山著述《建国方略》时,宋庆龄担当了资料员、抄稿员和翻译。(《宋庆龄论》,第 32 页)孙中山在莫利爱路寓所有很多的藏书,室内四壁挂了各种地图。每晚,孙中山最喜欢的事,是铺开巨幅中国山水、运河图,弯腰勾出渠道、港口、铁路等。而宋庆龄则为孙中山读马克思、恩格斯,还有著名科学家如汉道科·埃利森、危普敦·辛克莱等人写的书。当时孙中山还"订阅了一种英国出版的《航运年鉴》,知道很多船只的吨位、吃水等这一类的事情"。有一次,孙中山乘坐巡洋舰视察海宁时,告诉大副,航道水浅,把船靠外行驶。但这位大副以为他更熟悉情况,结果船搁了浅。(张珏:《在宋庆龄像前的回忆》,载《红旗飘飘》第 27 集,第 14 页;宋庆龄:《孙中山——坚定不移、百折不挠的革命家》,《宋庆龄选集》下卷,第 484 页)

1919 年

1月1日　阮本畴来函,报告赴美筹款相关事宜。

阮本畴之前在上海时曾来与孙中山谈筹款问题,本日来函继续汇报进展情况,谓:"前接东美各同志手书,佥谓筹款问题须积极进行,该函一月前业已奉上,祈即赐复,以便进行。"(《阮本畴上总理函》,环龙路档案第 08415 号)

1月4日　马逢伯来函,请求孙中山指示和议内情。

函谓:"顷闻局部议和行将实现,段(祺瑞)、陆(荣廷)携手,西南解体,国事益不可为矣。前事迄无回音,而议和之声频击耳鼓,吾党计划,似为段氏所利用,但不知内幕如何。先生卓识远虑,当必有灼见其隐,愿进晚等而教之也。"(《马逢伯上国父请示南北和议问题函》,《革命文献》第 50 辑,第 419 页)

△ 孙中山接函后批示,段、陆并无携手,局部和议是徐世昌与陆荣廷的阴谋,"吾辈当竭力打消之,否则民国已矣"。(《批马逢伯函》,《孙中山全集》第 5 卷,第 1 页)

1月5日　复于右任 12 月 25 日函,勉励其努力维持。

"近自和议声日促日进,群为苟且之图,无澄清之远谋,思之岂胜扼腕。顾军政府在南亦仅有空名,欲期以饷相助,势所不能……文苟有可为,亦必竭力相助,决不使兄独任其难……(望)努力维持固有实力,保存现在地盘,以待发展之机……念国事之艰难暨西陲之重要,万勿遽怀灰心而有引退之意,总宜以贯彻民治主义自任,持以坚贞,以待将来。"(《复于右任函》,《孙中山全集》第 5 卷,第 2 页)

1月8日　李纯来函。

谓:"近来关于和议事项,所有致尊处及西南诸公通电,皆用专密电本,往往一电翻译数次,不但延搁时间,且费译发手续费。兹编就和密电码十一本……特邮上一本,将来遇有机要通电,即可用兹密码,借通消息。"(《李纯

上总理函》,环龙路档案第 11826 号)

1 月 9 日　林森来函,介绍郑毓秀来见。

"吾党健者郑毓秀女士近欲赴法留学,彼素与法国政界、议会、报馆各要人均有联络",现郑过沪,特介绍前来晋谒,望"对于和平会所抱方针,一一而教之"。(《林森上总理函》,环龙路档案第 03015 号)

1 月 10 日　复芮恩施函。

上年 12 月 11 日,美国驻华公使芮恩施来函,1 月 9 日收到。本日复函,"因我对建筑极感兴趣,所以,如蒋梦麟博士前来取建筑设计图的卷宗,请您将其交给他"。(孙修福译:《孙中山致芮恩施函两件》,《民国档案》1991年第 3 期)

注:1917 年至 1919 年间,蒋梦麟在上海与孙中山时常见面,常常赴莫利爱路探望。"孙中山先生是中国第一位有过现代科学训练的政治家。他的科学知识和精确的计算实在惊人。为了计划中国的工业发展,他亲自绘制地图和表格,并收集资料,详加核对。实业计划中所包括的河床和港湾的深度和层次等细节,他无不了如指掌。有一次我给他一张导淮委员会的淮河水利图,他马上把它在地板上展开,非常认真地加以研究。后来我发现这幅水利图在他书房的壁上挂着。"(蒋梦麟:《蒋梦麟自传》,团结出版社 2004年版,第 157 页)

1 月上旬　与王正廷等谈话。

据胡汉民记述,"党员有参与巴黎和会者,孙先生告之曰:宜提出取消中国与列强所订之不平等条约,收回被侵掠之各地,承认高丽之独立,庶符民族自决之旨,苟不能是,则和会为无价值。中国之参加,尤无意义矣"。(《与王正廷等的谈话》,郝盛潮主编、王耿雄等编:《孙中山集外集补编》,上海人民出版社 1994 年版,第 229 页)

1 月 11 日　李廷玉、白坚武来访,沟通国事。

后又访章太炎、康有为、张继、刘人熙诸人。白坚武日记云:"中山不明政情,相去甚远,而光伟照人;康则一腐败古董耳。"(中国社会科学院近代史研究所编,杜春和、耿金来整理:《白坚武日记》第 1 册,第 179—180 页)

1 月 12 日　于《孙文学说》稿内立誓。

"孙文正心诚意,当众宣誓,从此去旧更新,自立为国民,尽忠竭力,拥护中华民国,实行三民主义,采用五权宪法,务使政治修明,人民安乐,措国基于永固,维世界之和平。此誓。中华民国八年正月十二日,孙文立誓。"(罗刚编著:《中华民国国父实录》第 5 册,台湾中华大典编印会 1965 年版,第 3337—3338 页)

1 月 22 日　方井东来函,告日内来沪晋谒。

方井东已知悉胡汉民、汪精卫已抵上海,函谓"先生达完全护法初衷目的,拯全国人民超出专制淫威,保障其真正共和",且告日内来沪,面恳教益。(《方井东三上总理函》,环龙路档案第 10747 号)

1 月　在上海寓所接待随同首席代表西园寺公望赴欧参加巴黎和会的日本代表团成员近卫文麿,共进晚餐,讨论时局。

孙中山畅谈东亚民族觉醒,给近卫留下深刻印象。矢部贞治《近卫文麿》一书记述:"孙文的风采,至今尚仿佛在眼前。"(段云章编著:《孙文与日本史事编年(增订本)》,第 590—591 页)

注:据《申报》1 月 18 日报道:"日本赴欧议和全权委员西园寺侯等,已由日本乘丹波丸起程,预计十八日可抵沪。该船不能靠泊码头,只可停于杨树浦下之江中。西园寺等将乘小轮登岸,寓礼查饭店,约有两日之勾留。惟预先声明,不赴宴会。闻民党要人唐绍仪、孙洪伊、孙文等拟往访之交换意见,日本侨民更将开大欢迎会,邮船会社已筹备渡轮以便迎送。"(《日本议和专使将过沪》,《申报》1919 年 1 月 18 日,"本埠新闻")

2 月 5 日　卢师谛、杨虎来函。

函谓:段廷佐"倾心仰慕"孙先生,待其到沪时,"务望先生遇之,以貌示人,以方以慰。段君景仰之殷,倘有驱使,段君当能竭忠本党,尽力奉行,而副先生之德意"。来函并请再寄肖像二十张,"以便择人而赠"。接函后批示,"段君请随时来见,相片往亚细亚照相馆再印,照数寄去"。(《卢师谛等上总理函》,环龙路档案第 00346 号)

2 月 7 日　致函亨德里克·克里斯蒂安·安德森。

把英文稿《国际共同发展中国实业计划书——补助世界战后整顿实业之方法》(全文 5 页)寄给安德森。(宋时娟:《孙中山与安德森关于〈实业计划〉的往来书信》,《百年回眸与展望:"孙中山与〈实业计划〉青年论坛"论文集》,2019 年 5 月)

2 月 13 日　沈佩贞来函,称稍后晋谒。

函谓:和议开会在即,承广东各省公民联合会、广西护法军事后援会、中华女子参政同盟、蒙古实业商团委托,业于昨日抵埠。容俟稍暇,当专诚晋谒,面聆教益。(《沈佩贞上总理函》,环龙路档案第02196号)

2月16日　白坚武至莫利爱路寓所谒见孙中山。(中国社会科学院近代史研究所编,杜春和、耿金来整理:《白坚武日记》第1册,第184页)

△ 王芸芳来函,称不日来谒。(《王芸芳上总理函》,环龙路档案第01275号)

△ 王元烈来函,请孙中山为《大中国日报》题词。

"因思我公素以灌输文明、开导国人为前提,俯赐一言,谅必乐受……敬恳锡示鸿词,以光篇幅。"(《大中国日报王元烈上总理函》,环龙路档案第12813号)

2月23日　会见日本驻上海总领事有吉明。

谈及日本对华政策、南北和会诸问题。略谓:"如果我至今仍是政界的孤立者,则无计可施。当初作为东亚大局所必需的维持日本势力之途径,可牺牲以我为中心之南方意见,至今我仍未见到有任何改变。""我作为一个彻底的革命者,从一开始就对此类会议未给予重视。"(段云章编著:《孙文与日本史事编年(增订本)》,第593—594页)

2月　董必武、张祝南来见,报告蔡济民被杀惨况。

蔡济民被害,受鄂西靖国军将士所托,董必武、张祝南离开利川赴上海,抵沪后,在詹大悲等人的帮助下,董必武前来晋谒,并拜会章太炎等人,详述蔡济民被杀情形。(《董必武年谱》编纂组:《董必武年谱》,中央文献出版社2007年版,第41页)

3月2日　湖北靖国联军总司令黎天才派董用威(必武)、张祝南代呈手书,赴沪来谒,报告蔡济民案查办情形。

函谓:"蔡君幼香为国奔走,不无劳勋,今与川军方纵队长化南同驻利城,因平日小嫌,竟酿成变端,致使蔡君殒命,殊堪悯惜。其中肇衅情节事实,前曾通电西南,谅邀鉴及。现已去电熊督,请其严行核办,以肃军纪,而慰英灵。"(《黎天才报告蔡济民被害上国父函》,《革命文献》第48辑,第265页)

3月6日　董必武于起行前来函。

谓:"读致聘述(刘英)手书,知先生正为此事痛心,拟为昭雪,此间同人莫不感泣。奸人谋害证据将次搜齐,公推用威(董必武)来沪面陈一切,并请示

办法。日内首途,诸容面禀。"(《董用威上总理函》,环龙路档案第 12895 号)

3 月 7 日　在上海《民国日报》发表《国际共同发展中国实业计划》。

此书原名为 *The International Development of China*,上海《民国日报》刊载国际共同发展中国实业计划大纲,内容包括基本原则、具体计划及实施步骤等。

3 月 11 日　复凌钺函。

凌钺抵沪后于 3 月 10 日来访,谈及巴黎和会国民代表之事,但因"适患发热,未能多谈"。复函谓:"文近仍以始终不问时局为主张,故赴欧与否,现尚未能决定;即令前往,亦不能为政治上之活动。盖按国际惯例,外交上非有国家资格,决难展布,无论用何种名义,皆不能有效也。至各国民党素表同情于吾党,若议员诸君欲文赴欧之意,乃在联络各国国民,则往与不往等耳。"(《复凌钺函》,《孙中山全集》第 5 卷,中华书局 1985 年版,第 30 页)

3 月 13 日　复李烈钧函。

2 月 12 日,李烈钧来函,谓:"议和开始之际,必先从军事上求正当之解决,苟使南北两方不失其均衡之势,则暴力武人自不敢滥用威权,法律问题即可迎刃而解",并告之参谋部次长蒋尊簋,已被任命为军事委员,为与各方接洽赴沪。恳请就护法各省军事问题,"不吝教言,与伯器兄详细筹商,俾得圆满解决"。(《李烈钧上国父陈述南北议和意见函》,《革命文献》第 50 辑,第 421—422 页)

△ 蒋伯严抵沪后,持李烈钧手书来见。

孙中山得知李烈钧有"称疾引退"之意,故于本日复函,谓:"沪上和议近日仍有顿挫,然群意所趋,自以军事得双方互措,异议朋兴,和议进行,犹未易言。犹冀南中同人共任艰巨,以谋斡旋。"(《复李烈钧函》,《孙中山全集》第 5 卷,中华书局 1985 年版,第 31—32 页)

△ 复林修梅函,勉励其与同志互相策励。

上月 8 日,林修梅遣其弟林伯渠携函来沪,报告军情,就南北大局走向恳请指示。(《林修梅上国父陈述南北议和及对段祺瑞意见函》,《革命文献》第 50 辑,第 421 页)

3 月 16 日　蒋介石来谒。

3 月 5 日,蒋介石请假归沪,16 日来寓所谒见孙中山,此后连日前来晤谈国事。23 日以即将返闽来寓所辞行,曰:"吾师思想之伟大,受教弥久,慕

道益笃,乃知更非侪辈所能仰希万一也。"(毛思诚编纂:《民国十五年以前之蒋介石先生》第 2 册,第 71 页)

3 月 17 日　邀湖北省西北护法军首领黎天才、叶全、王安澜等派往上海的代表陈国栋、张国均等,在法租界孙宅(莫利爱路 29 号寓所)密议援陕事宜。

先生宣言,现在于右任既请设法援陕,应令张国均与驻扎鄂西郧阳等处司令叶全磋商一切。陈国栋谓鄂西北军队应协同动作,以便鄂西与鄂北遥相策应。先生当即嘱令陈、张同时赴鄂,与叶、王两司令磋商计划。陈、张二人当日乘日本公司轮船赴鄂。(《北京日报》1919 年 3 月 18 日,转引自陈锡祺主编:《孙中山年谱长编》下册,中华书局 1991 年版,第 1165 页)

△ 致函美国商务总长刘飞尔(William Cox Redfield),内附《国际共同发展中国实业计划》(英文)。

函件指出:"中国之经济发展将为人类全体最大利益,不特中国人食赐。"5 月 12 日,刘飞尔于华盛顿复函,赞同先生的实业计划,并有所建议,谓:"以阁下所提计划,如此复杂,如此溥遍,即令将其备细之点,规划完竣,亦须数年;阁下亦明知贵案中一小部分,尚需数十万之金元,而其中多数,在初期若干年间,不能偿其所投之利息与经费。是故其必要之债,所需利息如何清付,实为第一须决之问题。以中华民国收入,负担现在国债利息太重,难保新增之息,必能清付。则今日似必要将此发展计划限制,以其显有利益,足引致私人资本为度。"(《建设》杂志第 1 卷第 1 号,转引自陈锡祺主编:《孙中山年谱长编》下册,第 1165—1166 页)

△ 芮恩施来函,赞同《国际共同发展中国实业计划》。

函谓:"能以宏伟精深之政策运用之",并赞同"用一联合政策,由国际机关与中国共同发展中国之实业……(该计划)足见今日为中国人民领袖之心理,已日渐趋重于国家建设之事业。若奋其能力以成此事业,将来中外人民日相亲密,使将来之发展得与世界之发展共同提携,此为最可喜者也"。(《建国方略·附录二》,《孙中山全集》第 6 卷,中华书局 1985 年版,第 405 页)

3 月 20 日　致函康德黎夫人,寄送《国际共同发展中国实业计划》。

函谓:"我深信您一定很乐于了解我所拟全部计划,故特寄上有关国际开发中国计划一份……我也将此计划分送英国政府内阁的每一阁员。希望您能将英国人士对此项计划的反应情况及早函告。如果这个计划在英国反应良好,我便于最近的将来,前往英国一行。"(《致康德黎夫人函》,《孙中山全集》第 5 卷,中华书局 1985 年版,第 35 页)

△ 伍毓瑞因何天炯赴沪,托其携函奉达,函谓:"我大总裁关怀大局,谅不肯为过度之让步,致遂奸谋,凡我护法之区,一德一心,固莫不共矢坚持。"(《伍毓瑞上总理函》,环龙路档案第 00192 号)

3 月中旬　上海和平会议进行中,黎天才虑及"鄂事待教之处甚多",特派护法国会众议院刘英任湖北靖国联军代表,兼程赴沪,前来晋谒。刘英抵沪,即来谒见。(《鄂联军代表刘英抵沪》,上海《民国日报》1919 年 3 月 17 日,"本埠新闻")

3 月 26 日　大理院长赵士北来函,引荐友人黄各。

函谓:"友人黄各,学问优长,著有《革命刍议》。今拟返沪,愿任作文著书之职。敬祈接见,并引荐机关,予以安置。"(《军政府公报》修字第 63 号,1919 年 4 月 2 日,"公电")

3 月 29 日　广东商界领袖陈廉伯、简照南来函,报告广东灾荒以及各方救助情形,并请孙中山先生担任救济团体名誉督办。

本人复函,谓:"文侨居沪滨,深愧未能尽力……自当敬从诸君子之后,一切进行,仍希毅力维持。"(《复陈廉伯简照南函》,《孙中山全集》第 5 卷,中华书局 1985 年版,第 37 页)

是年春　谷思慎来函,告知其返乡从事实业。

谷前两次来见,因身体违和,未能面晤。来函辞行,告遄返乡里,筹计实业,"以期为异日活动之助",并请著述出版后赐寄。孙先生批示:"存查抄,录住址,以待寄书。"(《谷思慎上总理函》,环龙路档案第 01277 号)

4 月 2 日　唐绍仪来访。

谈话间孙中山指出:"证以日来形势,除继续开议外,实无办法。此次和议,内外舆论对于吾人主张极表同情。此时如不开议,诚恐发生误会,反失内外同情。苟至开议以后,吾人公正之主张不能得北廷之容纳,则国人自有公论,国际亦有定评。"唐绍仪深以为然。(《和议续开前之消息》,《申报》1919 年 4 月 6 日,"本埠新闻";《孙中山史事编年》注曰:《申报》未注明时间,据粤海关情报,当发生于 4 月 2 日,第 3353 页)

4 月 9 日　程潜派秘书长李隆建携函来沪晋谒,"详陈一切"。

称"潜虽武夫,夙闻大义,与公以精神相感召,非自今始。道途之言,或

有失实,铄金之口,尤足寒心,我公如日月之昭昭,当早能谅察"。(《程潜上总理函》,环龙路档案第 04328 号)

4月16日　收到安德森的复函。

函曰:"您精心编制的关于支持美国战后工业调整的计划书。我已将计划书复印并发给在巴黎的威尔逊总统,同时写信敦促他认真予以考虑……我非常赞成您的计划书,因为我认为世界总体来说向中国尽可能的开放没有给予应有的考虑,在国际社会支持下中国可以发挥其善意和力量,以及聪明才智和对工农业的贡献。我确信总有一天世界会因为没有向中国伸出援手而遗憾,因数百万努力进取的中国人早已做好准备,尽全力将各类产业与世界不同地区和文化联合起来。"(宋时娟:《孙中山与安德森关于〈实业计划〉的往来书信》,"百年回眸与展望:孙中山与《实业计划》青年论坛"论文集,2019 年 5 月)

4月22日　据中美通信社报道,孙中山"近日专以著书为事,既用英文著铁路统一论,尝登《远东时报》。兹复著一长论,亦系关于铁路计划,全用英文,约数万言,不日即当发表。此外用汉文著述者,则有《孙文学说》八。此卷中,大抵本'行之匪艰,知之维艰'之义而发挥之,约十万言,正与商务馆交涉印行。孙氏云:'他日当赓续著论土地国有及五权宪法以问世也。'土地国有者,社会主义之一种,而五权宪法者,独孙所倡导,自来中西学者未尝论及。五权维何?曰立法、司法、行政、考试、弹劾是也。孙氏平昔演说,尝纵论及之,语多精核可喜"。(《孙中山先生殚心著书》,上海《民国日报》1919年 4 月 22 日,"本埠新闻")

4月23日　蒋介石以即将返回福建,到孙中山寓所辞行请训。

蒋介石出来后对人说:"吾师思想之伟大,受教弥久,慕道益笃,乃知更非侪辈所能仰希万一也。"(上海孙中山故居纪念馆编著:《近代名人与上海孙中山故居》,中国福利会出版社 2017 年版,第 102 页)

4月　△ 与日本记者大江卓谈话。

畅谈世界形势与日本的亚洲政策,希望日本改善与中国关系,同意朝鲜独立,整个东亚团结对抗盎格鲁逊民族的侵压。"孙氏曰:尔日本人,非亚细亚人也。大江愕然询其故?孙氏曰:尔日本人为欧人使用而侵略吾亚细亚人者,焉得为亚细亚人乎!尔日本人若欲以亚细亚人行世乎,则将满洲权利与山东问题,早行还付中国,而许朝鲜之独立。"(段云章编著:《孙文与日本

史事编年(增订本)》,第 595—597 页)

5 月 4 日　五四运动爆发时,孙中山在上海"闭户著书,不理外事",但还是去函对学生表示鼓励。

函谓:"文虽奋斗呼号,而素志未成者,徒以国人判别是非之心,尚嫌薄弱。文倡于前,而乏群众以盾其后,故牺牲虽巨,而蕲向犹虚。逊清末造,其能力肩革命之任务为主动而卒建今日之民国者,亦端赖海外学生数十人、内地学生数百人而已。以今方昔,何能多让……吾国之一线生机,系之君等,并望诸君好自为之。"(刘蔚芊:《读了孙中山先生一封书的感想》,《国民周刊》1923 年 5 月;吕芳上:《同声相应:革命派作为"五四人"与知识界的互动(1919—1920)》,"孙中山及其时代、人物"学术研讨会:纪念五四运动九十五周年[2014 年 5 月 17 日]会议论文)

5 月 6 日　当五四运动爆发的消息传到上海后,孙中山即指示邵力子于是日上午到复旦大学向学生报告北京学生示威游行和北京政府派军警镇压的经过。

上海《民国日报》总编邵力子接北京学生运动电报,旋即在报上刊登,并电话告知孙中山。孙先生在电话中指示:"《民国日报》要大力宣传报道北京学生开展的反帝爱国运动,立即组织发动上海学生起来响应,首先是复旦大学。"当日,邵力子即携带《民国日报》赶往复旦大学,在上海学联总干事、上海复旦大学学生自治会主席朱仲华的帮助下,紧急集合全校同学,亲自上台宣读报上的头条新闻,慷慨激昂地鼓动说:"北京学生有这样的爱国热忱,难道我们上海学生没有?!"激起复旦学生们的爱国热情。"全体同学当场议决两案:'联合上海各学校通电营救北京被捕的学生;从速组织上海联合会。'"(陈绍康、俞乐滨:《五四运动中的上海学生》,《上海青运史资料》1982 年第 2 期;《孙中山集外集补编》,第 231 页。陈锡祺主编:《孙中山年谱长编》下册,第 1172—1173 页)

5 月初　胡适与蒋梦麟来访。

4 月底,胡适抵沪,欢迎来华讲学的杜威先生及其夫人。其间,胡适在蒋梦麟的陪同下前来莫利爱路 29 号寓所拜访孙中山。胡适后来回忆称:"次年(1919)五月初,我到上海来接杜威先生;有一天,我同蒋梦麟先生去看中山先生,他说他新近做了一部书,快出版了。他那一天谈的话便是概括性叙述他的'行易知难'的哲学。后来杜威先生去看中山先生,中山谈的也是这番道理。"(胡适:《知难,行亦不易》,欧阳哲生编:《胡适文集》第 5 册,北京大学出版社 2013 年版,第 589 页)

△ 后来胡适在讨论青年学生干预政治问题时,也谈到这次拜访:"民国八年五月初,我去拜访中山先生,他的寓室内书架上装的都是那几年新出版的西洋书籍。他的朋友都可以证明他的书籍不是摆架子的,是真读的。中山先生所以能至死保留他的领袖资格,正因为他终身不忘读书,到老不废修养。其余那许多革命伟人,享了盛名之后便丢了书本子,学识的修养停止了,领袖的资格也就放弃了。"(《爱国运动与求学》,《现代评论》第 2 卷第 42 期,1925 年 9 月 26 日)

5 月 10 日 援陕第二路总司令颜德基遣代表卢汉卿,赍手书赴沪来见。

函谓:"西南义旅,原以护法,而护法之结果,乃以拥护利权。名为靖国,而靖国之结果,乃以摧锄同志。转战经年,去题益远。于此言和,何殊屈服……迩来陈师陕境,坐待时机,瞻望前途,危险万状。"特派代表卢汉卿,"晋谒崇阶,陈述一切,尚希赐教,俾基有所遵循"。(《颜德基上国父陈述护法议和之观感函》,《革命文献》第 50 辑,第 424—425 页)

5 月 12 日 意大利人佛弥执礼(Eugenio Zanoni Volpicelli)题赠孙中山个人戎装照一张。(上海孙中山故居纪念馆藏)

5 月 17 日 收到嘉域利亚自罗马复函。

《国际共同发展中国实业计划》英文稿写就后,曾寄送意大利陆军大臣嘉域利亚(Enrico Caviglia)。本日嘉域利亚自罗马复函,称"有与相附丽之实际困难,稍须顾虑,而以其所造之深与其带有现代精神之活气,使我不禁为最高之评价……为人道之利益,为贵国之进步,吾愿阁下此计划之完全成功"。(尚明轩主编:《孙中山全集》第 1 卷《专论》之《〈建国方略〉之二〈实业计划〉〈物质建设〉》附录四《意大利陆军大臣嘉域利亚将军复函》,人民出版社 2015 年版,第 234 页)

5 月 20 日 《孙文学说》付印。

此书 1919 年春定稿,完成时孙中山亲自通读校阅,邵元冲曾询"先生何自苦若是? 何不令他人校之?"答曰:"此稿已由人校二度,此为第三度,特自校之。然尚时见讹误;校书之不易,于斯可证。"(《与邵元冲的谈话》,《孙中山全集》第 5 卷,人民出版社 2015 年版,第 80 页)

△ 本日,邵元冲与先生谈话。

在谈话间问:"先生平日所治甚博,于政治、经济、社会、工业、法律诸籍,皆笃嗜无倦,毕竟以何者为专致?"答曰:"余无所谓专也。"邵元冲又问:"然则先生所治者究为何种学问耶?"答曰:"余所治者乃革命之学问也。凡一切学术,有可以助余革命之知识及能力者,余皆用以为研究之原料,而组成余之'革命学'也。"(《与邵元冲的谈话》,《孙中山全集》第 5 卷,人民出版社2015 年版,第 55 页)

5 月 24 日　批答杨鹤龄书信。

本月 18 日,杨鹤龄自澳门上书求职,略谓:乙未举事迄今,数十年间,因"孙党二字,几于无人敢近,忍辱受谤,不知几极",自己亦"此身思为公用"。"今者国家多事之秋,如弟之宗旨不变,诚实可靠,若用作奔走,用作心膂,赵充国所谓无如老臣者,弟亦云然矣。"孙中山本日批答:"此间现尚无事可办,先生故闭户著书。倘他日时局转机,有用人之地,必不忘故人。"(台湾各界纪念国父百年诞辰筹备委员会学术论著编纂委员会主编、中国国民党中央党史史料编纂委员会编:《国父墨迹》,第 344 页)

5 月 26 日　陕军将领岳维峻来函。

谓:"局势与前大变,凡属护法区域,自不得不急谋通盘筹划。"特遣所部指挥薛修文来沪,"详陈陕军近状",恳请指示。孙中山批答曰:约礼拜三午后四时来。(《岳维峻上总理函》,环龙路档案第 13238 号)

5 月 28 日　孙中山在上海发表《护法宣言》,认为"国内纷争皆由大法不立"。"今日言和平救国之法,惟有恢复国会完全自由行使职权一途。"(《孙中山全集》第 5 卷,人民出版社 2015 年版,第 60—61 页)

5 月 29 日　孙中山派代表在西藏路南京路口老晋隆西餐馆约见上海学联主席何葆仁及总干事朱仲华,代表转达了孙先生对学生运动的意见。

谓:"这次你们学生罢课,完全出于爱国热忱,中山先生非常赞成。但是目前这样温温吞吞的下去是不成的,势必会旷日持久,贻误时机。中山先生说,你们学生应该再大胆些进行活动,不要怕这怕那,要有牺牲精神,要有突击行动,要扩大阵线,要设法激起怒潮来。万一工部局出来抓人,中山先生已经为你们请好外国律师,一名是法国律师达商,一名是英国律师穆安素(因为在'租界'内,中国律师是不准出庭的),一定会出来办交涉。你们放心大胆干好了。"朱仲华回忆说:"由于有了中山先生这般具体有力的支持,在回来路上,我们都非常兴奋、激动。"(朱仲华:《我有幸多次得见孙中山先生》,《浙江辛亥革命回忆录》第 4 辑《孙中山与浙江》,浙江人民出版社 1986 年版,第 129 页)

5 月 30 日　山田良政之弟山田纯三郎前来拜会。

山田纯三郎告知孙中山,接菊池良一函,得知甲上胜逝世的消息。获此噩耗,孙中山致函菊池良一,表示哀悼,并"寄奉日币百元",望其"转交甲上胜兄家属,聊表哀唁,并希代为慰问"。(《致菊池良一》,《孙中山全集》第 5 卷,人民出版社 2015 年版,第 61 页)

△ 师世昌来函,索要《孙文学说》一书。

师世昌前曾来见,昨日接邵元冲函,得知孙中山致函四川省当局"设法维持"流亡至四川的甘肃籍同志,故特来函表示感谢。并提出:"大著如已印就,祈赐数册,俾同人先睹为快。"(《师世昌上总理函》,环龙路档案第 01177 号)

5 月下旬　在美国《独立杂志》(*The Independent*)发表短文《来自中国的忠告》(*Plain Speaking from China*),正告美方不要贷款给北京政府,文章呼吁"美国资本家与中国人联合起来发展中国实业……在中国设立工厂"。(罗刚编著:《中华民国国父实录》第 5 册,正中书局 1988 年版,第 3346—3347 页)

5 月底　许德珩、黄日葵来谒。

5 月 29 日许德珩、黄日葵抵沪。随后二人及其他学联代表前来寓所拜会。许德珩曾回忆说:"向他报告北京学生界斗争的情况以及北洋军阀政府镇压学生运动的罪行,并告诉他,我们准备在上海召开全国学联。对于中山先生在我们被捕时通电全国支持我们,表示感谢。中山先生对我们抚慰有加,表示同情和支持学界的斗争。我们请他将来在全国学联成立会上讲演,他欣然接受。"(许德珩:《许德珩回忆录:为了民主与科学》,中国青年出版社 2001 年版,第 62 页)

5 月　索克斯在孙宅遇到一些青年学生,他们对于北洋政府在山东问题上的卖国行径十分愤慨,对美国也表示失望。

孙中山对学生们介绍,索克斯刚从俄国来华,指导学生可以向索克斯咨询如何发动一场运动或革命,于是索克斯成了这些青年学生的顾问。(*The Reminiscences of George Sokolsky*, Oral History Research Office, 1956. p.20.)

△ 据戴季陶回忆,护法国会议员谢良牧、焦易堂来见。

谈话间孙中山说道:"我本不是当段祺瑞个人是仇敌,因为他做背叛民国的事,我所以反对他。如果他能够自己把参战军全撤废了,把所有他经手的卖国条约都取消了,而且实实在在地服从国会、服从法律,明明白白地把自己的罪恶都宣布出来,向国民谢罪,那么自然大家不会十分为难他的,有什么联络不联络?"(《孙先生联段说之辨正》,上海《民国日报》1919 年 6 月 2 日,"要闻")

△ 孙中山在林伯渠来信上作批语,指出南北议和是"借和议以分赃"。(上海孙中山故居纪念馆编,《孙中山——纪念孙中山先生诞辰 130 周年》,上海人民出版社 1996 年版,第 143 页)

6 月 2 日 孙中山约请学生代表何葆仁和朱仲华到莫利爱路寓所会面,询问学生运动的相关情形。

据朱仲华回忆,孙中山听完汇报后,肯定学生行动是"很了不起的胜利"。"过了两天,即六月二日,我和何葆仁代表上海学联,按照洪先生所留下的地址,前往莫利爱路孙寓,晋见中山先生。到了门口,我们递上名片,由一位姓马的副官上楼前去通报。经孙先生允许后,马副官引领我们上楼,还指点把礼帽挂在楼梯下衣帽钩上。上楼后,中山先生招呼我们坐下,我就向他汇报了胜利冲进'租界'游行的经过,并感谢他对我们学生的有力支持。中山先生细细听了我们的汇报后,兴奋地赞扬了我们上海学生反帝爱国、团结一致的斗争精神,还特别对我们终于粉碎了圣约翰校长卜舫济破坏爱国救亡运动的阴谋活动表示赞赏。他说:'你们能攻破这个顽固堡垒,这是了不起的胜利! 这是同学们团结一致的力量!'我们听了非常高兴。坐谈了一会儿告辞回校。"(朱仲华:《我有幸多次得见孙中山先生》,《浙江辛亥革命回忆录》第 4 辑《孙中山与浙江》,第 131 页)

6 月 5 日 马逢伯来函。

谓:"凡有血气者,莫不奋起。乃我公噤不一语,以开国之伟人,效刘胜之寒蝉,真令人百思不解其故。蜚语传来,谓我公与徐、段一鼻孔出气,然耶? 否耶? 我公而不欲解此嘲,则亦已耳,否则盍一言以慰国人之望乎?"孙中山批答:"近日闭户著书,不问外事,如国民果欲闻先生之言,则书出版时,望为传布可也。"(台湾各界纪念国父百年诞辰筹备委员会学术论著编纂委员会主编、中国国民党中央党史史料编纂委员会编:《国父墨迹》,第 346 页)

6 月 6 日 宋庆龄收到孙中山所赠 6 月 5 日出版的《孙文学说》。孙中山在《孙文学说》的封面上题签"To my beloved wife，Y. S. Sun，6. 1919. Shanghai"。（上海宋庆龄故居纪念馆藏）

6月8日　孙中山指派戴季陶、沈玄庐、孙棣三创办的《星期评论》在上海创刊，直至1920年6月6日停刊，共出版53期。

《星期评论》为周刊，编辑部在上海爱多亚路新民里五号，内容分为评论、世界大势、思潮、创作、研究资料、纪事、诗、小说等，为"五四"运动时期的重要刊物之一。（《〈星期评论〉出版》，上海《民国日报》1919年6月3日；中共中央马克思、恩格斯、列宁、斯大林著作编译局研究室编：《五四时期期刊介绍》第1集，生活・读书・新知三联书店1979年版，第162—181页）

△陈福禄来函。

谈及中国人"联络商业之事，殊属难为"，恳请孙中山先生赐见，听取有关意见，并称如蒙赐见，同行的还有一位"极爱祖国"的南洋华侨李兴廉先生。接函后孙中山批答："请与李君于七月十一日（即礼拜五）午后三时，来莫利爱路二十九号住宅，极为欢迎。"（《陈福禄陈述经商计划并请晋见上总理函》，《革命文献》第48辑，第359—360页）

6月10日　北京政府被迫罢免曹汝霖、陆宗舆、章宗祥后，朱仲华等再次晋谒孙中山。

"到了六月十日，北洋政府被迫罢免了三个卖国贼。消息传来，我们又一次前往晋见中山先生。记得他老人家十分高兴，还操英语对我说了两句话，叫'团结就是力量，分裂导致灭亡'。这两句英语，至今还一直深深印在我晚年的记忆之中。"（朱仲华：《我有幸多次得见孙中山先生》，《浙江辛亥革命回忆录》第4辑《孙中山与浙江》，第131页）

△罗端侯来函。

称："湘黔鄂蜀各属接壤之区，旧属四在，本有可图，如能召集，足称坚劲；更有良善政府为之主持，无论对于何方，皆足制胜……若得先生指示一切，虽汤火赴蹈所不辞也。"孙中山批答："闭户著书，不问外事，所说之件，未遑及也。"（台湾各界纪念国父百年诞辰筹备委员会学术论著编纂委员会主编、中国国民党中央党史史料编纂委员会编：《国父墨迹》，第348页）

6月12日　复颜德基函。

上月10日卢汉卿抵沪后前来晋谒，面呈颜德基函，本日复函。称："军兴以来，川中各军多赖兄及各同志整顿经营，屹为劲旅，遂以驱除瑕秽，张我义声。近复躬冒艰辛,陈师陕境,露布四达,益念贤劳……川中地大物博,民德淳固,倘能善为整理,足以规模全国。"(《复颜德基函》,《孙中山全集》第 5 卷,人民出版社 2015 年版,第 64—65 页)

6 月 13 日　钮传善日前赴沪,晤孙中山、唐绍仪、孙洪伊,今日事竣返宁。"闻接洽事已得要领,和议可望续开。"(《南京快信》,《申报》1919 年 6 月 13 日,"国内要闻")

6 月 16 日　全国学生联合会在上海正式成立,孙中山接见全国学生联合会代表,并给予经济支持。(陈锡祺主编:《孙中山年谱长编》下册,第 1180 页)

6 月 17 日　王道来函。

王道寓沪期间,曾来晋谒,并获赠《孙文学说》。函谓:"拜读之余,茅塞顿开……年来国人之议先生理想太高者,此书一出,驳斥最当,引证适宜,持此议者,谅可休矣。"函告:"拟返乡后,绕道赴郴州一行……先生或有何见教,敬祈于日内函示方针,自当遵照进行可也。"孙中山批示:"对于各人可相机诱导。如有确能行先生方针者,可再函告,然后再定办法也。"(《王道上国父报告在闽所见及拟返湘联络函》,《革命文献》第 50 辑,第 227—228 页)

△ 蔡大愚、谢英伯来函,索《孙文学说》。

函谓:"三民主义为吾党立党之真精神,素所服膺,而于民生主义,誓以下半生之力提倡。"请孙中山寄送一本,以资研究。并说:近日创办的《互助杂志》,"多采译马克师氏学说",出版后望先生"即行呈教"。(《谢英伯上总理函》,环龙路档案第 01179 号)

6 月 18 日　复蔡大愚函。

上月 31 日,蔡大愚自四川来函,对"素抱救济之怀,不得见诸行事,仅退而著书"有所感慨。称"今之革命巨子,其初多为中山之培养提携,及其位望稍崇,权力稍大,不特无一能继中山之志,而于中山之培养提携亦并忘……我公之待人,宜察其真贤与否以为断,不宜以成败久暂而亲疏"。(《蔡大愚上总理函》,环龙路档案第 00422 号)本日孙中山复函。谓:"文著书之意,本在纠正国民思想上之谬误,使之有所觉悟,急起直追,共匡国难,所注目之处,正在现在而不在将来也。试观此数月来全国学生之奋起,何莫非新思想鼓荡陶镕之功?故文以为灌输学识,表示吾党根本之主张于全国,使国民有普遍之觉悟,异日时机既熟,一致奋起,除旧布新,此即吾党主义之大成功

也。"(《复蔡冰若函》,《孙中山全集》第 5 卷,第 66 页)

△ 周应时近日阅读上海报纸得知《孙文学说》已经出版的消息,于是于本日来函,肯定"赏交十部、以增学识"。(《周应时上总理函》,环龙路档案第 01180 号)

6 月 19 日　致函安得生,并赠送《实业计划》一书。

函曰:"您的世界中心的主张将会让所有国家联系起来。尽管世界中心的思想对很多人而言还是梦想、是不可能的,但就像我为专制中国成立民主政府的梦想一样,一定会变成活生生的现实。因为欧战,世界人民比以前看得更远,更有能力掌握伟大的思想和真理。我会很高兴尽我所能在我国人民中推广您的想法。我会在我的杂志《建设》上就您的著作和主张专门撰写文章。"(《美国名士寓居罗马以世界中都计画著名之安得生君复函》,孙中山:《建国方略之二〈实业计划〉(物质建设)》附录六,尚明轩主编:《孙中山全集》第 1 卷《专论》,人民出版社 2015 年版,第 235 页)

6 月 22 日　孙中山与戴季陶在莫利爱路寓所谈话。

据戴季陶回忆,孙中山先生指出:"他们各种思想都是有系统的,社会上对于有系统的思想的观察批评,也是有系统的。政治运动是政治运动,经济运动是经济运动,各有各的统系,都随着人文进化的大潮流,自自然然的进步。如果没有特别的压力,像我国以前那样的政治,决不会有十分激烈的变态发生出来的。中国在社会思想和生活还没有发达,人民知识没有普及,国家的民主的建设还没有基础的时候,这种不健全的思想,的确是危险。不过这也是过渡时代一种自然的事实,如果要去防止他,反而煽动人的好奇心,助成不合理的动乱……荒地开垦的时候,初生出来的,一定是许多的杂草毒草,决不会一起便天然生出五谷来的,也不会忽然便发生牡丹、芍药来的。这种经过,差不多是思潮震荡时代的必然性,虽是有害,但也用不着十分忧虑的。"(《访孙先生的谈话》,《星期评论》1919 年 6 月 22 日)

6 月 25 日　孙中山曾在其著作《孙文学说》中提到自己有胃病,多年医治皆难以根治,后来依据日本高野太吉先生所著之《抵抗养生论》内的方法调理治疗,得以痊愈。

上海原法租界海宁分医院见习生史志元读后,遍寻此书不得,故于本日来函询问该书的出版情况。孙中山回复道:"《抵抗养生论》,高野太吉著。印刷者:佐久间衡治,东京京桥区永田町二丁目六十五番地。印刷所:秀英舍,东京京桥区西绀屋町二十七番。发行所:东京市麴町区永田町仙掌堂。"
(《史志元上总理函》,环龙路档案第 01181 号)

△ 宋庆龄致函索克斯,谈及翻译工作。(徐涛:《〈实业计划〉成书
考——兼述宋庆龄在成书过程中的贡献》,上海宋庆龄研究会编印:《"宋庆
龄与新中国"研讨会论文集》,2019 年 9 月)

6 月 26 日　四川省长杨庶堪为刘湘函作介,谓康维此行"借觇近今潮
流,欲谒崇阶,一聆伟论"。(《杨庶堪上总理函》,环龙路档案第 00625 号)

6 月 27 日　高鲁来函,《孙文学说》出版后孙中山曾寄送一本给高鲁,
本日高鲁来函。

谓:"荩筹伟论,觉世牖民,言近人所不能言,发前人之所未发。救时良
策,无过于斯。"(《高鲁上总理函》,环龙路档案第 01446 号)

△ 日前,盛均来沪,受廖湘芸之派遣携函面谒孙中山先生,请示机宜。
盛均抵沪后于 27 日来函,约翌日午后来见。(《盛均上总理函》,环龙路档案
第 04708 号)

6 月下旬　川军师长刘湘派遣本部参谋康维携带其手书来沪,向孙中山
报告川省政情,并请示其意见。(《刘湘上总理函》,环龙路档案第 00481 号)

6 月　据邹鲁回忆,孙中山在谈话中谆谆以告。

"一般人读书不认真还不要紧,我们革命党人却千万不可不认真。因为
一般人读书,或是为个人的前途,或是为一家的生活,他读书不认真,成败得
失,只他个人或其一家。革命党人则不然,一身负国家社会之重,如果自己
读书不认真,事情做错了一点,就不但害了我们的党,连整个国家社会也被害
了。"在另一次谈话中,孙中山回答邹鲁所提的文章鉴别方法时说:"一篇文章
能当做一章读,一篇文章能当做一段读,一段文字能当做一句读,这便是好文
章。因为唯有这样的文章,全篇气势方能贯注,作文之道亦如此。"(《与邹鲁谈
话》,《孙中山全集》第 5 卷,人民出版社 2015 年版,第 79—80 页)

△ 陈树人、居若文题赠孙中山、宋庆龄摄于 1919 年 6 月的合影照片。
(上海孙中山故居纪念馆藏)

7 月 2 日　喻士英来函,向孙中山索要《孙文学说》。(《喻士英上总理
函》,环龙路档案第 00007 号)

7 月 7 日　旅沪广东各团体集议省长问题,"俱主张粤人治粤,促广东
当局反省,尊重粤省民意,任命伍廷芳兼任省长"。

会议决定由各团公推一位代表,定于次日公谒在沪孙中山、唐少川两总裁,"请其一致主张,以期早日解决粤省纠纷"。(《旅沪粤人讨论粤省长问题》,《申报》1919 年 7 月 8 日,"本埠新闻")

7 月 9 日 吴仁华来函,欲跟孙中山先生约时间来晋谒,孙中山接函后批示:"请本月十一日午后五时来。"(《吴仁华上总理函》,环龙路档案第 01424 号)

7 月 10 日 索克斯致孙中山函,谈及山东问题及《实业计划》一书。(徐涛:《〈实业计划〉成书考——兼述宋庆龄在成书过程中的贡献》,上海宋庆龄研究会编印:《"宋庆龄与新中国"研讨会论文集》,2019 年 9 月)

7 月 11 日 宋庆龄致索克斯函,谈及五四运动。(徐涛:《〈实业计划〉成书考——兼述宋庆龄在成书过程中的贡献》,上海宋庆龄研究会编印:《"宋庆龄与新中国"研讨会论文集》,2019 年 9 月)

7 月 15 日 索克斯致孙中山函。(徐涛:《〈实业计划〉成书考——兼述宋庆龄在成书过程中的贡献》,上海宋庆龄研究会编印:《"宋庆龄与新中国"研讨会论文集》,2019 年 9 月)

7 月中旬 孙中山致电广东军政府,要求释放被捕工、学界代表。指出:"我粤为护法政府所在之地,岂宜有此等举动?"斥责桂系军阀的倒行逆施,"不惟为粤人之所共愤,亦即全国之所不容也"。(《孙中山全集》第 5 卷,第 84 页)

7 月 21 日 护法国会议员凌钺返沪,于本日致函孙中山。

告拟于明日(7 月 22 日)午后六时来访,"借以畅叙"。孙中山接函后批示:"所约之日适外出,请廿五日午后三时来。"(《凌钺上总理函》,环龙路档案第 01425 号)

7 月 24 日 尹天杰来函,请孙中山先生惠寄著述,用以编纂总理文集。

孙中山接函后批答曰:"往年有《会议通则》,今年有《孙文学说》出版,余皆不存。"(《批尹天杰函》,《孙中山全集》第 5 卷,人民出版社 2015 年版,第 86 页)

7 月 25 日 孙中山在寓所会见青年学生代表常万元。

谓:"中国的将来,中国的命运,这些重大的责任,完全落在你们这一代青年的身上。你们要学科学,要爱国。否则的话,你们爱国之心虽有,但是力量不够,作用亦就不大了。有了学问,才能发挥重大的力量去爱国。"(常宗会:《一九一九年在上海两次见到孙中山先生》,载《江苏文史资料选辑》第7辑,江苏人民出版社 1981 年版,第 53—54 页)

7 月 26 日　宋庆龄致索克斯函,谈及翻译工作。(徐涛:《〈实业计划〉成书考——兼述宋庆龄在成书过程中的贡献》,上海宋庆龄研究会编印:《"宋庆龄与新中国"研讨会论文集》,2019 年 9 月)

7 月 31 日　宋庆龄致索克斯函,再次催要翻译手写稿。(徐涛:《〈实业计划〉成书考——兼述宋庆龄在成书过程中的贡献》,上海宋庆龄研究会编印:《"宋庆龄与新中国"研讨会论文集》,2019 年 9 月)

8 月 1 日　孙中山指派胡汉民等创办的《建设》杂志创刊号在上海发行。

该杂志显然受五四新文化运动的影响,是革命党人对运动的回应,孙中山曾说:"自北京大学学生发生五四运动以来,一般爱国青年,无不以革新思想,为将来革新事业之预备。于是蓬蓬勃勃,抒发言论。国内各界舆论,一致同倡。各种新出版物,为热心青年所举办者,纷纷应时而出。扬葩吐艳,各极其致,社会遂蒙绝大之影响。虽以顽劣之伪政府,犹且不敢撄其锋。此种新文化运动,在我国今日,诚思想界空前之大变动。推其原始,不过由于出版界之一二觉悟者从事提倡,遂至舆论放大异彩,学潮弥漫全国,人皆激发天良,誓死为爱国之运动。倘能继长增高,其将来收效之伟大且久远者,可无疑也。吾党欲收革命之成功,必有赖于思想之变化,兵法'攻心',语曰'革心',皆此之故。故此种新文化运动,实为最有价值之事。最近本党同志,激扬新文化之波浪,灌输新思想之萌蘖,树立新事业之基础,描绘新计划之雏形者,则有两大出版物,如《建设》杂志、《星期评论》等,已受社会欢迎。"(《致海外国民党同志函》,《孙中山全集》第 5 卷,人民出版社 2015 年版,第209—210 页)

8 月 6 日　石青阳自四川来函。

称《孙文学说》、《建设》杂志、《星期评论》均为"国民先觉","从征将士莫不欲一受新文化之沐浴"。请孙中山先生赐寄数份。(《石青阳上总理函》,环龙路档案第 00348 号)

8 月 7 日　索克斯致孙中山函,告知书稿已修改完成。(徐涛:《〈实业计划〉成书考——兼述宋庆龄在成书过程中的贡献》,上海宋庆龄研究会编印:《"宋庆龄与新中国"研讨会论文集》,2019 年 9 月)

8月8日　汤松来函,约期请益湖南事宜。

孙中山接函后批示:"于十四、十五二日午后三时,俱可来见。"(《汤松上总理函》,环龙路档案第 04709 号)

8月9日　致电孙科。

电云:"父已辞职。唐未就职,虽电无效。此时上策,伍先生父子宜速来沪,乃有办法可想。望将此意转达。"(《致孙科电》,《孙中山全集》第 5 卷,人民出版社 2015 年版,第 97 页)

8月11日　索克斯致宋庆龄函,讨论文章修订事宜。(徐涛:《〈实业计划〉成书考——兼述宋庆龄在成书过程中的贡献》,上海宋庆龄研究会编印:《"宋庆龄与新中国"研讨会论文集》,2019 年 9 月)

8月14日　彭程万来函。

谓已于本月 1 日在广州就任护法赣军总司令,请示以矩矱。孙中山接函后批答:"先生闭户著书,不问外事,嘱代寄语好自为之。"(《彭程万上总理函》,环龙路档案第 02702 号)

8月15日　《实业计划》第二计划完成之后,孙中山曾将其寄赠美国驻华公使保罗·芮恩施。芮恩施读后于本日复函,对孙中山惠寄此书表示感谢。

函谓:"仆信此开发商港一事,实为现今全世界上最重要之商务计划。以上海而论,非行此种工程,必不能达其为中国中央商港之目的矣。"(《孙中山先生建国方略之一(续)》,上海《民国日报》1919 年 9 月 3 日,"社论")

△ 四川警官学校学生谢纪群,不愿眼见孙中山被诬指为激烈派领袖,专门著文为其辩论。但《京报》不愿刊载,蜀地报刊影响力又有限,故致函孙中山请于上海刊出。函谓:"欲扫除旧官僚与武人派之势力,当从民智运动入手。至于政治漩涡,反累清誉。"孙中山阅后批示:"寄学说一部去。"(《谢纪群上总理函》,环龙路档案第 01188 号)

8月17日　北京学生曹元庆来函。

谓:"自己志在改良政治,故'日夜致力于洋文,夙夕考究于政治',卒业之后'决计赴美留学,以参白人之所以兴隆,我华衰败之缘因',俾'竭犬马之力,以继我大总统大功之余'。"(《曹元庆上总理函》,环龙路档案第 13734 号)

8月21日　驻沪国会议员董昆瀛、张瑞萱下午 2 时来谒。

言谈间,孙中山谓:"余任总裁,徒代他人受过,于所抱救国志愿丝毫无补。今承两院诸君厚意,用特切实声言,余救国之志迄未稍衰,而总裁职务则久经断念。"董、张二人将面谒情形电告两院。(《国会议员挽留孙先生》,上海《民国日报》1919 年 8 月 22 日,"本埠新闻")

8 月 22 日　旅沪国会议员公推张瑞萱、方潜等四人为代表,分谒孙中山及在沪南方总分代表。

孙中山在谈话中谓:"余之主张惟'护法'二字。护法者余之友,坏法者余之敌。段祺瑞、徐树铮而能护法,余愿友之,何有于王揖唐? 反是,则余不必明言矣。至于国事,以余观察,此时实无办法。余不久将赴欧美旅行,不欲再闻此无聊之聒絮矣。"(《孙唐两氏与议员谈话》,上海《民国日报》1919 年 8 月 23 日)

8 月 26 日　孙中山的美国友人麦克·威廉士(C.E.MacWilliams)日前来函,并附寄《前锋报》评论《国际共同发展中国实业计划》文章之剪报。

本日复函谓:"现在中国有很多的机会可供有资本的人士前来发展。中国人热切盼望美国人士前来协助发展这个国家。所以我希望你能在最近的将来前来中国一游,看看有什么适合你来做的工作,以有助于这个国家的发展。"(《致威廉士函》,《孙中山全集》第 5 卷,人民出版社 2015 年版,第 101 页)

8 月 27 日　本月 23 日,罗正文来函,附寄日记一本。

函谓:"先生见微知著,亦可睹其为人",对国家微见,当晤面再陈。孙中山批示说:"无暇看日记。如有何事欲见,请将其事说明……约期相见。"(《罗正文上总理函》,环龙路档案第 01426 号)

8 月 28 日　复廖恩焘函。

1919 年夏,廖恩焘来沪晋谒。本月 16 日来函谈及读孙中山先生新著学说,函谓:"盖不读先生之书,无以知先生救时方针,随世变以为程序。"本日孙中山复函,告:"近时观察国事,以为欲图根本救治,非使国民群怀觉悟不可。故近仍闭户著书,冀以学说唤醒社会。政象纷纭,未暇问也。"(《复廖凤书函》,《孙中山全集》第 5 卷,人民出版社 2015 年版,第 103 页)

8 月 30 日　收到安德森来函。

函曰:"奉读尊著计划,旁譬附图而及于先生所与理则的且有力的论据,觉其兴味深永……吾完全确信先生之高尚理想必将实现,非惟以为中国国家人民之福利而已,又以为世界各人种之利益与繁荣计也。"(《美国名士窝居罗马以世界中都计画著名之安得生君复函》,孙中山:《建国方略之二〈实业计划〉(物质建设)》附录六,尚明轩主编:《孙中山全集》第一卷《专论》,第235 页)

8 月 31 日　李烈钧来电。

谓:"倚公为中坚,公既进而勉之,宁忍退而委之。一发千钧。赖公维系……我公声望系国安危……尚望垂念国会一线之延期,达最后五分之望。"(《致孙中山电》,周元高、孟彭兴、舒颖云编:《李烈钧集》下册,中华书局1996 年版,第 449 页)

8 月　宋庆龄陪同孙中山在寓所会见全国学联代表许德珩,北京大学学生代表张国焘、康白情及天津学生代表刘清扬等。(许德珩:《高风亮节大义凛然——记宋庆龄同志》,《宋庆龄纪念集》,人民出版社 1982 年版,第68 页)

9 月 1 日　复函于右任,述辞职原因及在沪著书的目的。

函谓:"文前以南中军阀暴迹既彰,为维持个人人格计,为保卫国家正气计,故决然与若辈脱离。且默察年来国内嬗变之迹,知武人官僚断不可与为治,欲谋根本救国,仍非集吾党纯洁坚贞之士,共任艰巨,彻底澄清不为功。……吾党同志向多见道不真,故虽锐于进取,而无笃守主张之勇气继之,每至中途而旁皇,因之失其所守,故文今著《学说》一卷,除祛其谬误,以立其信仰之基。……文此后对于国事,仍当勉力负荷,以竟吾党未完之责,愿兄亦以此自勉。"(《复于右任函》,《孙中山全集》第 5 卷,中华书局 1985 年版,第 106 页)

9 月 2 日　复电国会议员刘治洲等,望毅然取消误国的军政府。

电谓:"文以护法之局无望,特脱离军政府,得以自由行动,另图根本之救国耳,非置国事于不顾也。所望诸公行使最高职权,毅然取消误国之军政府,毋使强盗利用,以致一误再误,庶不负国民之所托也。"(《复刘治洲等电》,《孙中山全集》第 5 卷,中华书局 1985 年 4 月第 1 版,第 107 页)

9 月 5 日　宋庆龄致索克斯函,关于救胡适事宜。(徐涛:《〈实业计划〉成书考——兼述宋庆龄在成书过程中的贡献》,上海宋庆龄研究会编印:《"宋庆龄与新中国"研讨会论文集》,2019 年 9 月)

9 月 7 日　复电唐继尧,嘱其察民意,矫正一切。

电谓:"鄙意大局日危,国民所企,乃在有精神之护法。今兹躯壳故存,而甚者乃假以图便其私,其所作为去民意愈远,此诚有识者之所愤慨。……文复何能隐默? 且意亦非以洁身自了为贤也。公此时方系中外重望,如何宏济难,必有异于常人者。尚祈深察民意所在,矫正一切。"(《复唐继尧电》,《孙中山全集》第5卷,中华书局1985年版,第108页)

△ 批示张翼振来函,赞扬他对形势的分析。

张翼振自云南来函,分析"一战"后国内外形势,认为美、英、法希望中国在东亚扮演牵制日本的角色,中国可利用诸国的"善意干政",使日本知难而退。函谓:"此函所述,颇有所间,暇时当照此详加研究,而后代为发布。"并嘱寄《孙文学说》一册。(台湾各界纪念国父百年诞辰筹备委员会学术论著编纂委员会主编、中国国民党中央党史史料编纂委员会编:《国父墨迹》,第390页)

9月8日　致函黄复生等,勉其为建设真正共和国而努力,并告派张左丞赴川慰劳护法各军。

函谓:"文前以南中军阀难与为善,故辞去总裁虚名,然于救国天职,始终不敢自懈。此后仍愿与兄等贯彻初志,协力进行,以期芟除瑕秽,根本改造,建设真正共和。此文与诸同志共同之责,尤望兄等努力者也。"(《致黄复生等函》,《孙中山全集》第5卷,中华书局1985年版,第109页)

△ 致函王伯常等四川各将领,勉为建设真正共和国而努力,并告派张左丞赴川慰劳护法各军。

函谓:共荷艰巨,努力前途,以贯彻吾人之主张,而建设真正之共和。(《致王伯常等函》,《孙中山全集》第5卷,中华书局1985年版,第110页)

△ 批示谌伊勋来函,望结合同学、同志,为最后奋斗。

谌伊勋来函谓:先生先前所破坏仅是专制这一空名词,仅是满人不再做皇帝,其余如"腐败的官僚""陈旧的习惯""专制的家庭"依然如故,并且增加了一班"卖国的政党""跋扈的武人"。似此情形,尚须大"流血"的破坏,方可倡言建设,请先生有以指教。孙中山读后对青年人的质疑问难精神表示赞许,批示嘉奖,指出"学生思想当然如此。深望结合同学、同志为最后之奋斗,以达最后破坏之目的"。(《谌伊勋上总理函》,环龙路档案第09075号)

9月9日　广州军政府来电。

电谓:"我公手造共和,功在民国,此次护法南来,尤费提挈之力,遽行辞职,大局何堪? 迩者外交失败,国贼披猖,一篑未成,九仞奚益? 务肯领袖群贤,勉支危局,始终一致,共济时艰。"(《孙先生与军府往返电》,上海《民国日报》1919 年 9 月 10 日,"要闻")

9 月 10 日　复函国会各议员,重申辞军政府总裁职决心。

函谓:"文所谓国会者,在于代表国民行使最高权,驱除不法政府,以达民权主义主张。前电已述衷怀,非徒自为痛心,亦非但望国会同人致慨也。坐言起行,还以望之于群彦。至于制宪,自是国会本分,岂有文之去就能损益于其间哉?……若国会仍有推翻现制之决心,勿遽作最低限度之想,即或为牺牲于一时,尚可伸大义于天下;不然者,则在文虽有辱可忍,无重可负,诸公之属望,未免空悬矣。"(《复广州国会议员函》,《孙中山全集》第 5 卷,中华书局 1985 年版,第 111 页)

9 月 11 日　宋庆龄致索克斯函,关于救胡适事宜。(徐涛:《〈实业计划〉成书考——兼述宋庆龄在成书过程中的贡献》,上海宋庆龄研究会编印:《"宋庆龄与新中国"研讨会论文集》,2019 年 9 月)

9 月上旬　接见徐世昌、段祺瑞的代表许世英,谈及胡适、陈独秀被捕事。

谈话间向许世英提及胡适与陈独秀被捕事宜。12 月 16 日,沈定一在致胡适信函中谈及此事,函谓:"孙先生对许说:'独秀我没见过,适之身体薄弱点,你们做的好事,很足以使国民相信我反对你们是不错的证据。但是你们也不敢把他来杀死;身体不好的,或许弄出点病来,只是他们这些人,死了一个,就会增加五十、一百个。你们尽做着吧!'许听了这番话,口口声声的说:'不该,不该,我就打电报去。'没有几天,我们就听到独秀出狱的消息。当时很赞同孙先生的话说得好。"(《沈定一致胡适函》,中国社会科学院近代史研究所中华民国史研究室编:《胡适来往书信选》上册,中华书局 1979 年版,第 77 页)

△ 致函海外同志,希望赞助建筑广州黄花岗七十二烈士纪功石坊。

函谓:"我海外同志崇拜先烈,夙具挚诚,对于林森君此举,自必乐为赞助。务望协助捐助(汇款寄广州广东银行交林森君手收),俾得早日竣工,为吾党留一绝大纪念,不特诸烈士之功业,永永不湮,即我海外同志赞助之热诚,亦永垂不朽也。"(《致海外同志函》,《孙中山全集》第 5 卷,中华书局 1985 年版,第 111—112 页)

9 月 14 日　镰田荣吉来访。

镰田荣吉来沪时特地拜访孙中山,其会谈笔记载:"孙中山是在伦敦的旧相识了,所以去访问他","和孙文只见过两次,一次在伦敦,一次在日本"。(段云章编著:《孙文与日本史事编年(增订本)》,广东人民出版社 2011 年版,第 605 页)

9 月 16 日　致电王文华,嘱与杨庶堪、石青阳合力解决川事。

复电对王在"北方固不足道,南方亦鲜振奋"的氛围中,能独审世界大势与社会思潮,且有所行动,极表赞许。并嘱其辅助杨庶堪、石青阳,"若能解决川事,既为大局改造之基础,苟筹伟略,方始发抒"。(《致王文华电》,《孙中山全集》第 5 卷,中华书局 1985 年版,第 112—113 页)

9 月 17 日　复函石青阳。

勉其"整顿所部,维持实力,以为将来发展之计,关系实异常重要,望益努力而已"。(《复石青阳函》,《孙中山全集》第 5 卷,中华书局 1985 年版,第 113 页)

9 月 19 日　复函廖湘芸,勉其为建设真正的民治,努力不懈。

函谓:"今日国事虽至为艰危,然吾党同志如能努力进行,坚持不懈,则扫除障碍,建设真正民治,为事亦非甚难,但在决心为之耳。"(《复函廖湘芸》,《孙中山全集》第 5 卷,中华书局 1985 年版,第 114 页)

△ 复函唐继尧,慰唁其祖母及父亲。

函谓:"望执事之节哀顺变以勘国难,屏障南陲。海内持义者,于以廓清危乱,重见清明之运,则国事前途,实利赖之也。"又及:"文近专志著述,颇欲以主义普及国民,使之有彻底之觉悟。"(《复唐继尧函》,《孙中山全集》第 5 卷,中华书局 1985 年版,第 114 页)

9 月 20 日　复函卢师谛。

复函告川中形势复杂,望辛苦支持。并告杨虎处军队收束事宜,"自难尽如人意,外间纵有流言,亦不足为意,可听之而已"。(《复卢师谛函》,《孙中山全集》第 5 卷,中华书局 1985 年版,第 115 页)

9 月 21 日　复函李根源,勉群策群力,共同负起救国重责。

函谓:"时势至斯,非吾党贤者协力共谋,不足以戡定危难。闻兄于文注意甚厚,深愿此后群策群力,一致并进,以收澄清之效,庶无负吾人救国之本怀也。"又及:"韶州为粤北要冲,年来得兄之筹策经营,遂屹为天障;此后若能扩而充之,则前途又岂有量耶? 军务贤劳,惟为国自重。"(《复李根源函》,

《孙中山全集》第 5 卷,中华书局 1985 年版,第 115 页)

△ 复函黄玉田。

函告:"文近以根本救国,端在唤醒国民,故以学说破其迷惑,俾共生觉悟,则改革自易为力。至此后救国事业,文仍当惟力是视,以尽天职。若近日上海和议,势仍停顿,然此等和议,其内幕实为少数武人权利地位之磋商,于国计民生毫无关系。故文深望吾党同人放眼远大,从社会民生方面做切实功夫,庶基础既固,异日虽有不良政府,以国民之公意培而去之,犹摧枯朽耳。"(《复黄玉田函》,《孙中山全集》第 5 卷,中华书局 1985 年版,第 116 页)

△ 批示林德轩来函,告"吾党今日欲有发展,非先平桂贼不可。"

函谓:"如湘西将士,欲为国造福、巩固共和者,必当先联络一气,秣马厉兵,与闽中同志同时并进;湘则南入柳、桂,闽则西略潮、惠、而桂、粤内部亦同时起,则桂贼可一朝扑灭也。粤、桂、湘三省完全为吾党所有,然后再图武汉,则事有可为也。"(《国父批牍墨迹》,台北正中书局 1955 年版,第 134 页。引自《孙中山全集》第 5 卷,中华书局 1985 年版,第 117 页)

9 月 22 日　接见北方和谈代表王揖唐。

孙面斥段氏之无识坏法,谓:现在唯一解决方法,只有恢复国会,使其自由行使职权。此为余二年来护法之主张,亦即为全国谋和注意之点,若能办到此层,和局今日即可成立,即不再开会,余亦可负完全责任。否则断无可商量。王言:北方不能办到此层。孙言:既不能办到,则更何和可言。(《孙先生对和局之意见》,上海《民国日报》1919 年 9 月 23 日,"本埠新闻")

9 月 23 日　中华工业协会理事长曹亚伯对于王揖唐来沪议和,特晋谒孙中山先生询问。

报载:北方不法,西南护法,吾辈工人两年来,掳掠负重,驱为牛马,待死不暇;吾辈工人,固不反对合法之议和,但反对分赃之和议。如某为总统,某为总长,某为督军,某为省长,大借外债以地丁为抵押,分配于阴谋政客强盗武人之手。则全国工人,无论南北,惟有拒绝不许,以救我全国男女老幼生活劳动之地盘。凡假和议之名,为分派权利之实,集合一班卖国小丑,媚外求荣,谅中山先生亦不忍见之也。中山先生答曰:和之一字,当根本取消。若北方能服从条件,以旧国会完全自由行使职权,则南北本属一家,国民同心救国,本可减轻全国工人之负担,吾当即日将徐、段来商始宣布,使中外咸知云。(据《民国日报》1919 年 9 月 24 日《王揖唐来沪第五日记》,《孙中山

史事编年》第 10 卷,中华书局 2017 年版,第 401 页)

9 月 28 日　批示陆福廷来函,告辞总裁职的原因。

批示:"辞职者,所以表示西南之不法,而示国人以自决,不可靠南北之政府也。我各同志当各竭力奋斗,不可灰心也。"(台湾各界纪念国父百年诞辰筹备委员会学术论著编纂委员会主编、中国国民党中央党史史料编纂委员会编:《国父墨迹》,第 366 页)

9 月 29 日　批示徐宗鉴来函。

接函后批示:"慰之以待时。"(台湾各界纪念国父百年诞辰筹备委员会学术论著编纂委员会主编、中国国民党中央党史史料编纂委员会编:《国父墨迹》,第 368 页)

△　为姚伯麟著《战后太平洋问题》一书作序。

何谓太平洋问题? 世界之海权问题也。海权之竞争,由地中海而移于大西洋,今后则由大西洋而移于太平洋矣。昔时之地中海问题、大西洋问题,我可付诸不知不问也;惟今后之太平洋问题,则实关我中华民族之生存,中华国家之运命者也。盖太平洋之重心,即中国也;争太平洋之海权,即争中国之门户权耳。谁握此门户,则有此堂奥、有此宝藏也。人方以我为争,我岂能付之不知不问乎? 姚伯麟先生有鉴于此,特著《战后太平洋问题》一书,以唤起国人之迷梦,俾国人知所远虑,以免近忧焉。其救国之苦心,良足多也,故喜而为之序。(姚伯麟:《战后太平洋问题》之"序""例言",近代中国史料丛刊三编第 18 辑)

△　为山田良政纪念碑书写纪念词,并撰写碑文。

"君兄弟俱尝致力于中国革命事业,而君以庚子惠州之役死。……民国成立七年,君弟纯三郎始以君骨归葬,今复为君沏君,以示后人。君生平行谊,君之亲族、交游能述之,无俟余言。余重惜君,故独举君死事本末表而出之,更为之祝曰:愿斯人为中国人民自由奋斗之平等精神,尚有嗣于东国!"(上海市档案馆:《孙中山撰山田良政碑文及建碑纪念词》,《历史档案》1985 年第 2 期)

9 月　宫崎龙介在李汉俊的陪同下到莫利爱路 29 号寓所拜访孙中山。

其间,讨论日本及中国革命问题,"假若日本的政治家也有人有反省和进步的话,东亚问题就不会有那么多纠纷了"。又谈及南北和平的问题,孙曰:"昨天王揖唐君来了,他说'要恢复旧国会,而且要扩大国会的权限',说毕笑了起来……"(宫崎龙介:《寄自新的民国》,[日]《解放》杂志 1 卷 7 号,1919 年 12 月,冯爱珠译,引自中共一大会址纪念馆、上海革命历史博物馆筹备处主编:《上海革命史资料与研究》第三辑,上海古籍出版社 2003 年版)

10 月 1 日　复函金汉鼎。

对其驰驱戎马而"持义不懈"甚为称许,并勉其"贯彻主义,克竟闳业,以副想望"。(《复金汉鼎函》,《孙中山全集》第 5 卷,中华书局 1985 年版,第 123 页)

10 月 3 日　蒋介石拜谒孙中山。

蒋介石因陈炯明"外宽内忌,难与共事",呈请辞职,并拟筹措资金,游学欧美,孙中山勖其助理军事,不许远离游学。(毛思诚编纂:《民国十五年以前之蒋介石先生》第 2 册,第 86 页)

△ 致函卜舫济,介绍邵元冲赴圣约翰大学补习课程。

邵元冲计划赴美攻读政治学,孙建议其先赴圣约翰大学补课,并致函圣约翰大学校长卜舫济,请其接见,并给予"特殊照顾和方便"。(《致卜舫济函》,《孙中山全集》第 5 卷,中华书局 1985 年版,第 123 页)

10 月 10 日　在《申报》发表《八年今日》一文,纪念武昌起义八周年,勉力行革命主义。

在文中追溯武昌起义及民国创建的艰难历程,痛斥官僚、武人、政客为八年祸乱之根源,号召后起者继武昌英烈而起,力行革命主义,再造民国。文章指出:"民国由革命而来,则凡今日承认民国者,必当服膺于革命主义,黾勉力行,以达革命之目的,而建设一为民所有、为民所治、为民所享之国家,以贻留我中华民族子孙万年之业,庶几今日乃有可庆祝之价值也。"(《八年今日》,《申报》1919 年 10 月 10 日,"名人感想一")

△ 在上海《民国日报》附刊《星期评论》发表《中国实业如何能发展》一文,论述发展实业的基本要素。

文章指出:"美国之实业大王骆基化罗(今译洛克菲勒)曰:'发展实业之要素有四:曰劳力也、资本也、经营之才能也、主顾之社会也。'我中国地大物博与美同,而吾国农产之富,矿质之丰,比之美国有过之无不及。彼实业大王所举之发展四要素,劳力之人工,我即四倍于美国;主顾之社会,我亦四倍于美国;我国所欠缺者,资本也、才能也。倘我能得此两要素,则我之实业发达,不特可与美国并驾,且当四倍于美国。然则欲图中国实业之发展者,所当注重之问题,即资本与人才而已。"(《中国实业如何能发展》,上海《民国日报》1919 年 10 月 10 日附刊《星期评论》)

10 月 12 日　复函宋渊源,告发展党势的重要性。

宋渊源自福建来函,告"振饬军旅",并"拟重新结合党人,以发展党势"。本日复函指出:重新结合党人,"诚今日切要之图","惟国民党份子太为复杂,非仍用中华革命党名义,不能统一号令,发扬革命原始之精神。兄如赞同是说,请即率先宣誓,以为闽中同志之创"。(《复宋渊源函》,《孙中山全集》第 5 卷,中华书局 1985 年版,第 136 页)

10 月 13 日　索克斯致孙中山函,内容涉及拜访、联系美国公使馆。(徐涛:《〈实业计划〉成书考——兼述宋庆龄在成书过程中的贡献》,上海宋庆龄研究会编印:《"宋庆龄与新中国"研讨会论文集》,2019 年 9 月)

10 月 14 日　与童杭时谈话。(谈话日期不明,今所标系上海《民国日报》发表日期)

讲述辞职的原因:"一因国会议员前曾函推余赴欧美,余因著书未完成,旅费未筹足,故暂缓行。今著书已脱稿,一俟筹备旅费,即拟起程,对于世界各国,说明我国国会完全恢复之必要,祈同为公道之主张;二因沪上和会将重开,余拟以国民资格要求和平提出一个条件,即国会必须完全行使职权,不得稍加限制是也。若仍挂总裁虚名,即倚一偏,诸多勿便,不如辞去,纯以国民资格较自由也。现承诸君仍再三诚挚挽留,余当又暂不再表辞意,以尊重国会及各方挽留者意旨。但在余看来,此种总裁,虽挂虚名,对于护法前途,实际上毫无裨益。"(《与童杭时的谈话》,《孙中山全集》第 5 卷,中华书局 1985 年版,第 136—137 页)

△ 宋庆龄致索克斯函,邀请赴孙宅茶话会。(徐涛:《〈实业计划〉成书考——兼述宋庆龄在成书过程中的贡献》,上海宋庆龄研究会编印:《"宋庆龄与新中国"研讨会论文集》,2019 年 9 月)

10 月 16 日　上海《晨报》记者来访。

报载:孙先生曾对彼言,谓"缘国会议员众多挽留,故不得不牺牲个人意思,勉遵国会多数意旨,表示不辞而已"云云。本记者(上海《晨报》记者自称)披阅之余,早已断定决无是语。必为童某捏造无疑。昨日特亲到莫利爱路二十九号孙府访问中山先生,诘以童某所言有无是事。中山先生果答曰:"我并无对童说是语。报章所载,殊无根据,我既已决定辞职,一定坚辞到底,万无中途被人摇动之理,请汝在报上为我更正之。"(《孙先生辞意坚决取消辞意说不确》,上海《民国日报》1919 年 10 月 17 日)

△ 复函陈树人,告爱国储金奖章事宜。

加拿大中国国民党支部负责人陈树人前来数函,并寄《布告录》,报告加属党务开展。本日复函,对其勤劳党事,成绩"极优",极表欣慰,并告"爱国储金奖章,刻在印铸中,尚未竣工,一俟造就,当即寄上"。(《国父全集》第五册,台北近代中国出版社 1989 年版,第 168 页)

10 月 18 日　复函田应诏。

嘱其"与川中各同志联为一气,互相支持","庶以荡涤瑕秽,奠定共和,完成年来护法之初衷,与我党救国之本愿"。(《复田应诏函》,《孙中山全集》第 5 卷,中华书局 1985 年版,第 149 页)

10 月 20 日　复函李国柱,告解决国事的办法,在于努力奋斗。

李国柱日前来函,报告所部困难。本日复函告:"国事近日愈趋黑暗,非吾党同志具绝大之决心,努力奋斗,断无解决之望。"并指示:"兄所部既悉系湘中同志,尚望勤加训练,静待他日计划决定,自当即行通知,以收同力合作之效。"(《复李国柱函》,《孙中山全集》第 5 卷,中华书局 1985 年版,第 151 页)

△ 批示廖奉恩来函,告赞助办女校,爱莫能助。

是月 10 日,廖德山之女廖奉恩自广州来函,报告主持女校情况并请襄助。函谓:去冬东山浸信会内华人倡办培坤女子中学,附设两等小学,被聘担任校长,现该校业已粗具规模,深望各界赞助,俾"将来达于最完美之女校"。恳请"时锡南针,俾资循守,如蒙不弃,请为校名誉校董,并请赐函,介绍省港澳沪各政绅商界共同助力"。(《廖奉恩上总理函》,环龙路档案第01629 号)接函后批示:"答函嘉奖,但以非时,爱莫能助,惟望奋勉而已。"(《批廖奉恩函》,《孙中山全集》第 5 卷,中华书局 1985 年版,第 152 页)当日并复函,对廖"掌教女学,诱掖后进",深为欣慰。告"所商补助及任校董一节,以此间刻亦异常困难,实属爱莫能助",冀"奋勉不倦,俾女学前途,日进光明,庶收美满之效"。(《复廖奉恩函》,《孙中山全集》第 5 卷,中华书局1985 年版,第 151 页)

△ 批示廖德山来函,对杨襄甫逝世表示悼惜。

是月 9 日,廖德山借李锦纶赴沪之便来函,报告近况,并谓李锦纶夫人去年在广州东山创办培坤女子中学,聘小女奉恩为校长,该校粗具规模,"惟经费浩繁,还须有心人出而维持"。本日批答:"悼惜杨君,并谢其尽力党事。学校现无从为力。"(《廖德山上总理函》,环龙路档案第 03128 号)当日并复函,称已晤李锦纶,接手书悉杨襄甫逝世,"深为悼痛"。来信所商补助培坤女校一节,因"此时异常困难,实属爱莫能助"。又谓:"闻兄迩来尽力党事,奔走不懈,深感热忱。时事方艰,尚望再接再厉,努力救国。"(《复廖德山函》,《孙中山全集》第 5 卷,中华书局 1985 年版,第 152 页)

△ 索克斯致宋庆龄函,答应赴孙宅茶话会。(徐涛:《〈实业计划〉成书考——兼述宋庆龄在成书过程中的贡献》,上海宋庆龄研究会编印:《"宋庆龄与新中国"研讨会论文集》,2019 年 9 月)

10 月 22 日　朱仲华来见,谈天下为公。

谈论当时北洋政府派朱启钤南来议和的情况。孙谓:"我是坚决主张南北统一、反对分裂的。但要实现南北统一,先决的一条,必须和议双方有一个'天下为公'的思想。"席间,题赠"天下为公"四字及所著《会议通则》一书。(朱仲华:《我有幸多次得见孙中山先生》,《浙江辛亥革命回忆录》第 4 辑《孙中山与浙江》,第 131—132 页)

10 月 23 日　蒋介石再谒孙中山。

蒋介石坚持要出国游学,孙中山希望他打消这个念头。(毛思诚编:《民国十五年以前之蒋介石先生》第 2 册,第 85—86 页)

△ 批示彭垫来函,告国会议员要有凭良心奋斗之责。

代复,卅一日。答以:"文对于国会议员,只望各人本良心上之主张为国奋斗耳,余则悉听其自然也,请转布此意。李君为我道谢。"(《批彭垫函》,《孙中山全集》第 5 卷,中华书局 1985 年版,第 153 页)

10 月 24 日　复函某君与□紫云,告收到捐款。

函谓:"昨接九月十六日来函,内夹来英金汇票壹纸,志愿书八张,均照收到。该款英金肆拾捌镑壹拾陆元,请拨寄肆拾镑交林君子超收,以为捐助黄花岗建筑经费,补前次所捐不及叁百元之数。昨照汇得港银壹佰捌拾叁元贰毫,随即寄交林君收转,俾给一石碑以为纪念,而慰尊处同志崇拜先烈之至意。余款捌镑壹拾陆元,已交财政部入贵支部寄来党金志数矣。党证八张,随函寄上,希照查收为盼。"(《国父全集》第五册,台北近代中国出版社 1989 年版,第 170 页)

△ 索克斯致孙中山函,邀请孙中山赴茶话会。(徐涛:《〈实业计划〉成书考——兼述宋庆龄在成书过程中的贡献》,上海宋庆龄研究会编印:《"宋庆龄与新中国"研讨会论文集》,2019 年 9 月)

10 月 25 日　致函日本犬塚信太郎,告派蒋介石慰问病况。

自违教以来,时深想念! 前闻尊体未安,甚为悬悬!

近得山田兄函,知犹未能霍然,海天迢递,系念何穷。兹嘱同志蒋介石专赴东京,敬候起居,想天相吉人,定能速奏勿药,以慰远怀也。至弟此间近状,亦由蒋君面陈一切。务望善为珍摄,俾得速痊,以副鄙望。(《致犬塚信太郎函》,《孙中山全集》第 5 卷,中华书局 1985 年版,第 155 页)

△ 致函日本寺尾亨,告派蒋介石面洽。

自沪上违教以来,忽忽累月,每企德音,无任神往;想康强加胜,动止咸绥为颂。兹因蒋介石君来东之便,特嘱其趋前敬候起居。至弟之近状,蒋君概能详之,可以面罄一切也。专此奉候。(《致寺尾亨函》,《孙中山全集》第 5 卷,中华书局 1985 年版,第 155 页)

△ 致函日本头山满,告派蒋介石面洽。

自违教以来,每深想念,海天迢递,比维道履安绥,康强加胜为颂。

兹因蒋君介石来东之便,特嘱其进谒台端,奉候起居。至弟此间近状,蒋君悉能详之,当能面述一切。秋风增凉,伏冀动定咸釐,以慰遥念为荷。(《致头山满函》,《孙中山全集》第 5 卷,中华书局 1985 年版,第 156 页)

△ 复函王维白,告收到《商法比较论》等著述。

顷接尊函,并阅著《商法比较论》,又《法政学报》《关税纪要》《商人通例》各书,均照收悉。说理详明,推勘精审,允足津逮来学,三复之余,深为欣感! 泱泱大风,当预祝前途之发达也。(《复王维白函》,《孙中山全集》第 5 卷,中华书局 1985 年版,第 156 页)

10 月 27 日　孙中山致安德森函,请其帮助游说美国相关财团。(宋时娟:《孙中山与安德森关于〈实业计划〉的往来书信》,《"百年回眸与展望:孙中山与〈实业计划〉青年论坛"论文集》,2019 年 5 月)

10 月 30 日　与胡汉民致电田中节子,悼唁其父逝世。(《致田中节子唁电》,陈旭麓、郝盛潮主编,王耿雄等编:《孙中山集外集》,上海人民出版社 1990 年版,第 475 页)

△ 批示焦易堂来函,指示国会议员今后应有的行动。

觉生代答以：来信收悉，先生着代答云：国会行使职权，北京颇有赞成之意。如果有确实消息，先生当发通电主张，此时国会议员可齐到北京行使职权，则护法目的可算完全达到矣。否则必当重新革命而已。（《国父批牍墨迹》，第 84 页）

10 月 31 日　与岑春煊等联名致电靳云鹏，转达谭延闿复电内容。（《国父全集》第五册，台北近代中国出版社 1989 年版，第 171 页）

△ 与岑春煊等联名致电靳云鹏，希即查明张敬尧违法举行湘省教育会改选一事。（《国父全集》第五册，台北近代中国出版社 1989 年版，第 172 页）

10 月，会见宫崎龙介。

批判自己过去所使用的的革命方式，认为当务之急是"民心开发"，强化民众基础，对日本期待民众力量去改革。（李吉奎：《孙中山与日本关系大事记》，中山大学学报编辑部编：《孙中山研究论丛》第 6 集，第 214 页）

△ 复函林德轩，告向颜德基处拨款接济碍难照办。

函谓："基在川军资，亦异常困难，因熊锦帆既未有接济，该军军实概须自行筹措，拮据可想。兄部杨支队长所语向颜君处拨款接济一节，实碍难照办，望转告可也。建光兄追悼一事，已由伊弟在沪与诸同志商同筹备，约不久可行，希勿为念。"（《复林德轩函》，《孙中山全集》第 5 卷，中华书局 1985 年版，第 158 页）

△ 复函林德轩，嘱联络湘川军协同动作。

函谓："湘西各军，年来辛苦支持，始能有今日之基础，此皆兄与诸同志贯彻主张、努力不懈之所致。近日时局仍极晦冥，解决之期，犹难豫定。倘湘西各军能念唇齿相依之谊，推诚联合，成一大团体，并与川中诸同志联为一气，则呼应既灵，声势益振，一旦有事，则可协同动作，一致进行，较之株守方隅，人自为政者，其得失利害，相去何啻霄壤，此兄等所宜亟筹之者也。凤丹兄老成干练，文所素知，兄既与同袍泽，必能相得益彰，望益努力不懈，贯彻主义，以完吾党救国之责，文能力所及，自当勉为后援也。"（《复林德轩函》，《孙中山全集》第 5 卷，中华书局 1985 年版，第 159 页）

△ 复函尹乐田等，勉为正义职责而奋斗。

函谓："日前接惠书，知两院于制宪事切实进行，甚佩毅力！国会之在南中，处风雨漂摇之势，所望议员诸君，能以不屈不挠之精神，为自身之奋斗，以正义为依据,而行使最高之职权;能如是则前途利钝虽不可知,而议员诸君光明正大之态度,将永为国民所称述,足以垂嘉誉于无穷矣。所望奋进不懈,努力前途,以慰斯民之望,幸甚!"(《复尹乐田等函》,《孙中山全集》第5卷,中华书局1985年版,第161页)

△ 复函曹俊甫、王子中,告等待时机设法筹款。

顷接九月廿一日手书,知绸缪补苴,维持军务,备极贤劳,远道闻之,岂胜怅念!然以陕局艰难至此,兄等犹能苦心支持,百折不挠,此则非义利之界至明,而具有莫大之勇气者不能。天下之事,莫不成于艰难困苦之后,但能打过此关,则前途必日顺利,望兄等始终努力坚忍以待而已。

所嘱筹款接济一节,甚思竭力设法,惟文个人近日异常困难,沪上又无从筹措,爱莫能助,深为怅然。特是近日政局异常复杂,各方酝酿之机,日加急迫,不久或将有变局发生,或能从此发生佳境,亦未可知。望弟等勉力维持,坚忍以俟,将来如有机可乘,自当竭力相助也。(《复曹俊甫王子中函》,《孙中山全集》第5卷,中华书局1985年版,第158页)

△ 复函粤军陈炯明部支队司令洪兆麟,勉整军备战。

函谓:"日来国内时事,仍极晦,欲求根本解决,仍赖吾党同志以不屈不挠之精神,抱最后之决心,庶犹有可为。兄持义素坚,尤望益励不懈,时时为可以作战之准备,俾日后方略一定,即可努力前驱,尽吾人救国之天职也。

近日国内群众心理,似渐有觉悟之象,前途形势,当可趋光明,吾人有最后五分钟之奋斗而已。军政贤劳,惟为国自力。"(《复洪兆麟函》,《孙中山全集》第5卷,中华书局1985年版,第159页)

△ 复函伍肖岩,勉淬厉部队贯彻护法主张。

函谓:大局近势固仍极晦冥,然国民心理似已渐有觉悟,此后一线光明或当由此而日趋发扬也。至吾党同志年来兴师目的既为护法,则此后当贯彻护法主张,不屈不挠,以求最后之胜利。兄持义素坚,尤望本斯主张,努力不懈,以大义淬厉部曲,以作护法干城之寄,岂胜企望。(《复伍肖岩函》,《孙中山全集》第5卷,中华书局1985年版,第160页)

11月1日　与岑春煊等联名致电靳云鹏,停止购买飞机潜艇以释群疑。(《国父全集》第五册,台北近代中国出版社1989年版,第174页)

11月3日　与岑春煊等联名致电靳云鹏,迅速整顿陈树藩部撤离川边。(《国父全集》第五册,台北近代中国出版社1989年版,第175页)

11 月 8 日　复函徐世昌,陈述时局的主张。

复函陈述对时局所抱意旨:一、希望国会自由行使职权为南北议和代表所允认;二、拟于明春赴欧美考察教育实业以贡献于社会。(陈锡祺主编:《孙中山年谱长编》下册,中华书局 1991 年版,第 1213 页)

11 月 11 日　致函田应诏,勉为护法前途,继续努力。

致函指出,"国事日坏,非自根本解决不为功。和议已不足道,此后救国惟恃最后之手段"。望与张学济、林德轩协力"勉为其难。将来肃清内顾,奠定中原,实以湘西为基础"。(《致田应诏函》,《孙中山全集》第 5 卷,中华书局 1985 年版,第 162 页)

△ 复函张学济,嘱努力进取。

复函指示:"湘西各军,赖兄与诸同志奋斗不解,至今卓树一帜,立定根基。此后仍望贯彻主张,努力进取。内之与凤丹、德轩诸君,共济艰难,整饬戎行;外之与川、鄂同志各军,互为声援,联络一气。形势既固,呼应复灵,一旦有事,自可协同动作,进行无阻,以完吾党救国最后之责。"(《复张学济函》,《孙中山全集》第 5 卷,中华书局 1985 年版,第 162 页)

△ 复函伍毓瑞,告救国必先灭贼。

复函指出,护法连年,大功未竟,"此中大梗,皆由桂贼缘敌为奸有以致之"。"当今急务,在于先灭桂贼,以统一南方,然后乃能出师北上,力争中原。"望其"力作士气,以赴时机"。(《复伍毓瑞函》,《孙中山全集》第 5 卷,中华书局 1985 年版,第 163 页)

△ 复函彭素民,告"当今急务,在先灭桂贼而统一南方,然后乃能北向讨伐"。

周雍能来沪,并携彭素民手书,主张当下"姑息不如刚决"。本日复函表示赞同,并指出:"昔武侯未出中原,先擒孟获,以除内顾之忧;今之桂贼,即孟获也。此贼不灭,民国不能生存,是以当今急务,在先灭桂贼而统一南方,然后乃能北向讨伐。"望其"与各同志力作士气以赴时机"。(《复彭素民函》,《孙中山全集》第 5 卷,中华书局 1985 年版,第 163 页)

11 月 17 日　批示吕超来函,告时局情形,勉为国尽力。

批示:作函奖励,期望甚殷,为国尽力。并告以时局情形,及反对分赃和议,拟先扫除南方顽固腐败武力,以统一民治基础等等。(《国父批牍墨迹》,台北正中书局 1955 年版,第 88 页)

11 月 19 日　致电芮恩施,请求在道义上支持中国民主派。

是日致电美国驻华公使芮恩施,指出其责任重大,应发挥作用使美国总统和人民了解中国的实情,并谓:"在中国,是民主制还是军阀制获胜,主要依靠阁下在这阶段对我们无援百姓给予道义上的支持。"(《致芮恩施电》,《孙中山全集》第 5 卷,中华书局 1985 年版,第 164 页)

11 月中旬　张道藩等十余名赴法留学青年,在上海候船之际赴莫利爱路寓所拜谒孙中山。

孙中山嘱其留学期间"刻苦用功、切切实实的去学,将来一定会有成就",并告诉他们:"中国还是一个贫弱的国家,事事都受世界列强的干涉和压迫。我们全国同胞,尤其是知识分子,必须要大家齐心参加革命,才能使中国得到独立、自由和平等。"还谈到他对留学青年的看法:"希望你们到外国去不要以能读死书求得一点知识为满足。你们应该除了专门科目而外,随时随地留心考察研究各国的人情、风俗习惯社会状况,以及政治实情等等。这些活的知识于你们学成归国之后,对国家、社会会有很大贡献的。"(《与留法学生的谈话》,《孙中山全集》第 5 卷,中华书局 1985 年版,第 165—166 页,全文据张道藩:《酸甜苦辣的回味》,载台北《传记文学》1962 年第 1 卷第 6 期)

11 月 21 日　蒋介石晋谒孙中山。

蒋介石于本月 19 日抵沪,是日来访,报告访日情形,"畅谈时事,相与抱乐观"。(毛思诚编纂:《民国十五年以前之蒋介石先生》第 2 册,第 88 页)

11 月 22 日　批示谢心准来函,命与周之贞接洽讨桂方法。

是月 18 日,谢心准自广州来函,谓"粤局愈弄愈坏","知先生断不忍旁观"。"此时对于大局之进行,及对粤局之处置,有可以书函指示者,深望赐示一二……"接函后批示:"如尚有有力之同志可帮一臂,以扑灭桂贼。此时宜预备一切进行方法,可与周之贞接洽。"(台湾各界纪念国父百年诞辰筹备委员会学术论著编纂委员会主编、中国国民党中央党史史料编纂委员会编:《国父墨迹》,第 380 页)

△　与某人谈话,阐述对议和形势的看法。

谈话指出:"靳之谋和计划已失败,料其不能久安于位。靳之计划,在南北两方武人单独媾和,而漠视护法派之条件,盖靳氏以为南方军阀能包办和局也。"在谈到议和前景及北方政情时,认为护法派主张的媾和条件,即国会必须完全行使职权，"可望承认"。并谓："此次条件既有北方承受之希望，则北方代表王揖唐将不离去沪上。其在北京方面靳云鹏与安福派对于阁员之争，现已变为徐世昌与段祺瑞之争，徐氏助靳，必欲周自齐为财长，段氏则反对之；现小徐扬言如周氏果为财长，彼将行急剧行动。"（《西报记和局转变形势（孙中山之意见）》，上海《民国日报》1919 年 11 月 23 日，"要闻"）

11 月 23 日　宋庆龄致索克斯函，答应《实业计划》在《远东共和》发表。（徐涛：《〈实业计划〉成书考——兼述宋庆龄在成书过程中的贡献》，上海宋庆龄研究会编印：《"宋庆龄与新中国"研讨会论文集》，2019 年 9 月）

11 月 24 日　邵元冲将赴美留学，特来谒见孙中山，孙中山对其谈出国留学的意见。

孙曰："既决意治学，亦大佳。然必须至美国中部，华人既寡，研究始专；若东美、西美，则华人众，意见致纷，不宜于学。既学必求其通，勿浅尝辄止也。"并询问其兴趣，邵回答曰："吾人志行，既以革命为依归，则所学自期有裨于革命、有裨于主义。吾党主义，民族、民权两部分，领悟者较多，民生一部，了解较寡。故此行研习，当以民生为主，其基础则经济学、社会学也。"（《与邵元冲的谈话》，《孙中山全集》第 5 卷，中华书局 1985 年版，第 166—167 页；文据秦孝仪主编《国父全集》第二册，台北近代中国出版社 1989 年版，第 522 页）

△　致函《民气报》，介绍邵元冲。

致函美东中国国民党机关报《民气报》，为邵元冲引荐，称其为"吾党贤者，国学渊通，文辞赡美，为文秘书有年，于国事、党事及文近状，备得其详"，"他日课余之暇，必更能本其经验与知识，撰著论评，用揭报端，为同志诸君之助，而共策党务之进行"。（《致〈民气报〉函》，《孙中山全集》第 5 卷，中华书局 1985 年版，第 167 页）

11 月 25 日　复函黎天才。

函谓："欲求永久之和平，必使法律得圆满之解决。若国会不能完全自由行使其职权，内政、外交举得合法之处理；如苟且言和岂独负护法之初衷，抑且种违法之后患，此恶可者？"（《复黎天才函》，《孙中山全集》第 5 卷，中华书局 1985 年版，第 168 页）

△　复函黄炽、杨满，告李公武赴檀旅费已汇交。

上月 24 日，檀香山华侨黄炽、杨满来函，谓该埠维持会存款有限，无力照给李公武川资,恳将去年寄存本部的三百元先行垫付。本日复函告,准如所请,昨已汇交李公武港币三百元,以作旅费。(《复黄炽杨满函》,《孙中山全集》第 5 卷,中华书局 1985 年版,第 168 页)

11 月 26 日　与《大陆报》记者谈话。

孙曰:"中国并无传播过激主义之机会。"又曰:"并未接到英国过激派致函请其发起中国劳工革命的函件,恐亦未必能接到,因英国社会党人有许多致伊之信均为英国当局扣留,南北战争,系余发起,故余能操纵讲和条件,余之惟一条件为国会必须有全权行使职权,北京政府一经承受余之条件,和平可以立成,段祺瑞已允余之条件,惟他派人不愿国会重行召集,徐世昌不愿旧国会恢复,因彼之自身系由非法国会选出,若非法国会解散,则彼将去职也,日本亦不愿旧国会恢复,因旧国会将否认中日间一切密约……"(《西报记孙先生谈话》,上海《民国日报》1919 年 11 月 27 日,"要闻")

△ 复电徐树铮,赞许其取消外蒙自治的行动,勉其协助恢复国会。

复电对徐"于旬日间建此奇功"称誉有加,期望其在南北问题上亦有所建树。称"文以为今日转危为安,拨乱反治,无过于依照约法使国会恢复其自由之职权,即外交之失败其遗害于国家之生存者,亦可由是而矫正消灭","执事能立功于国境,何必不能解罪于国民? 大局转圜,事在俄顷耳。不然,内忧未宁,外患方亟,卧榻之侧,可以寒心"。(《复徐树铮函》,《孙中山全集》第 5 卷,中华书局 1985 年版,第 169—170 页)

11 月 30 日　复函周震鳞,指出周则范被其部下所杀,不能与蔡济民案相提并论。

复函曰:"近据湘西各同志函电,皆谓周附合桂系,意图牺牲国会,分赃乞和,且将不利于湘西,故其部下杀之有辞。至廖湘芸个人,本为革命党中之勇敢善战者,含辛茹苦,其志无他,可共信也。"又指出周之死不能与蔡济民案相提并论,望其就近调查,与覃振维持一切,"俾湘芸得成劲旅,树吾党之声援,未始非一举而两全之计"。(《复周震鳞函》,《孙中山全集》第 5 卷,中华书局 1985 年版,第 170 页)

11 月　梁鲁生、梁梦熊、林直勉等六人将他们的合影照片题赠孙中山。(上海孙中山故居纪念馆藏)

12 月 1 日　马伯援自日本回国,到莫利爱路 29 号谒见孙中山,汇报情况。

其间,马伯援向其报告日本军缩运动及其民主思潮。孙听后表示:"如是方好。恐怕他们的国民不能有如此觉悟。但吾人对日本无多大希望,只求其不行劫可也。"后谈及冯玉祥军队,孙曰:"我也听说他的军队很好,又听说他不肯革命,究竟如何? 不得而知。你能去看看,那是最好的一件事。"(据马伯援:《我所知道的国民军与国民党合作史》,上海商业公司1932年版,引自《与马伯援的谈话》,《孙中山全集》第5卷,中华书局1985年版,第170—171页)

12月2日　批示李绮庵函,嘱与李海云接洽。

日前李绮庵致函冯自由,请其代为请款。接函后批答:"冯自由已往美,着他与李海云接洽,并致意李海云。"(《批李绮庵函》,《孙中山全集》第5卷,中华书局1985年版,第171页)

12月　圣诞节前后,孙中山、宋庆龄、倪珪珍、孔祥熙、宋霭龄、宋美龄、宋子文、廖梦醒等在莫利爱路29号寓所聚会,并合影。(上海孙中山故居纪念馆藏)

12月23日　孙中山批凌钺来函,告徐树铮收回蒙古,功不可没。

是月9日,众议院议员凌钺以快邮代电,上书孙中山,提出:"查徐逆犯卖国大罪,乃天地所不容。先生居造国首功,正为海宇所同钦,人格比较,相差天渊。今日与之通讯,钺即认为失当。"建议孙中山勿与徐树铮通讯。孙中山回复:"徐收回蒙古,功实过于傅介子、陈汤,公论自不可没。近闻徐颇有觉悟,如真能悔过自新,文当无所不容也。"(《批凌钺诘与徐树铮电信往还函》,《国父全集》第六册,第180页,据党史会藏原件052/406,日期据《国父批牍墨迹》)

△ 批答陈炯明来函,告俟实业计划告竣,再从事其他。

是月5日,陈炯明自漳州来函,报告与李厚基交涉及从事地方建设情形。函谓:"闽李前有赞成先生主张之表示,炯恐其口头应酬,故特派君佩兄亲往接洽妥当,然后发电请示核夺。得稿后仍派君佩兄前往,讵彼遂变卦,以有国会一层难于复电。吾人所要求者只此一点,彼若赞成言和而不赞成主张,虽复电亦无用。""此人自食其言,殊不足谋。"又谓:"实业计划各篇均经读过,规模远大。现正着手各属交通,并拟施行劳动教育,使劳动界皆识字,思想自可变迁,然后进图社会主义之实现,亦非难事。"(《陈炯明报告李厚基变卦不足与谋上国父函》,《革命文献》第51辑,第243页)接函后批答:

"关于种种建设事件,俟实业计划告竣,再从事其他。"(《批陈炯明函》,《孙中山全集》第 5 卷,中华书局 1985 年版,第 176 页)

△ 复函石青阳,告等到收到款项,即可与人商量购买所需用飞机。(《国父全集》第五册,台北近代中国出版社 1989 年版,第 179 页)

12 月 25 日　蒋介石来访,"嗣是不时过从"。(毛思诚编纂:《民国十五年以前之蒋介石先生》,第 84—85 页)

△ 复函黄复生,勉为国努力尽责,并关照黎仲实后裔。

日前黄复生函介刘松云赴沪来见,本日复函指出:谢持在沪时,从他处获悉"川中颇有暗潮","时局尚未见何等光明,吾人惟努力于所当尽之责任,锲而不舍,后必有功,可预期也"。并告黎勇锡已于前月 25 日病逝沪上,"死后遗有孤儿、寡妇,而党人大抵皆在窘境,无力可助。兄与仲实为道义之交,曾共患难",请为其身后有所设法。(《复黄复生函》,《孙中山全集》第 5 卷,中华书局 1985 年版,第 177 页)

12 月 27 日　批林修梅函,告其一致讨桂。

林修梅是月 13 日来电,报告湘西军情及对时局看法。接函后批答:"作复,并切实告以当赶紧预备,与湘西一致动作,先扫广西游勇,然后乃可另议其他。昔孔明未出中原,先擒孟获,今非先除游勇,必无从建造民国也。"(《批林修梅函》,《孙中山全集》第 5 卷,中华书局 1985 年版,第 178 页)

12 月 29 日　索克斯致孙中山函,转送一封信函。(徐涛:《〈实业计划〉成书考——兼述宋庆龄在成书过程中的贡献》,上海宋庆龄研究会编印:《"宋庆龄与新中国"研讨会论文集》,2019 年 9 月)

12 月 30 日　致函邓泽如。

告速将中华革命党改组为中国国民党的通告发下,迅速改组。函曰:"兹付国民党改组通告多通,请兄转寄各要地之支部,请速举行,以归统一为荷。如通告不足,请多印分寄可也。"(《致邓泽如函》,《孙中山全集》第 5 卷,中华书局 1985 年版,第 179 页)

△ 签发委任状,任命多名仰光中国国民党支部职员。

签发委任状,任命多名仰光中国国民党支部职员。其中任黄德源、陈东平为正、副部长,许寿民为调查科正主任,朱伟民为交际科干事,梁卓贵为财政科干事,黄壬戌为总务科干事,朱锦乔、邝民志、陈甘敏、陈辉石为评议部评议员。(《给黄德源委任状》,《孙中山全集》第 5 卷,中华书局 1985 年版,

第 179—182 页)

12 月中下旬　复函吴醒汉,告派熊秉坤切实办理蔡济民案。

复函指出:"鄂西此次改革,赖兄主持,致无溃决","此后一切地方事宜,并关于军事进行之处,事业正多,责任綦重,未可抛卸。前派熊秉坤前来面述一切,望与切商办理可也。至来书所嘱通电军府及唐督处,文以现处地位,事诚有未便者"。(《复吴醒汉函》,《孙中山全集》第 5 卷,中华书局 1985年版,第 172—173 页)

冬　致函唐克明,召其来沪。

函谓:"前接夔府来电,知兄退出施南","兹特派熊秉坤前来存问。倘得惠然来沪,面晤一切,尤所盼望"。(《致唐克明函》,《孙中山全集》第 5 卷,中华书局 1985 年版,第 183—184 页)

△　致函柏文蔚,告熊秉坤受派前来慰问。

函谓:"鄂西一隅,变端迭起,利川之骨未寒,恩施之争又起。幸厚斋兄力能应变,不至大伤元气,可为欣慰!但是此后不求一共同奋斗之目的,非特鄂西多事,恐西南大局亦将因之瓦解也。"函略告熊秉坤受派前来慰问,即希接洽。(《致柏文蔚函》,《孙中山全集》第 5 卷,中华书局 1985 年版,第184 页)

12 月　复电吴醒汉,勉与湘西军联络讨桂。

复电告:"唐克明在夔,尚能发电自由,相逼太甚,恐激变,缓图为上。财政一节,沧白名为省长,实亦甚困,即电知,恐不能代筹。文处沪,一介无所取与,更不能设法。请兄仍从地方财政着手整理。"并指出,"方今绿林肆毒于西南,不去绿林,西南必溃"。嘱与湘西联络一致,力谋讨桂。(《复吴醒汉电》,《孙中山全集》第 5 卷,中华书局 1985 年版,第 183 页)

是年下半年　致函蒋梦麟,希望其率领学生革命。

据蒋梦麟回忆,代理北大校务不久,即收到孙中山来信,中有"率领三千子弟,助我革命"之语。(《追忆中山先生》,引自蒋梦麟:《西潮与新潮——蒋梦麟回忆录》,东方出版社 2006 年版,第 340—341 页)

是年　致函林修梅,嘱速合湘南将士准备讨桂。

致函指出:"今日护法,首在去彼假护法以实行破法之桂派。桂派不去,就令饮至燕京,终属拒虎进(近)狼。""既与桂为敌,则凡与吾共敌者应引为友。尊处对于张督既有所接洽,宜一意奋击桂敌,早除国贼,前驱重任,舍兄莫属。"望其"速合湘南诸将士,克期准备,共图大业"。(《致林修梅函》,《孙中山全集》第 5 卷,中华书局 1985 年版,第 197 页)

△ 致邵元冲函,让其查澉浦、海盐、乍浦间的海塘是石塘还是土塘。(《致邵元冲函》,《孙中山全集》第 5 卷,中华书局 1985 年版,第 198 页)

△ 多次致电慰问秦广礼。(《辛亥革命时期的秦广礼》,《巴彦文史资料》第 2 辑,第 50 页)

△ 罗家伦等来访,辩论救国问题。

据罗家伦回忆:此次会议,以初生牛犊不畏虎的精神与孙中山"剧烈辩论三个钟头","而他始终娓娓不倦,越辩越起劲,硬是要说服我们!"(李云汉:《罗志希先生的大学时代》,《罗家伦先生文存》第 12 册附录,第 787—788 页)

△ 为居正题词。

"美语曰:民国者,民之国也。为民而设,由民而设,由民而治也。觉生先生正。"(《为居正题词》,《孙中山全集》第 5 卷,中华书局 1985 年版,第 200 页)

△ 为赵家艺题词。

"行之非艰,知之惟艰。"(《为赵家艺题词》,引自陈旭麓、郝盛潮主编,王耿雄等编:《孙中山集外集》,上海人民出版社 1990 年版,第 632 页)

△ 为孙周太夫人百龄高寿撰写祝词。

祝词谓:"三从四德兮巾帼之英,贫而无怨兮德性廉明,克勤克俭兮乡党有声,笃信基督兮不慕虚荣,获福无量兮子孙昌盛,耶和华锡兮嘏寿百龄。"(《孙周太夫人期颐祝词》,陈旭麓、郝盛潮主编,王耿雄等编:《孙中山集外集》,上海人民出版社 1990 年版,第 632—633 页)

1920 年

年初　孙中山邀请黄炎培至莫利爱路 29 号,讨论《孙文学说》修改方法。

我和中山先生亲切地个别谈话,还在辛亥革命之后,先生脱卸了政权,住上海闭门写一本《孙文学说》,稿才及半,忽然招我去对谈,拿出学说初稿,虚怀下问,他说:现在一般同志对于革命,虽杀身成仁,在所不惜,该说能"行"的了。但为什么革命? 怎样革命? 未必尽"知",还没有提得出办法。因此我想到"知"是"难"的,"行"是"易"的。为了发挥这些道理,唤醒一般同志,写这本书,愿向你请教。我惊讶中山先生这样虚心。我就率直地答复:多少年来,为了革命而死,包括杀人自杀,我所联系的这些同志,也已着实不少。到今天怎样救民? 怎样救国? 要切实地提出计划办法来,先生写这本学说,一面唤醒,一面号召,在今天说来,确是切中需要。中山先生说:那就让我写下去。但我不长于写文章,这已写的,请你看一遍,字句上有须斟酌的,请你动笔。我就不客气地照办。时至中午,和宋庆龄国母——今时的副主席共餐,餐毕而散。孙中山先生的伟大,一般人未必尽知。特记于此。

(黄炎培:《八十年来——黄炎培自述》,文汇出版社 2000 年版,第 71 页)

1 月上旬　李煜瀛自法返国,前来造访;致函军政府政务会议,陈请补助在法国创设中国大学。

详述法国之行推展教育事务情形,称在法设立中国大学,关系尤巨,且已获法国朝野赞助,期望能够得到国内各方的资助。(《致政务会议函》,《孙中山全集》第 5 卷,中华书局 1985 年版,第 200—203 页)

1 月 12 日　安德森致孙中山函,表示愿意争取获得美国相关人士的帮助。(宋时娟:《孙中山与安德森关于〈实业计划〉的往来书信》,《"百年回眸与展望:孙中山与〈实业计划〉青年论坛"论文集》,2019 年 5 月)

1 月 14 日　与马立成等谈南北政局。

加拿大华侨马立成等前来拜谒,探讨南北局势、开展实业等问题。孙答谓:"北方武人之祸国,南方贼子之专权,昔满清之权力,吾犹能推倒之,今桂系如此,吾人应赶他,今后我同志当一德一心,驱除此万恶不良之政府,大权还之民党,方可救中国危亡于万一也。""南方军府内幕,腐败不堪。陆氏及桂系握广东政局而腐败,汝地要齐心赶走几个桂人,必要我地粤人治粤。前日赶满清要我,现下赶广西仔要汝地……"(《与马立成等的谈话》,《孙中山全集》第5卷,中华书局1985年版,第203—204页)

△ 批示罗仁普来函。

代答:欲知此种新理,须从物理、化学用功,不得从古说附会。尚未有期。(《批罗仁普函》,《孙中山全集》第5卷,中华书局1985年版,第205页)

△ 批示杨鹤龄来函,告真革命党不屑升官发财。

函谓:真革命党,志在国家,必不屑于升官发财。彼能升官发财者,悉属伪革命党,此又何足为怪? 现无事可办,无所用于长才。(《批杨鹤龄函》,《孙中山全集》第5卷,中华书局1985年版,第205页)

1月20日　身体违和,蒋介石前来探视。(毛思诚编纂:《民国十五年以前之蒋介石先生》,第89页)

△ 批示谢持来函呈请,任命陈树人为中国国民党驻加拿大总支部总干事。(《批谢持函》,《孙中山全集》第5卷,中华书局1985年版,第205页)

1月24日　王正廷来访。

《申报》载:"……专使王儒堂先生,乘亚细亚皇后船,于阳历二十二日,自香港启□,昨日(二十四日)十二时三十分钟抵吴淞,一时欢迎者异常踊跃,复乘小轮于午后四时抵本埠新关码头……王专使登岸,略与各界周旋数语,即乘汽车往北四川路福德里私宅,旋至汇中旅馆二〇一号,与诸人谈话,(辞另录后)旋赴孙中山、唐少川诸君处报告一切……"(《王专使抵沪志详》,《申报》1920年1月25日,"本埠新闻")

1月26日　与《益世报》记者谈话。

京、津《益世报》驻沪记者佐治(徐谦),1月26日午后3时在上海孙宅拜访孙中山,请教关于德国归还山东殖民权益和日本占领胶州、青岛等问题的见解。孙曰:"余本主张'二十一条'应作废。日本并应于租借期满后,退出满洲各地……日本既属协约国之一,应取一致行动,岂独能占据吾国之胶州、青岛乎? 乃日本竟强行占据胶、青,无异强盗行为! 日本可为强盗,吾国断不能与强盗交涉,更不能承认强盗有强夺吾国土地之权利。况吾国既已拒签德约,自无再与日本直接交涉之理。……纵使日本以兵力压迫吾国,极言之,吾国为塞尔比亚,日本为奥国,亦不可(过)再惹起一世界大战争,其结果日本将受莫大之祸,吾国尚可无覆亡之患,且可因此而有振兴之望。要之,日本绝不敢冒昧(昧)用兵,则山东问题吾国拒绝交涉。日本亦惟有(据胡汉民编《总理全集》补:为无)条件之交还而已。此言余尝告诸日人,使达知日政府,今即以余言告诸国人可也。"(据《孙总理之鲁案谈话》,上海《民国日报》1920 年 2 月 1 日)

1 月 27 日　致函廖仲恺、古应芬,告与王乃昌接洽驱桂事宜。

函谓:王乃昌返港,"对于桂省军事、党事有所商榷进行,企达将来桂贼驱除之后以'桂人治桂'之目的",请与其接洽。(《孙中山致廖仲恺古应芬函》,李穗梅主编:《古应芬家藏未刊函电文稿辑释》,第 136 页)

1 月 28 日　批示林正煊等函。

代答以:"此等实用之书,当以内容之切实为贵,不当以品题文藻为贵。甚欲一见其书,如果适用,当力为介绍军界。至于品题,不敢附和。"(《批林正煊等函》,《孙中山全集》第 5 卷,中华书局 1985 年版,第 207 页)

△ 致函海外同志,希发动华侨捐款,筹办英文杂志及印刷机关。

函谓:"五四运动以来,一般爱国青年,无不以革命新思想,为将来革新事业之预备。于是蓬蓬勃勃,抒发言论。国内各界论,一致同倡。各种新出版物,为热心青年所举办者,纷纷应时而出……最近本党同志,激扬新文化之波浪,灌输新思想之萌蘖,树立新事业之基础,描绘新计划之雏形者,则有两大出版物,如《建设》杂志、《星期评论》等,已受社会欢迎。然而尚自慊于力有不逮者,即印刷机关之缺乏是也。"是以促请海外同志协力赞助,设立英文机关报及印刷机关。后英文机关报之计划未能实现,而印刷机关上海民智书局则终告设立。该书局所有经费,除海内外同志赞助外,复由孙中山在财政机关拨充,由林焕廷主其事。(《致海外国民党同志函》,《孙中山全集》第 5 卷,中华书局 1985 年版,第 207—212 页)

1 月某日　张国焘、许德珩、康白情、刘清扬等赴莫利爱路 29 号拜访孙中山。

学生们向其请教对南北政局的看法及解决方式。孙中山回答下列几点:"一、他要学生们托起枪来,不过是希望学生们的革命精神再提高一步。

他并不看轻学生开会、示威等等动员民众起来反抗北京政府的行动,并相信那些行动都有重要的作用。二、他承认学生指责他没有充分重视学生运动和新文化运动,不是完全没有理由的。他声称他很注重宣传,素来主张宣传与军事并重;不过事实上宣传的工作做得不够。所以不能使一般青年和民众了解他的主义和主张。三、他叙述他的三民主义和根本推翻北京政府的立场,要求学生信仰他的三民主义;一致合作,共策进行。"(张国焘:《我的回忆》第 1 册,现代史料编刊社 1980 年印行,第 71—74 页)

1 月某日　与张国焘的谈话。这是孙中山与北大学生张国焘、许德珩等谈话十日后,又约张国焘单独晤谈。谈话过程中,朱卓文来到,加入谈话。

孙中山与张等讨论是否喜欢研究马克思主义,并就此进行讨论。孙谈及他在欧洲的时候,与社会主义各派领袖人物都有过接触,各派的理论他也都研究过。他参酌了社会主义各派的理论,汲取它们的精华,并顾及中国的实际情形,才创立三民主义。同时又谈论在学生运动注意民众运动和工人运动的情况,孙阐述他注重工运的道理和事实。(张国焘:《我的回忆》第 1 册,现代史料编刊社 1980 年印行)

1 月　孙中山在莫利爱路寓所会见旅居上海的俄国劳动社负责人马特维也夫·博德雷等,向他们表达了对俄国革命和列宁的崇敬。

孙中山向他们展示了列宁用法文拍来的电报。在这封电报里,列宁向孙中山表示了自己的敬意,还拿出来基辅苏维埃代表寄来的一份电报。并向他们介绍自己对中国未来的铁路建设的思考。(马特维也夫—博德雷:《两次会见孙中山》,尚明轩、王学庄、陈崧编:《孙中山生平事业追忆录》,人民出版社 1986 年版,第 305、306 页)

△ 为《大光报》年刊题词,指出应当破除旧社会的迷妄偏执。

香港《大光报》出版庚申增刊,来函征词,以"《大光报》之立,至今八年。持正义以抗强权,于东方诸报中,能久而不渝者,唯此而已",欣然应命。题词首先追溯"光明"之于人类进化的重要作用,进而指出:"今日之人类,不但需爱地文上之光明,物理上之光明,尤须爱精神上之光明,心理上之光明。惟此种光明,能指示人生之趋向。而凡旧社会之迷妄偏执,一须以此光明照临破除之。"最后期望《大光报》"能与人真实之智识,互助之精神,不负其名也"。(《为〈大光报〉年刊题词》,《孙中山全集》第 5 卷,中华书局 1985 年版,第 212—213 页)

　　△ 复函林德轩,勉"按照前时计划,努力进行"。

　　函谓:"示悉。湘西此次经兄经营,日臻美满,甚慰甚慰! 以兄长才,摄镇绥靖,地方之福,亦邦国之光。况文休戚与共,庆幸曷可言喻? 承示俟湘西统一就绪,再谋推行,足征老成虑远,即按照前时计划,努力进行,国事能否有为,实以此行卜之。临楮驰溯,无任悁结。"(《复林德轩函》,《孙中山全集》第 5 卷,中华书局 1985 年版,第 214 页)

　　△ 陈家鼐暨中华工会总会全体职员题赠孙中山的"中华工会总会职员摄影"照片(上海孙中山故居纪念馆馆藏)

　　2 月 1 日　蒋介石来访。"谈党务及国内时事。"(毛思诚编纂:《民国十五年以前之蒋介石先生》,第 89 页)

　　2 月 9 日　致函许崇智,介绍李德益相见。

　　函谓:"有李德益君为潮梅事,赍丁培龙函来沪陈述一切。文特嘱德益亲赴军次,将所有情形,兄详细言之,为此具缄介绍。德益至时,希即接见。"(《致许崇智函》,《孙中山全集》第 5 卷,中华书局 1985 年版,第 214 页)

　　2 月 10 日　安德森致孙中山函,转美国人巴特莱的信。(宋时娟:《孙中山与安德森关于〈实业计划〉的往来书信》,《"百年回眸与展望:孙中山与〈实业计划〉青年论坛"论文集》,2019 年 5 月)

　　2 月 14 日　批示陶乐勤函,望联络同志。

　　代答见后:"大函先生已接读,甚为钦佩! 务望人各尽一分之能力,则无事不可为。足下为商界中先觉,当于其中联络同志,协同向前可也。"(《批陶乐勤函》,《孙中山全集》第 5 卷,中华书局 1985 年版,第 215 页)

　　2 月上中旬　黄辉、陈肇粲来访,谈论西南大学校址事。

　　报载:"前数日,黄辉(天津学生联合会代表),陈肇粲(全国学生联合会总会理事),偕往法租界环龙路(原文笔误,应为莫利爱路)孙中山先生寓所,谈及西南大学校址事,中山主张该大学在广州创设,与陈苏秀同意,但谓宜先设法赶走该处之江西军人方好。否则一经大学创成,必即为伊等势力所盘据(踞),生种种之障碍,将设如不设矣云云。"(《孙中山之西南大学校址谈》,《申报》1920 年 3 月 15 日,"本埠新闻")

　　2 月 19 日　批示李维汉函,告无力资助。

　　函谓:"当票送回,并代善为开导,以博施济众,尧舜犹病。若以众党而养党魁,则易举;以党魁而济万千之党人,则万难矣。"(《批李维汉函》,《孙中

山全集》第5卷,中华书局1985年版,第215页)

2月20日　复电陈炯明,促早日率军回粤。

函谓:"巧电悉。滇、桂冲突,实意中事。然由印泉起变,则出意外。观此今后种种变局,其有造于粤人复粤者甚多,未审兄能早日决心率粤军回粤,以收渔人之利否?如兄已决心,文当能使两粤内部数处先发动,以扰乱而牵制之;然此必兄能随即回粤方济于事,否则徒劳也。如何?望切实答复。孙文。"(《复陈炯明电》,《孙中山全集》第5卷,中华书局1985年版,第215页)

2月21日　复函余荣等,贺勉悉尼国民党人召开恳亲大会。

函谓:"昨接来电,敬悉贵处于四月三日始开恳亲大会七日,至为喜慰!万里海天,弗克躬与盛举,特上芜词,借伸贺悃。深望诸同志于此次大会之后,感情愈洽,党务愈兴,民国前途,实利赖焉。"(《复余荣等函》,《孙中山全集》第5卷,中华书局1985年版,第216页)

2月22日　蒋介石至莫利爱路29号谒见孙中山,恰孙中山在寓所与日本友人坐谈,孙中山离席介绍蒋,对蒋"誉不绝口"。(毛思诚编纂:《民国十五年以前之蒋介石先生》,第89页)

2月24日　复函李烈钧,贺其重握驻粤滇军兵柄。

函谓:"正怀旧雨,忽觌朵云,额手南天,喜易可喻。足下以戡乱长才,久困群小,抚髀之叹,能勿同情。今竟合浦珠还,用武有地,岂维一人之庆,实亦邦国之光。足下念险阻之备尝,怵机缘之难再,必当发百倍,慰我群望!文深盼得如足下者群策群力,以达吾党最终之目的。如以刍菲可采者,自当本为国为友之诚,叩囊底智以备蒭询。特贺,并希努力珍摄。馀维心照不宣。"(《复李烈钧函》,《孙中山全集》第5卷,中华书局1985年版,第216页)

2月27日　致电刘显世,共救李烈钧。

函谓:"此次莫荣新挟李根源抗命,不啻破坏西南,形同叛逆。陆荣廷以老奸巨猾,佯为不闻,实欲乘此驱逐滇军,取消国会、军政府,单独投降。近且益肆猖獗,令刘志陆围攻潮州赣军,缴械解散,以杜福建粤军入路;屯兵永州,挟谭延闿以防湘西靖国军之攻桂林,狼子野心,志不在小。文为西南大局,不忍坐视,已电在粤海陆军同志,起救协和,共除桂贼。我公为大局计,为蕖赓并协和,若令一军出柳州,以冲陆贼巢穴,则彼直无所逃命耳。"(《致刘显世电》,《孙中山全集》第5卷,中华书局1985年版,第217页)

2 月 28 日　致电唐继尧,宜出兵百色。

函谓:"当此千钧一发之时,所望于兄者火速出兵耳,非全权也。况滇军已有一部附李根源,则权已分裂,尚何全之足云。文为大义计,为兄并协和计,已着陈竞存出兵相救。惟桂贼对于竞存,早有戒备,则竞存一路,恐难达目的。查桂贼之徒众,现分二大部:一围攻协和,一防制竞存。其老巢则甚为空虚。闻桂贼之意,以为兄之兵力皆在川、粤,且多为李根源勾结,其中必有不为兄用者;彼料云南必不能出兵,故对兄有此轻侮之举。兄为自救计,宜火速出兵百色,其数无论多少,必能夺其胆气,而摇其根本,盖此为彼之弱点也。如兄百色之兵已动,文必令钦、廉乡团并起以扰之,而绝西江之交通。如此,则彼攻协和、防竞存之兵不能不回救老巢,而协和之围可解,竞存之阻可消,便可合攻广州。广州一下,彼众必解体矣。兵法曰:攻其所必救。今扑其老巢,非兄莫属,而胜负亦在此一着。桂贼灭,而兄之威信乃可复也。"(《致唐继尧电》,《孙中山全集》第 5 卷,中华书局 1985 年版,第 218 页)

△　批示刘焕藜函,约与张敬尧代表来见。

代答:请礼(拜)一午后三时来。(《批刘焕藜函》,《孙中山全集》第 5 卷,中华书局 1985 年版,第 219 页)

2 月　与波波夫的谈话(1920 年春)。

孙中山在莫利爱路 29 号寓所会见波波夫上校等,和他们讨论关于国民党和布尔什维克之间的合作问题。波波夫提出:为何不首先攻击亲日派的徐树铮和段祺瑞? 孙答:其他事再重要,也没有必须首先从南方扫除军阀势力重要,其后再考虑处理北方之事。波波夫又问:安福系利用孙中山,先借孙中山之手打倒南方,然后再打倒孙中山,有无这种可能性? 孙曰:自己的力量比他们强大,因此他们难以做到这点。(据〔日〕森时彦《第二次广东军政府时期的孙中山》,载《孙中山和他的时代》上册,中华书局 1989 年版,转录索科尔斯基:《关于广东情况的报告》,1920 年 5 月 18 日,《美国国务院档案》;1920 年初,孙中山在上海会见苏俄阿穆尔军区波波夫〔Popoff 大校〕,当时在场的有美国记者索科尔斯基〔George E.Sokolsky〕,具体时间不详。)

△　批示顾汉槎来函。

长沙学生谭传择在江南警察传习所肄业后,不幸因病溘逝。其未婚妻沈氏青年守节,所遗幼女教养方长,情实堪怜。恳请量予慨助。接函后批示:"查为何人,酌量代答。"(《顾汉槎上总理函》,环龙路档案第 04667 号)

3月1日　为陈安仁所著《社会观》一书作序。

序言曰:"陈君安仁,以其所著《社会观》寄予,予不暇悉读。读其'论新旧社会财富之观念'一节,知其于吾向所主张之平均地权之义固相合也。陈君研究日深,异日必能于依私有制经营发展之社会形态以外,更有所进,则于'天下为公'之义,几乎至矣。予日望之。"(《〈社会观〉序》,《孙中山全集》第 5 卷,中华书局 1985 年版,第 225 页)

△ 索克斯致孙中山函,代美国环球影业公司邀请孙中山拍摄电影。(徐涛:《〈实业计划〉成书考——兼述宋庆龄在成书过程中的贡献》,上海宋庆龄研究会编印:《"宋庆龄与新中国"研讨会论文集》,2019 年 9 月)

3月2日　致石青阳电,谈收到汇票事宜。

电谓:"三月二日收到段蓬仙君交来汇票八张,共伸银叁万伍千两正(整),为买飞机用之一部分。俟款到足时,乃与前途交涉立约。今先电闻。"(《致石青阳电》,《孙中山全集》第 5 卷,中华书局 1985 年版,第 226 页)

△ 批示殷占阊等函。

代答以:请读《孙文学说》,便知先生对此之主张。(《批殷占阊等函》,《孙中山全集》第 5 卷,中华书局 1985 年版,第 226 页)

△ 批示刘焕藜函。

刘焕藜来函,报告与张敬尧协约内容。函谓:与张敬尧相约联合湘西及林修梅等交换条件,"对桂系服从先生命令外,至湘省省长、财政厅长等职,交归中华革命党之湘人,请先生指派"。接函后批示:"张果有实力,助吾党解决广西问题,则万事皆可从此解决,不必支支节节与争湘省之权利也。务期转致湘中同志,放阔胸衿可也。"(《批刘焕藜函》,《孙中山全集》第 5 卷,中华书局 1985 年版,第 227 页)

△ 索克斯致孙中山函,转送一封信函,送《远东共和》杂志,并详加介绍。(徐涛:《〈实业计划〉成书考——兼述宋庆龄在成书过程中的贡献》,上海宋庆龄研究会编印:《"宋庆龄与新中国"研讨会论文集》,2019 年 9 月)

3月5日　批示殷占阊等函。

来函称殷等系陈其美旧部,于长江一带军警两界具"联治实力",并有"确切把握"。同人等愿听指挥,借尽国民职责。接函后批示:"有路可干者,总望积极进行,造成事实,乃来讲话。"(《批殷占阊等函》,《孙中山全集》第 5 卷,中华书局 1985 年版,第 227 页)

3 月 7 日　复函余荣,对热心国事表示欣慰。

日前余荣来函,报告悉尼华侨党务开展情况,并附寄款项。本日复函,告函款俱收,悉"阁下热心国事,始终不渝,至为欣慰"。兹将证书共三十一纸,随函奉上。(《复余荣函》,《孙中山全集》第 5 卷,中华书局 1985 年版,第 228 页)

3 月 12 日　复函陈树人,告颁爱国奖状。

函谓:"查七年四月二十五日,由兄具函报告,加属同志曾缴爱国储金者,共八百八十四名,其中以域多利、卡忌利最多。自后陆续缴交者,谅亦不少。至爱国奖章,经寄二千九百枚,料经收到。兹将奖状二千九百张,统托联义同志带上,希照点收,即转送各埠同志曾缴爱国诸金者。如经给领后,恳将该同志姓名报部备案而登诸通信,以示奖励。"(《复陈树人函》,《孙中山全集》第 5 卷,中华书局 1985 年版,第 228—229 页)

3 月 13 日　致函陈树人,告请"查数照给,以昭划一"。

函谓:"顷接域多利交通部部长李君翰屏暨党务兼文牍主任谢君奕贲来函,内陈于去年护法军兴之际,曾电汇廖仲恺收港银七千元,其中多中属爱国储金款,请寄爱国奖章二百枚,以便转给缴纳爱国储金之同志等情。文经查核无异,恳由兄查数照给,以昭划一。"(《致陈树人函》,《孙中山全集》第 5 卷,中华书局 1985 年版,第 229 页)

3 月 15 日　致电陈炯明,告可备款购置军械。

函谓:"漳州陈总司令鉴:密。近有可靠之路,有步枪二千、马枪五千、子弹七百万,总共价沪洋二十万元。银先存贮银行,然后立约,二个月内可以交货。如欲购之,请即备款与前途交易。盼复。"(《致陈炯明电》,《孙中山全集》第 5 卷,中华书局 1985 年版,第 230 页)

3 月 17 日　致电廖湘芸,望与张敬尧切实计划。

函谓:"长沙督军署转廖湘芸兄鉴:高密。前接张督军元电,谓兄将来沪,今言派员,想系图谋进行之故,张督军英勇亢爽,诚意自矢,我极佩之。望即与绪先兄切实计划,并随时将进行情形电沪。"(《致廖湘芸电》,《孙中山全集》第 5 卷,中华书局 1985 年版,第 230—231 页)

△ 致电唐继尧,商讨援助李烈钧及西南军事计划。

函谓:"此次事变名为莫荣新助逆,实则陆荣廷以老奸巨猾之手段,行使其破坏护法、窃西南、投降复辟首领之预定计划。……故此举必具决以平游勇,奠定西南为唯一之目的,无调和之可言。"(《致唐继尧电》,《孙中山全集》第 5 卷,中华书局 1985 年版,第 231—232 页)

3 月 21 日 批示胡文灿等函,勉与他军协同讨贼。

滇桂冲突,各地革命党人纷纷活动,意欲响应。本日,胡文灿、唐提雄、卢则三等来函,谓陆荣廷、岑春煊、莫荣新借滇军风潮,欲将民党一网打尽。是以提振精神,集合同志,组织靖国讨逆军,一俟筹备就绪,即行誓师讨贼。并谓"若不有先生命令,万不敢轻举妄动",恳请指示南针。接函后批示:勉与他军协同讨贼;如"立有奇功","当必始终维持"。(《批胡文灿等函》,《孙中山全集》第 5 卷,中华书局 1985 年版,第 233—234 页)

3 月 23 日 复函徐谦,告将以实力对付陆桂。

函谓:"接读宣言,确有特见。惜文于宗教神理之学,荒疏已久,一时不敢参加末议也。日前拟发通电一事,意在鼓励西南之士气。今滇军将领既有通电,则此电可以不发。以后当以实力对付山贼耳。"(《孙中山致徐谦函电六件》,《历史档案》1984 年第 3 期)

3 月 24 日 批示朱伯为来函。

本日,《实业旬报》主任朱伯为来函,请求资助。函谓:受杨庶堪等托付,驻沪接洽四川实业事件。近因款项不继,一年来所经营者濒于失败。恳请酌饮五百元,俾得继续进行。接函后批示:爱莫能助。(《朱伯为上总理函》,环龙路档案第 00625 号)

3 月 26 日 致电王文华,询问讨桂意见。

本月 17 日致电王文华,请其出师讨桂,未接回复。25 日,李烈钧部攻占南雄,随后接受调停,各方联动讨桂情势为之一变。本日致电王文华强调指出,桂系实为需根本解决之障碍物,"吾辈不欲言救国则已,如言救国,则此根本为害之游勇,非先扑灭不可"。请其电示讨桂意见。(《致王文华电》,《孙中山全集》第 5 卷,中华书局 1985 年版,第 234—235 页)

3 月 27 日 刘少南受王文华委派携函来沪谒见,报告贵州情形,当即复函。

本日,刘少南受王文华委派携函到沪,前来晋谒,报告贵州情形,当即复函,指示对南对北方略。函谓,辛亥以还,桂系集团唯利是图,若不加以翦除,西南无以立足。当下须以解决西南内部问题为先,对北则应"择其较有信义而不巧滑者"相与周旋,俾使解决西南内部计划畅行无阻。(《复王文华

函》,《孙中山全集》第 5 卷,中华书局 1985 年版,第 236—237 页)

△ 复函吕志伊等,共谋讨桂。

是月 11 日,驻粤滇军将领吕志伊、段雄、李华林来函,表示愿牺牲一切,相与始终。本日复函指出:"广西游勇破坏大局,文为国计早已着手准备,誓歼渠魁。""吾人及今团结一气,收之桑榆,未为晚也。"并指示:"军行之际,间诡百出,稍一不察,辄启猜疑,往往功败垂成,玩寇自祸,非疏通各军意志,不能免此。三兄滇人也,而久客于粤,幸留意焉。"(《复吕志伊等函》,《孙中山全集》第 5 卷,中华书局 1985 年版,第 235—236 页)

3 月 28 日   致 Nathaniel Petter 函,Petter 系美国《纽约时报》驻中国记者,莫利爱路 23 号(应为 29 号)孙中山此信系英文,现藏于纽约哥伦比亚大学图书馆。

亲爱的 Petter 先生:

我刚收到您本月十五日写的很有意思的信。我仔细读了您的信,您对有关问题的印象和推论,相信您比别人看得清楚些,看得远些。您在信中所表示的,我会放在心上。

假设您有任何新的消息,请续惠告。

此致谢,并祝安好。

您的诚挚的   孙逸仙

一九二〇年三月二十八日

莫利爱路二十三号(此处笔误,应为二十九号)

(《孙中山全集续编》第 2 卷,第 457 页;据[美]美国圣约翰大学教授李又宁《介绍几封最近发现的孙中山与宋庆龄的信》,1990 年 8 月 4 日在广东省中山市"孙中山与亚洲"国际学术讨论会上的发言稿)

3 月 29 日   致函李安邦、李绮庵,指示讨桂事宜。

函谓:"如广府能起事,未破省城之先,当注重两要点:一为长洲炮台,此当与海军疏通,然后占领为根据地,以重兵守之,此事当与邓鼎峰合作。二为尽夺其内河炮船,以控制各江之交通,而尤以绝塞西江为重,务使由三水至梧州,皆入我势力之下。如能达此两目的,则省城可不攻而下矣。"(《致李安邦李绮庵函》,《孙中山全集》第 5 卷,中华书局 1985 年版,第 238—239 页)

△ 批示黎蓂等函。

答曰:"如确有如此实力,如此组织,则当以起事为征。如能分头并起,以击桂贼,则文必竭力助成,务使各人成军也。如不能发起,则人械虽多,何济于事?故对于不能发起与一发而即散者,皆不欲与闻也。望公等竭力将各地人众造成事实,然后来商可也。"(《批黎萼等函》,《孙中山全集》第5卷,中华书局1985年版,第239—240页)

△ 孙中山致安德森函。(宋时娟:《孙中山与安德森关于〈实业计划〉的往来书信》,《"百年回眸与展望:孙中山与〈实业计划〉青年论坛"论文集》,2019年5月)

3月31日 致电李绮庵、李安邦,嘱其讨桂事宜应视李烈钧动向。

电曰:"电汇万元为安邦计划用。筹备后须与协和代表徐鹤仙接洽,查确协和无调和乃可动。若协和已调和则息。再则,绮庵须另备钦廉、潮汕同时发动,为粤军回粤之先导可也。"(《致李绮庵李安邦电》,《孙中山全集》第5卷,中华书局1985年版,第240页)

3月下旬 致电孙科等,嘱其广东银行万元交李安邦用,并将电文译交李绮庵、李安邦、徐鹤仙。

电曰:"电汇广东银行万元,收交李安邦用。前有借单一纸,在李绮庵手,向之收回取消可也。下电译交绮庵、安邦同鉴:兹电汇万元为安邦计划用。筹备之后,须与协和代表徐鹤仙接洽,查确协和无调和乃可动。若协和已调和息兵,则绮庵须另备钦廉、潮汕同时发动,为粤军回粤之先导可也。下电译交徐鹤仙鉴:兹着李绮庵、李安邦回粤起事,以解协和之围;请与接洽,将协和实情相告,以定进止为荷。文。转致子超先生,不来亦可。"(《致孙科等电》,《孙中山全集》第5卷,中华书局1985年版,第241页)

△ 致电陈炯明,让其与李烈钧联络,从而攻取广州。

电曰:"香港来电,海军愤兄攻方,已与莫合派兵船,护泰顺轮载刘达庆兵来闽攻兄。海军不足畏,所患者仍为桂贼耳。闻兄曾阻海滨图刘志陆,不先发制人,反使刘得从容灭伍,及隔绝其部下之革命党人与外间通消息,致敌势固张,同志胆寒,殊为失策。此后汕头不可图矣。桂贼今请岑与协和调和作缓兵计,一面以大兵欲先灭兄。今刘志陆、刘达庆、沈鸿英及海军作三面围攻,而夏述唐、吕公望为内应。倘彼计得行,兄立陷于四面楚歌矣。兄为自救计,当破釜沉舟,勿恋防地,速集中军队为一大突进于东江流域,与协和联络而扑广州。广州一下,桂贼必瓦解,而海军可就范围矣。广属甚空虚,文已派李安邦起事,信其必有影响也。望兄速图利之。"(《致陈炯明电》,

《孙中山全集》第 5 卷,中华书局 1985 年版,第 242 页)

△ 致电唐继尧,望其出兵百色。

电曰:"港函,协和以侵日抵始兴,莫等散布协允调停之说,各方稍持观望。来电以全权委协和,办法甚是。惟协和近为桂军、印军包围,消息不通,无从接洽。潮、澄伍旅又被刘志陆逼令械解散。今所恃以救协和者,各路民军耳。非有正式大军以持后,民军力薄,能救协和与否,尚不可必。近闻陆复派兵至永州,派代表至贵阳,有收复湘西民军势力之计划。请致电湘西各军,勿为所诱。要之,老贼心一而力齐,我则兵众而号令动作皆不一致,前途利钝未可逆料。又川事当即解决,即使不能遽行移兵而去熊,亦大足为粤声援,不宜置于粤事之后。报载尊处又出师百色,此诚上着,亦救协和之急着。如尚未行者,宜火速举行。兄果出兵百色,文必促竞存同时入粤,及令钦、廉速起制之,则游勇可灭也。"(《致唐继尧电》,《孙中山全集》第 5 卷,中华书局 1985 年版,第 243 页)

3 月　致电徐鹤仙,嘱其转告李烈钧,已派李绮庵回粤。

电曰:"徐鹤仙兄鉴:已派李绮庵兄回,解协和之围。即请转致协和兄,以励士气。孙文叩。"(《致徐鹤仙电》,《孙中山全集》第 5 卷,中华书局 1985 年版,第 243—244 页)

春夏间　致函林直勉,告筹款事宜。

电曰:"本党创办英文报及印刷所计划,前经通告诸同志。现陆续接到复函,皆极表赞成,并多认定股款,足见诸同志对于本党宣传主义之举,倍极热心,将来本党发扬光大,皆我党员同心协力之所致也。今因时势之要求,急须开办,而款项尚未完全认齐,故特托卫君一新前来各埠劝募。……请兄即本照此旨,分告所属各支、分部及通讯处,妥与卫君斟酌情形,尽力将款认定,以成盛举。"(《致林直勉函》,《孙中山全集》第 5 卷,中华书局 1985 年版,第 244 页)

4 月 1 日　致电张敬尧,望其接济廖湘芸部。

函谓:"顷接廖湘芸电称:彼与桂派接战,连日不利,以械弹两缺,不能再振,以贯切(彻)初志云云。窃思桂派欲图足下,亦非一日矣。是足下与湘芸有利害共同之势,倘湘芸竟至一蹶不起,则足下之地位,亦必难保。为利害计,务望足下力予接济,俾湘芸械弹不缺,以竟前功,早进桂境,以引起两广之内应,则山贼可扑灭也。幸速图之,并转致湘芸。"(《致张敬尧电》,《孙中

山全集》第 5 卷,中华书局 1985 年版,第 245 页)

4 月 2 日　召蒋介石筹商闽粤军事,望其赴闽粤军总部协助军事。(毛思诚编纂:《民国十五年以前之蒋介石先生》,第 89 页)

△　复函黄炽,让其给维持会转达函件。

函谓:"接二月二十七日来书,敬悉公等维持报务之苦心,并承挚爱之厚,至为感谢! 请将存款比还以应支需一节,兹照致贵埠维持会一函,希代转达。如该款收回,即函报存案可也。"(《复黄炽函》,《孙中山全集》第 5 卷,中华书局 1985 年版,第 245 页)

△　致电李绮庵、徐鹤仙,促同时攻打桂系。

电谓:"汇哲生交安邦万元,想已收到。广属筹划如何? 有把握否? 钦廉若确能起事,当再筹五千来。务望赶与竞存同时动作,幸甚! 下电译交东京酒店徐鹤仙鉴:函悉。竞存后路现已肃清,即日动员回粤,望速传达协和,振作士气,同时攻击可也。"(《致李绮庵徐鹤仙电》,《孙中山全集》第 5 卷,中华书局 1985 年版,第 246 页)

△　致电张佐丞转各将领等,告当前应以统一南方为先,然后对付北敌。

函谓:"顷悉诸兄已决议解决四川问题,甚喜甚慰! 惟四川问题解决之后,宜先统一南方,然后对付北敌,方为万全。若南方未统一以前即出师武汉,是以四川一隅而对付北方全体,且后面更有桂贼助敌以扰我,则胜算未可操也。北敌向分两派:冯派向守中立而与桂贼结;段派向主用兵。是南北之争,其在前线作战者,殆全属吾党与段派耳。近来段派大有觉悟,已与我党调解,愿归和好。是此时北敌全数可以按兵不动,我正可乘时以清内奸;内奸清则南方可以统一,而段派当可就轨道也。且目前之为患者,心腹为大,外敌为小;而吾党现有之力,攻桂为易,攻北为难。此孔明所以未出中原先擒孟获,吾党今日正宜师之。"(《致张佐丞等电》,《孙中山全集》第 5 卷,中华书局 1985 年版,第 246 页)

△　为朝鲜重要报纸《东亚日报》题词"天下为公"。(段云章编著:《孙文与日本史事编年(增订本)》,广东人民出版社 2011 年版,第 611 页)

4 月 3 日　在美国《独立周报》(英文版)发表《中国人之直言》。

建议:"美国的资本家们与中国人联合,共同开发中国的实业。美国人提供机器,负担外国专家们的开支;中国人提供原料和人力。合作的基础建立于平等互惠的原则上。"并提出"中国不能永久购买那些本国易于制造的物品,那样做是极其不合理的。中国迟早是要自己制造自己需要的东西。你们的产品将不再能够在中国与中国的国货竞争。因之,你们只有开始在中国与中国合作设厂,否则迟早都要被驱出中国市场。何以不开始在中国设厂? 何以不在此地制造货品?"(《中国人之直言》,《孙中山全集》第 5 卷,中华书局 1985 年版,第 247—249 页)

4 月 4 日　与《大阪朝日新闻》记者的谈话。

报载:该社特派员于四号晚会见孙文并询问其对时局之意见,孙言:"余对于广东之骚扰,信其易于镇铮(静)(唯其理由则不肯说明,似胸中有十分之成竹者),而彼时广东军政府当即解散。国会议员来集上海,有开非常国会之事,(中略)余于(与)段祺瑞氏相提携一说,诚属事实,初非无稽之谣言,盖段祺瑞氏能服从民意,速望南北统一,故段与余提携也。无论南方督军之反对如何,纵令反对,彼等今日已无实力,何足虑哉! 惟段氏最近避居南苑,与此殊无关系耳。要之北方与南方,互以军相争,殆将陷于破灭。惟顺从民意者,则得胜利。中国统一之日要不远矣。"(据《孙段携手之一证》,长沙《大公报》1920 年 4 月 26 日)

4 月 6 日　午后三时接见王恒。

于 4 月 5 日接林修梅函并批示:请王恒明日午后三时来见,并请林修梅来沪。4 月 6 日午后三时接见王恒。(《批林修梅函》,《孙中山全集》第 5 卷,中华书局 1985 年版,第 250 页)

△　复电李绮庵、粤舰队同志,指示讨桂方略。

电谓:"海军果确,则省城可袭,北舰可夺。二事得手,大功便成,不待粤军之回矣。如省城不能袭,只能夺北舰,可先握花地、河南及黄埔、虎门各要塞;然后一面合各路围攻省城,一面以舰队进攻西江,节节取之,至梧州为止,握而守之以堵桂贼之出路。若二事皆不得手,则以舰队收三水以下各邑为根据,而合水陆进攻西江如前,以待粤军之回,则大功可成也。下电译交粤舰队同志公鉴:顷得丁、陈代表电,悉诸公有志杀贼,以救桑梓。三千万同胞将有出水火之望,快慰何似。进行方略请与安邦、绮庵详商,谋定后动,务期一举破贼可也。"(《复李绮庵暨粤舰队同志电》,《孙中山全集》第 5 卷,中华书局 1985 年版,第 250—251 页)

4 月初　与美国拉蒙特的谈话。

孙中山在上海寓所接见了拉蒙特。拉蒙特,美国摩根公司银行家。

1920年4月初,他为了美国银行财团的一项任务(间接地为了威尔逊总统)去远东,孙中山在上海邀请他来寓所。此谈话是拉蒙特在上海的警卫员乔治·索科尔斯基的追忆记录。二人就中国铁路计划及资金进行讨论。(韦慕庭:《孙中山——壮志未酬的爱国者》,中山大学出版社1986年版)

4月7日 李汉俊来访。([英国外交部档案]FO405\228,157号文件附件[1920年4月7日];FO228\3214[1920年4月8日])

4月9日 复函陈树人,准许域多利交通部留存。

函谓:"顷接交通部部长李君翰屏暨党务兼文牍主任谢奕赍二月二十九日来函,以新章所载并无交通部名称,是域多利交通部似应取消,以符规则;惟交通部成立已久,且经居留地政府照准立案,为办理党务起见,应请变通办法,特别保存,以利进行等因。按李君等所称,亦属实情。兹为维持党务起见,该交通部准照旧留存,但内容办法,应照海外支部通则办理。凡该部各事,须承商总支部施行;即致各部公文,亦当多送总支部一份,以凭备案,而昭统一。除函复该部李君等遵照外,特此函达,统希查照为盼。"(《复陈树人函》,《孙中山全集》第5卷,中华书局1985年版,第251页)

4月10日 吴景濂一行抵达上海,前来晤谈。

孙先生向其出示所作《孙文学说》《建国大纲》原稿,并说明作书宗旨及要点。谓:"《孙文学说》大意'重知'字。《大禹谟》云:'非知之维艰,行之维艰。'自古重行不重知,其说甚非。今改正重知,凡行不能彻底者,皆由'知'不能彻底。吾人应当着重'知'字,此吾之学说,专以'知'为主点。"(吴叔班记录,张树勇整理:《吴景濂自述年谱》下,《近代史资料》编辑部编:《近代史资料》总107号,第74、75页)

△ 致电李绮庵、陈策,询问讨桂筹备情况。

电谓:"欠煤当在港设法为便,连发动费需款几何?竞存广属一动,即必出兵,兄能先动否?如不能动,则候竞存定期再报。下电译转陈策君鉴:令电委丁培龙为正指挥,黄达观为副指挥,统率舰队,协力讨贼。"(《致李绮庵陈策电》,《孙中山全集》第5卷,中华书局1985年版,第252页)

4月上旬 为合肥阚氏重修谱牒作序。

合肥阚氏重修家谱,应阚兰溪等之请,为家谱作序。在序中称阚氏先祖蚩尤为"中国第一革命家"。称赞合肥阚氏"自办学校,议立族规,纂续谱牒,储集公产,自治精神,卓然为一乡模楷"。认为"诸君一心以改良风俗为任,注重教育,组合群力,皆为民治最优厚根柢,又能守其祖先发愤自雄百折不挠之心志,以出而效力于国家,则将来阚氏之立功业于宇内,著勋绩于史册,必能接踵而起,为世钦仰"。(宋霖:《孙中山〈阚氏重修谱牒作序〉考辨》,《江淮文史》2003 年第 3 期)

4 月 12 日　孙中山题赠宋庆龄《中国的发展》一书。(上海孙中山故居纪念馆藏)

4 月 15 日　致电孙科、李烈钧,告讨桂计划。

本日致电徐元诰转李烈钧谓:"云南远水恐难救粤中近火。现闻湘南有望,请兄设法速离粤来沪,转入湘南,统率一部赴韶,与滇军联合,约定竞存同时进攻,桂贼必败。"(《致孙科李烈钧电》,《孙中山全集》第 5 卷,中华书局1985 年版,第 253 页)

4 月 16 日　批示卢殷民函,请其自行购买《建设》杂志。

来函称:"前领《建设》杂志五份,惟尚缺第一部一、二、五号,第二部三号共四期,请补发齐备。"接函后批示:"先生处有者,可以奉送,其无者,请就市上买之。二期三号已出版,亦可买之市上。"(《批卢殷民函》,《孙中山全集》第 5 卷,中华书局 1985 年版,第 254 页)

4 月 18 日　批示盛钧函,拒绝为其筹款。

本日盛钧来函,附黄钺呈文。呈文陈述所部伏处湘南及粤桂边界之枪支数目,及统一湘南计划,并请商之段祺瑞、张敬尧"筹款接济,以便维持固有军队"。接函后批示:"碍难办到。"(《盛钧上总理函》,环龙路档案第04495.1 号)

4 月 20 日　复电李绮庵,指示讨桂方略。

19 日李绮庵来电谓舰队发动,需款一万元,现与舰队磋商,约定 5 月 9 日可能发难。乞即转电陈炯明、李烈钧,各路能否如期举行,一致动作。本日复电告:"若要他方一致动作,始能持久者,则不宜先发,须待各方筹备,然后由此电约乃可发。发时须照前电,钦先、潮次、广后","竞存动期未定,然若潮汕得手,彼必随时回粤"。(《复李绮庵电》,《孙中山全集》第 5 卷,中华书局 1985 年版,第 254 页)

4 月中旬　复函谭延闿,促速起讨桂。

是月 13 日,谭延闿来函,并遣员前来晋谒,报告湘情。随即复函指出:"湘之外敌,北兵也;其隐患则桂系也。""今则国会既去,军府无名,桂系遂为天下之公敌。闻蒉赓已决从滇边进兵,贵州亦已携手,粤人恨桂实深,竞存更不能不急速回戈。惟湘当其中,须与首尾相应。鄙意以为当由竞存先发,而湘为应援,滇、黔更以精兵覆其巢穴。如此,则桂系必败亡,而大局可望有根本解决……"(《复谭延闿函》,《孙中山全集》第 5 卷,中华书局 1985 年版,第 255—256 页)

4 月 22 日　批示胡万州函,指示其切实进行。

3 月 15 日,委任邹鲁为救国军第二军中路第二支队司令。现十余县旧部相继归附,前来领取委任,惟饷械未足,时机未熟,未敢妄动,恳请指示方略。接函后批示:"望切实进行,当以立功后再由此间直接处理。"(《批胡万州函》,《孙中山全集》第 5 卷,中华书局 1985 年版,第 256 页)

4 月 23 日　与伍廷芳、唐绍仪及在沪旧国会议员举行会议。

是月中旬,唐继尧委托林众难向吴景濂等转陈意见,主张"政务会议速须组织,可暂以漳州为根据地"。吴随即就商于孙中山、伍廷芳、唐绍仪等。孙中山认为,漳州四面皆敌,云南为护法策源地,地理上及军事上之关系均称便利,"军府之设,自宜在滇不在漳"。翌日,吴景濂致电唐继尧,告知上海方面的决定,称此举为护法生死关头,"我公若能赞同,则少公可以就职,孙公可不再辞总裁,合法之政务会议指日可成。对内有统一之机关,对外有正当之名义,欲图发展,较易为力"。恳请"速来一电赞成斯议,并一面派定总裁代表驻沪办事,以便开议"。(《吴景濂函电存稿》,《近代史资料》编辑组编:《近代史资料》总 42 号,中华书局 1980 年版,第 225 页)

4 月 24 日　复函伊斯拉,对锡安主义运动表示同情与支持。

函谓:"我对这场运动——当代最伟大的运动之满怀同情之心。所有爱好民主的人士,对于复兴你们伟大而历史悠久的民族,必须会给予帮助和支持。这一民族对世界文明作出了如此重大的贡献,理应在国际上赢得一个光荣的地位。"中国革命领袖的明确支持大大激励了锡安主义运动,《以色列信使报》随后刊文指出:"我们相信全世界犹太人都可从此信中看到中国愿意给予我们全力支持的最新讯号…中国领导人的最新声明,激励我们充满热情和勇气地去完成我们所面临的极为艰巨的任务。"(《致伊斯拉函》,《孙中山全集》第 5 卷,中华书局 1985 年版,第 256—257 页)

4 月 25 日　复电卢永祥,请以尊民废督相号召。

复电赞扬"身任督军而肯牺牲个人权利以救国者,实以此为第一声",同时指出"执事若真欲舍身救国,即应树尊民废督之义,起而号召",且自约束视学生若仇雠的沪杭军警始。(《复卢永祥电》,《孙中山全集》第5卷,中华书局1985年版,第257—258页)

4月27日　批示黄焕廷、马超俊函。

黄焕廷、马超俊前自粤来沪,曾予接待。本日来函告接总会电,谓香港罢工业经解决,并催促回粤。适船期迫近,匆匆首途,未遑恭辞,殊深抱歉。接函后批示:存记地址、人名。(《黄焕廷马超俊上总理书》,环龙路档案第03067号)

4月28日　宋庆龄致索克斯函,关于熊克武辞职通电简报,另表示喜欢阅读来自索克斯的文章。(徐涛:《〈实业计划〉成书考——兼述宋庆龄在成书过程中的贡献》,上海宋庆龄研究会编印:《"宋庆龄与新中国"研讨会论文集》,2019年9月)

是月　与美国银行家托马斯·W.拉蒙特谈话,商讨向美借款事宜。

是月初,美国摩根公司银行家拉蒙特来到中国,闻讯邀其前来寓所做客。谈话主要围绕向美借款问题展开。孙席间向拉蒙特展示了宏大的铁路建设计划图,请其出借铁路建设资金。在谈到当前中国局势时,拉蒙特称,威尔逊总统关心是否有一条途径能给中国的南北方之间带来和平,孙干脆利落地回答道:"拉蒙特先生,只要您给我二千五百万元,我就可以装备一倍的军队,然后我们就可以迅速得到和平。"(韦慕庭著、杨慎之译:《孙中山——壮志未酬的爱国者》,中山大学出版社1986年版,第107页)

4月　复函菊池良一,赞其为中国之友。

日本友人菊池良一竞选众议院议员,力主以中日友好合作、复兴亚洲为日本外交政策,并专门来函,陈述其对日本政治改革的意见。随即复函,对菊池对华主张极表称许,赞誉其为"中国之友"。(段云章编著:《孙文与日本史事编年(增订本)》,广东人民出版社2011年版,第612页)

5月1日　为《新青年》"劳动纪念专号"题写"天下为公"四字。

《新青年》第7卷第6期出版"劳动纪念专号",其中有工人生活图片三十三幅和十二个工人的亲笔题词,并发表李大钊的《五一运动历史》一文,介绍"五一节"的来历及各国纪念的情况。为《新青年》"劳动纪念专号"题写"天下为公"四字。(《为〈新青年〉杂志题词》,陈旭麓、郝盛潮主编,王耿雄等编:《孙中山集外集》,上海人民出版社1990年版,第634页)

5月7日　为胡汉民所撰《余健光传》作序,赞扬其革命奋斗精神。

为序称赞其革命奋斗精神,谓其"固以奋斗而死,自有志于革命以来,真所谓一息尚存,未尝少懈者。其生平自揆,亦曾无成败利钝之见,故不问健光所已建树于国家社会者奚若,而即此奋斗进取之精神,已足以移传于多数后起之青年而不朽"。(《〈余健光传〉序》,《孙中山全集》第5卷,中华书局1985年版,第259页)

△ 复函陈树人,对加拿大国民党党务日进表示欣慰。

函谓:"爱国奖章、奖状各件,已如数得收,并经照办,加属机关日增,党员日众,无任欣慰!兄于劳病之中,复有出巡之举,具见舍身为党,竭诚任事,实令人感佩不置者耳!前次出巡,中途陡遭意外,致大功未成,殊为可惜!今党禁已开,大义获伸,此次出巡,想兄之若扩党务大计,当可如愿以偿。此则文所堪为预祝者也。"并要求其"此间所筹办大印刷所及英文机关报两事,各分部所认股份,随时函报为盼"。(《复陈树人函》,《孙中山全集》第5卷,中华书局1985年版,第259—260页)

△ 复函蒋宗汉,对其代理文件工作表示钦佩。

函谓:"加属机关新进同志之多,以卡忌利分部为最优,其余亦陆续加增,至为喜慰!以据树人兄函报,称阁下任事诚毅,堪以代理一切文件(件)等情,感佩良深……"(《复蒋宗汉函》,《孙中山全集》第5卷,中华书局1985年版,第260页)

5月12日　批示秋瑾之子王沅德函。

本日秋瑾之子王沅德来函,叙述事件经过恳请"垂怜同志,俯念孤零,代作主张,规复祠宇,以安毅魄而表孤衷"。接函后批示:此事现在无从为力。(《王沅德上总理函》,环龙路档案第04196号)

5月14日　致电许崇智,告其防范及出击准备。

电谓桂系为生存计,必先灭粤军不可。今彼布置已定,攻漳之期不远。"今特预先告兄,望兄有以备之。万一漳州失陷,请兄切勿张惶,务须镇静处之,集中部众于上杭、武平一带,为一突进东江之举,则必能转败为胜也。"并告"予拟六月初离沪,往闽往粤,尚在未定。如至此时桂贼尚未攻闽,吾决先击之,望兄集中所部以候令"。(《致许崇智电》,《孙中山全集》第5卷,中华书局1985年版,第261—262页)

△ 安德森致孙中山函。

函谓:"我已经将这些计划提交修改,您的主要思想同美国教育工作的大规模国际运动相关联。"(宋时娟:《孙中山与安德森关于〈实业计划〉的往来书信》,《"百年回眸与展望:孙中山与〈实业计划〉青年论坛"论文集》,2019年5月)

5月22日(年谱长编为21日)　姚畏青致函莫利爱路29号,建议孙中山与段祺瑞合作,孙中山接函后批示。

代答以:函悉,先生无分南北,只以主义同者则为同志耳。芝泉近日大有觉悟,先生自乐与共图国事,使正之共和能早日实现于中国也。(《批姚畏青赞同与段祺瑞联合函》,《国父全集》第六册,第187页,据党史会藏原件052/607,日期据来函)

5月25日　致电驻闽粤军,告海军动态。

港敬电云:魏子浩带"海琛"、毛仲芳带"永丰"昨日开往汕头,海军陆战队暂由林悦卿兼领云。海军自饶子和回粤后,尚无一切实报告,其态度仍不明暸。望兄注意。(《致电》,《孙中山全集》第5卷,中华书局1985年版,第265页)

△ 批示孙祥夫函。

代答以奖勉辞,并言陈师有心来助甚好。待计画有定,再行通知。(《批孙祥夫函》,《孙中山全集》第5卷,中华书局1985年版,第265页)

5月28日　致电谭延闿,促速定讨桂大计。

讨桂形势出现后,曾多次函电谭延闿速起,但谭不为所动。本日复致电催促。电谓:"闻冀赓已决从滇边进兵,贵州定与携手,竞存亦拟回戈图粤。湘当其中,若与首尾相应,则彼必败亡。""兄与所部为国奋斗,久历艰瘁,今有机可乘,必能遂除民害,望速决定。"(《致谭延闿电》,《孙中山全集》第5卷,中华书局1985年版,第265—266页)

5月29日　复函梅放洲,嘱其调查桂系进攻陈炯明计划。

是月23日,梅放洲来函报告潮汕地区军队联络及运动进展。本日复函,对潮汕进境深为欣慰,告"以后凡关于桂军一切行动及其内容如何,一有见闻,务望详为报告"。并嘱"近日道路传闻,桂贼集大兵于东江,欲先发制人,有进击竞存之势。照兄所见,桂贼有此胆略否? 竞存甚为戒备,然桂贼敢进攻与否? 所关吾人计划甚大,此层务要切实确查详报也"。(《复梅放洲函》,《孙中山全集》第5卷,中华书局1985年版,第266页)

△ 致函陈永惠,嘱与李绮庵协力。

梅放洲来函称陈永惠"热心爱国,已自行联络军队,以备驱除桂贼而救粤民"。本日致函陈永惠称"联络军队,须协同一致,不可分歧","闻兄所联络之军队,有已为李绮庵兄所接洽者,故望兄务与绮庵兄一致动作,则必有事半功倍矣"。(《致陈永惠函》,《孙中山全集》第5卷,中华书局1985年版,第266—267页)

5月30日 李烈钧抵达上海,前来拜访。

报载:唐继尧代表李烈钧氏,由香港乘日本游船天洋丸于昨日抵沪,同行者有贵州前驻粤代表李子云、国会议员王乃昌,及参议副官秘书五六人,上午九时许,由新码头登岸,届时亲赴码头欢迎者,有国会众院议长吴瀚伯、副议长褚慧僧、参院副议长王儒堂、军府总务厅长伍梯云,分代表曾彦、王伯群,前广监运使李茂之,卫戍统领欧阳荣之,国会议员张瑞萱、罗家衡、陈策、李文治、刘奇瑶、贺赞元等,南总代表唐少川氏,亦乘黄包车亲到码头迎迓,李君登岸,与诸人一一握手言谈,后即登汽车前赴孙中山住宅,并分诣伍博士与唐少川吴瀚伯褚慧僧诸君,然后布置馆舍,李君眷属原住法租界义和里,因房屋狭小,刻正预备迁移云。(《李烈钧昨日抵沪》,《申报》1920年5月31日,"本埠新闻")

当晚8时,各总裁、旧国会议长及李烈钧均前来宅邸会谈,10时始散。当晚,李烈钧下榻孙宅。(《李烈钧到沪后之行动》,长沙《大公报》1920年6月5日,"中外新闻")

5月 复函王天纵,勉策时努力。(《复王天纵函》,《孙中山全集》第5卷,中华书局1985年版,第267页)

6月1日 于宅邸举行谈话会,沟通情况。

是日午后,与伍廷芳、唐绍仪、李烈钧等于寓所召开特别会议:"首由伍廷芳发言,主张本日即作为正式会议,并推举中山为主席。中山除辞谢主席外,且声明仍认为谈话会,遂互相讨论军府、国会迁滇问题。伍氏力持在沪组织政务会议办事处之说,会议良久,末后由李协和说明唐冀赓主张国会宜改设重庆种种理由,未及解决而散。"(《上海孙中山宅之特别大会议》,《新国民日报》1920年6月17日,"祖国要闻")

6月2日 孙中山与唐绍仪、伍廷芳、唐继尧(李烈钧代)及云南代表在莫利爱路29号寓所举行会议,讨论应付时局办法。

报载：昨（二日）下午三时，在沪之军政府总裁孙中山、唐少川、伍秩庸、唐翼赓代表李协和，暨国会两院议长吴林王褚四君，及各省各军代表赵世珏（陕西）、覃震（湖南）、谢持（四川）、由宗龙（云南）、王世襄（贵州）、陈策（鄂西）等多人，在孙中山住宅集会，讨论应付时局办法，历时甚久，结果，决定由孙唐唐伍四总裁，发表正式宣言，通告中外，声明不承认广东残留之军政府为护法政府，残留之国会议员，既无合法议长，亦不能认为国会，其所决议事件，完全不生效力，此项宣言，已经四总裁同意，现正在起草中，日内即可发表。此次会议虽未具政务会议之形式，而精神上已为代表西南多数省份与军队之最高会议，所议决事件，固有非常强大之效力。从此滇黔蜀湘鄂各省军队正式与广州军府脱离关系，此案虽酝酿已久，至今始克实现。故六月二日之孙宅会议，可谓开西南时局之新纪元也。（《西南时局之新发展》，上海《民国日报》1920 年 6 月 3 日，“本埠新闻”）

6 月 3 日　与唐绍仪、伍廷芳、唐继尧联名发表宣言，宣称移设军府，继续南北和议。

四总裁宣言痛斥广州政府自政务会议成立以来，为人所把持，“假护法之名，行害民之实”，“非惟国法所不容，直人类所不齿”。随后宣告“移设军府”，郑重声明：“自今以后，西南护法各省区、各军，仍属军政府之共同组织。对于北方继续言和，仍以上海为议和地点，由议和总代表准备开议。其广州现在假托名义之机关，已自外于军政府，其一切命令、行动及与北方私行接洽之事，并抵押借款，概属无效。”“希北方接受此宣言后，了然于西南公意所在，赓续和议，庶几国难敉平，大局早日解决。”（《移设军政府宣言》，《孙中山全集》第 5 卷，第 267—268 页）

6 月 5 日　致函张学济，勉秣马厉兵，以待大举讨桂。

张学济日前来函并遣员来见，报告谭延闿、张敬尧冲突及湘西军情。本日复函指出谭、张开衅，不过局部之事，“只须将桂系遏平，余事即可迎刃而解”。并告讨桂计划及各方进展，勉其“秣马厉兵，以待大举”。（《致张学济函》，《孙中山全集》第 5 卷，中华书局 1985 年版，第 269 页）

6 月 9 日　复电唐继尧，勉其贯彻主张，推行平民政治普及全国。

本日复电指出：“比年以来，国家多故，民生疾苦，日以加甚，于是废督裁兵之议，遂成时势之要求，而为国民一致之主张。”“今执事毅然行之，以为天下倡，且不以独善为已是，而更欲行其所信于力所能及之地，谋国之忠，为议之勇,诚无愧于护法之柱石矣。"并勉其"削平大难,贯彻主张,俾平民政治,由云南而普及于全国"。(《致唐继尧电》,《孙中山全集》第5卷,中华书局1985年版,第270页)

6月上旬　致函廖湘芸,嘱扫平广西。

湘西军情极其复杂,廖湘芸虽得张敬尧协助,但处境仍形危殆。廖日前来函,报告此情,并请求指示。本日复函指出,"所陈各节,均属可行","惟主要目的,在扫平广西,以扑桂林为第一着,对于辰州之军队取切实联络,对于洪、溆之军队,可收用者尽先收用;其不可收用而必须征服者,则须以全力于最短时间击破之,勿招前此之失败"。(《致廖湘芸函》,《孙中山全集》第5卷,中华书局1985年版,第271页)

6月11日　接受《字林西报》记者访问,反对英日同盟。

是日接受《字林西报》记者访问,强烈反对英日续盟:"同盟有害于中国,日本既取侵略政策,英国何以赞助之? 同盟第二次续订后,高丽即脱离中国。华人现信同盟如经三次四次之续订,则中国将步高丽之后尘矣。但吾人准备与之奋斗,华人无一不反抗日本,倘英日再续盟,则华人且将反抗英国。"继而指出英日同盟已无存在之必要:"日本利用印度以取得同盟,当时英国惧俄国南侵,但现在俄之帝国势力已消灭,已无复同盟理由之存在。假使谓日本既无同盟之束缚,将不利于印度,则试问中国如受日本管辖后,其危害将至何等乎? 中国乃一和平之国,然则何不使中国为日本与印度间之一缓冲国乎?"并严正警告:日、英同为岛国,利害终必冲突;日若控制中国,"若握太平洋霸权,即能殖民于澳洲,占领坎拿大,控制南非,畀印度以独立",则"英国无宁日矣"。《字林西报》报道时指出,访谈间孙中山态度坚定,"措词极为有力"。(《孙先生与西报之谈话》,上海《民国日报》1920年6月12日,"本埠新闻")

6月17日　致函李绮庵,告派徐固卿为讨贼军总司令。

函谓:"兹派徐固卿先生回粤为总司令,统率各路讨贼军,望兄纠合同志,听总司令指挥,奋勇进取,务期扫除桂贼,肃清两广,为百粤人民造无穷之幸福,实为厚望。"(《致李绮庵函》,《孙中山全集》第5卷,中华书局1985年版,第272页)

6月21日　批示任寿祺函,同意寄书。

是日,革命党人任寿祺自江西来函,谓赣省政坛"他党以金钱力吸收,而政学会又出以鱼目混珠之手段,来日大难,何从设法"。祈恳有以训示,并请惠寄五权宪法学说。接函后批示:寄书十本。(《任寿祺上总理函》,环龙路档案第 00006 号)

6 月 23 日　复函李国柱,勉巩固内部,严申纪律。

复函谓:"所云有人欲攫贵部而有之,权利之争,今世不免。惟足下加意训练,巩固内部,严申纪律,发扬军誉,则彼野心者当亦不敢逞其志","谭督处遇有相当机会时,自应电请维持也"。(《复李国柱函》,《孙中山全集》第 5 卷,中华书局 1985 年版,第 272—273 页)

6 月 24 日　复电刘显世,赞废督之举。

电谓:"得唐公与执事有此一举,然后尊崇民治之本心乃大白于天下","行见风声所树,全国景从"。并勉其"早芟大难,以定邦本,循民治之正轨,谋亿兆之安宁"。(《复刘显世电》,《孙中山全集》第 5 卷,中华书局 1985 年版,第 273 页)

6 月 28 日　致电李绮庵,嘱准期发动。

本日致电李绮庵,告徐绍桢"乘广利来,所定之期必动,切勿失约","一失约,则七月十五以后由总司令另行招集大众,以图发动可也"。(《致李绮庵电》,《孙中山全集》第 5 卷,中华书局 1985 年版,第 274—275 页)

△ 致电李绮庵、邓子瑜,告讨桂计划。

指出"桂贼集重兵于东江,子瑜所联络营兵、乡团当能活动。如不能,则当改响应为发难,与各路同时并起,以牵敌之后路"。(《致李绮庵邓子瑜电》,《孙中山全集》第 5 卷,中华书局 1985 年版,第 274 页)

6 月 29 日　致函田中义一,促日本改变对华方针。

谓:"近代日本对于东亚之政策,以武力的、资本的侵略为骨干,信如世人所指;而对于中国,为达日本之目的,恒以扶植守旧的反对的势力,压抑革新运动为事","故国人咸认日本为民国之敌。若再以乱中国之和平为事,则国人之恶感更深,积怨所发,其祸将不止于排货"。希望田中能"鉴于世界之大势与东亚之安危,一变昔日方针,制止张氏之阴谋,以缓和民国人民对日之积愤"。(《致田中义一函》,《孙中山全集》第 5 卷,中华书局 1985 年版,第 275—277 页)

△ 致函克劳,贺《工业杂志》创刊。

克劳在华创办《工业杂志》月刊,"继续中华实业丛报而刊印",旨在"促进中国工商实业之发展,利用最新发明之机器,联络国外专家之资助,作资本家、企业家之后盾,尽鼓吹国民实业思想之责任"。本日以英文致函克劳,祝贺杂志创刊。函谓:"比闻足下有工业杂志月刊之作,一以增进中国工业为主旨,逖听之下,欣喜无似。某之所欲竭诚致贺者,则以贵志之旨趣方略并见超卓。吾知国内有识之士,亦将力为贵志助也。今为增进中国工业计,自当出于中国人自动,而以外国之机械与技巧为佐,即可助中国组织一切,以谋和平,解决远东问题胥于此利赖之矣。用申一言。敬祝贵志之成功。"(《孙中山先生来函》,《工业杂志》第 8 卷第 7 期,1920 年 11 月;张金超辑注:《孙中山佚文三篇》,《民国档案》2010 年第 2 期)

6 月 30 日　批示徐东垣函,约定共同动作。

徐东垣来函,称可出动鲁东。函谓:近因排日风潮,"日人对吾行动稍觉宽容","吾可乘机以逞,出动鲁东",敬祈赐教。又告吉奉暗潮,"倘有决裂之时,吉军有若干学生出身中下级军官,尚有血气(垣已联络成熟),彼时当能拨赵帜而易汉帜"。接函后批示:"现宜潜养实力,不宜动作。俟各地养足实力,到有机可动之时,然后约定为一共同动作乃可也。"(《批徐东垣函》,《孙中山全集》第 5 卷,中华书局 1985 年版,第 278 页)

1920 年夏　与李朴生、林卓夫谈话,勉励研究高深学问,做好宣传工作。

(一)你们是学生,学生要研究高深学问,革命基础在有高深的学问;

(二)军阀可以由我的军队去打,还用不到学生去打仗;

(三)民众不了解革命的道理,不拥护革命,革命还不成功;

(四)学生最好是做宣传工作,宣传工作做得好,我的军队就会打败军阀的军队。军事行动与宣传工作是相辅相成的。(余齐昭:《钟荣光和孙中山的友谊》,载《岭南校友》第 10 期,1985 年 11 月;《与李朴生等的谈话》,《孙中山集外集》,第 248 页)

7 月 1 日　致电陈炯明,告先发制人。

电曰:"漳州:执信已来。介石有病,需两礼拜始能出院,出后,当劝之来助。先发制人,乃救亡上策,切勿中变。幸甚!"(《致陈炯明电》,《孙中山全集》第 5 卷,中华书局 1985 年版,第 279 页)

△　批示张铁梅等函。

作答奖勉,期会羊城。(《批张铁梅等函》,《孙中山全集》第 5 卷,中华书

局 1985 年版,第 279 页)

7月2日　致电李绮庵,指示方略。(《致李绮庵电》,《孙中山全集》第 5 卷,中华书局 1985 年版,第 279 页)

7月3日　复函黄德彰,约定行动一致。

函谓:"桂贼罪恶贯盈,在所必讨;兄密集旧部,编隶陈君自先,已得十营之众,救国热诚,良堪嘉慰! 顷已致函陈君,告以以后动作当听广东讨军总司令命令,为一致之进行。希兄等努力排除困难,积极准备,届时大举,必告成功,至为勉望。"(《复黄德彰函》,《孙中山全集》第 5 卷,中华书局 1985 年版,第 280 页)

7月6日　致函陈永惠,告汕头当与广属行动一致。

函谓:"放洲兄来,言兄热心国事,始终不懈,殊足钦佩! 兹对于粤事,文已派定主持之人,汕头动作当与广属一致,庶收效更大也。余着放洲兄面详。"(《致陈永惠函》,《孙中山全集》第 5 卷,中华书局 1985 年版,第 280 页)

△ 致函邵元冲,嘱为周炳炎择校。

函谓:"兹有周炳炎为同志周献瑞之子,已在星洲英文学校毕业,现来美国求学,请为选择一适当学校,俾克成就。"(《致邵元冲函》,《孙中山全集》第 5 卷,中华书局 1985 年版,第 281 页)

△ 致函马素,嘱为周炳炎择校并为其介绍工作。

函谓:"兹有同志周献瑞君之子炳炎,已在星洲英文学校毕业,现来美国求学,请兄为选一适当学校。又伊所带学费不充,若缺乏时,并请介绍一作工之处,俾得获资助学,玉成其志。"(《致马素函》,《孙中山全集》第 5 卷,中华书局 1985 年版,第 281 页)

7月9日　复电李绮庵,嘱赶速发动。

是月 8 日,李绮庵来电报告筹划进展。本日复电指出,徐绍桢"十日左右可到,到后当赶速发动。潮汕与广属各起粤军,亦同时返攻,望赶速预备一切"。(《复李绮庵电》,《孙中山全集》第 5 卷,中华书局 1985 年版,第 283 页)

7月10日　复电李绮庵,嘱听总司令指挥。

函谓:"粤舰果有八舰能来起义,则粤省已在掌握中。惟所虑者兄等非军事专家,恐临时不善运用,致为敌所乘耳。故特派居正来粤为总司令,黄大伟为参谋长,由余面授作战方略。望各同志一律称路,不得称军。而各路司令悉听总司令指挥,(而)立功后乃再定等级。"(《复李绮庵电》,《孙中山全集》第 5 卷,中华书局 1985 年版,第 283 页)

△ 孙中山致田中义一函,信纸眉批:"公开信已经发送至田中义一,我提醒了孙博士战争。"(徐涛:《〈实业计划〉成书考——兼述宋庆龄在成书过程中的贡献》,上海宋庆龄研究会编印:《"宋庆龄与新中国"研讨会论文集》,2019 年 9 月)

7 月 11 日   致电陈炯明,嘱放胆回粤。

是日接香港方面消息,称刘志陆部炮营营长承诺:一、援闽粤军进攻潮汕时,"彼即响应";二、"如事前调出前线,则与粤军接时即倒戈";三、上述两事如不能办到,则"毁炮以消阻力"。随后致电陈炯明转告,并谓"广州李安邦确能响应,江防舰队全体可来归",请其"放胆回粤"。(《致陈炯明电》,《孙中山全集》第 5 卷,中华书局 1985 年版,第 284 页)

7 月 13 日   致电梅放洲,告静候并举。

梅放洲来电,称潮汕地区运动进展喜人。本日复电指示:"可着静候,以待各方准备,同时并举,则桂贼可灭也。"(《致梅放洲电》,《孙中山全集》第 5 卷,中华书局 1985 年版,第 284 页)

7 月 14 日   致电陈炯明,告调解海军,并指示机宜。

是日,饶子和来见,称"日内回粤,当竭力调解海军",使助粤攻桂,欲知陈炯明处条件。答:此事可代为确定:"一、海军当助粤军攻下汕头,汕头下后,竞存即回潮汕,悦卿可到漳州。二、海、粤两军一致行动合攻广州,广州下后,另议计划进取。"饶对此甚为满意,云抵粤后四五日当有切实答复。随即致电陈炯明告协商情况,并指出:"倘海军能转圜,则广州自在掌握,而由海道出一奇兵于钦廉,以扑桂贼之老巢,亦易如反掌,诚便利也。如不能转圜,亦宜积极进行,不必畏也。惟对于悦卿部下,暂宜取缓和态度,以待饶之调解,结果如何,然后再酌。"(《致陈炯明电》,《孙中山全集》第 5 卷,中华书局 1985 年版,第 285 页)

7 月 16 日   复电刘泽荣,应再来一次革命,以扫荡封建军阀。

指出:"当前中国仅仅在名义上是一个共和国,政权仍掌握在封建军阀手里,人民是没有自由的;还应再来一次革命,以扫荡这些当权集团,您来电中谈到的第四点内容才能够实现。"此电拍发颇费周折,由于上海电报局拒绝拍发致苏俄的电报,只好通过在纽约的马素辗转发出。(《复刘泽荣电》,

《孙中山全集》第 5 卷,中华书局 1985 年版,第 285 页)

7 月 18 日　致函何民畏,告勉力进取。

复函:"今后惟望主客各军极端融洽,则可分数路出兵:一由川中编定大军,东下宜昌,进规武汉;一由滇中联合贵州,出兵百色及柳州;一由在湘滇军直扑桂林。如是,则南征北伐,两向必胜,天下不难定也",请转唐继尧速图之。对于直胜皖败后的国内局势,指出段氏失败,北洋自断一股,"奉、直必因权利而冲突而决裂,而皖系之余烬,又必不能不附我而图报复",是"正有可乘之势","武汉可探囊而取也"。就讨桂形势称:"竞存亦准备进攻,粤垣已有风声鹤唳之势。滇、黔以战胜余威,由百色、柳州取建瓴之势,而在湘滇军又冲入广西之腹,则桂贼老巢,岌焉震动,势必弃粤而逃。粤失则广西陷于夹攻之地,亦不能自存矣!"(《致何民畏函》,《孙中山全集》第 5 卷,中华书局 1985 年版,第 286—287 页)

△　致电唐继尧,告桂贼可一扑而灭。

函告:"竞存处现筹备已竣,到时当能分桂贼大半之力。海军初以方事,几至与竞存决裂,今已设法和解,想可一致攻桂。如此,东面有粤军为中坚,海军为辅助,西面有兄大军以临之。钦、廉、广、肇更有民军以牵制之,桂贼必难兼顾,当可一扑而灭也。"(《致唐继尧电》,《孙中山全集》第 5 卷,中华书局 1985 年版,第 287 页)

7 月 21 日　致电饶子和,责问海军违背协约。

日前,粤江防舰队讨贼,为订有协约的北洋舰队所阻,消息传来,极为骇异。本日致电饶子和责问:"日前兄在港面约以海军取闽,粤军逐桂,各守中立为条件;纵不然,必不助桀为虐。况该条件已经文于文日电负责代粤军完全答应。今忽食前言,信义安在? 请明白答复是盼。"(《致饶子和电》,《孙中山全集》第 5 卷,中华书局 1985 年版,第 288 页)

7 月 26 日　为谢彬所著《新疆游记》作序。

本日为《新疆游记》作序,谓:"夫自民国创建以来,少年锐进之士,多汲汲于做大官,鲜留心于做大事者。""谢君不过财政部一特派员……然于奉公万里,风尘仆仆之中,犹能从事于著述,成一数十万言之书,以引导国民远大之志,是亦一大事业也"。是书使国人"知国境之内,尚有此广大富源未经开发者,可为吾人殖民拓业之地,其兴起吾国前途之希望,实无穷也"。(《〈新疆游记〉序》,《孙中山全集》第 5 卷,中华书局 1985 年版,第 288—289 页)

7月28日　与唐绍仪、伍廷芳、唐继尧联名通电全国,重申护法救国主张。

本日,与唐绍仪、伍廷芳、唐继尧联名通电全国,严正声明:"无论北方内讧如何结束,无论当局者为何派何人,惟我西南护法救国主张,必始终贯彻。北方果有希望统一诚意,必须首先废止中日军事协议,并有宣布废止中日二十一条之表示,然后和议乃可赓续,而国本乃不至动摇。倘有违背护法救国主张,复假借名义以谋个人权利者,不问南北,不问派别,当与国民共讨之!"(《重申护法救国宣言》,《孙中山全集》第 5 卷,中华书局 1985 年版,第 289—290 页)

7月30日　批示朱和中函,请其加以劝导。

是日朱和中自北方来函,报告吴佩孚动向及北京政情。接函后批示:"两害取其轻,两恶宽其小,吴佩孚与桂贼联结,假民意皮毛,无彻底之办法,为他人作嫁衣,挫去一段祺瑞,而招一张作霖(日本狗)。其无特识、无远见为如何也。"请"向之劝导,顺风转舵,投诚革命党,则其功业必有可望"。(《批朱和中函》,《孙中山全集》第 5 卷,第 290 页)在此前后对另一封朱函的批示中,告"言和当以第二次宣言为条件,此时想无希望"。对待吴佩孚,"可由公代表往说他同来革命,为根本之解决,以达利国福民之目的。此当胜于苟且言和"。(《批朱和中函》,《孙中山全集》第 5 卷,中华书局 1985 年版,第 290 页)

7月31日　索克斯致孙中山函,为美国、英国辩白,不认为曹锟、吴佩孚受到金元支持。(徐涛:《〈实业计划〉成书考——兼述宋庆龄在成书过程中的贡献》,上海宋庆龄研究会编印:《"宋庆龄与新中国"研讨会论文集》,2019 年 9 月)

7月下旬　复函何成濬,告作战方略。

何成濬日前来函,建议暂缓与桂冲突,切实整顿,以谋大举。本日复函指出,川事已告成功,长江形势因直皖战争又生变化,皖系长江势力未尽消灭,陕西陈树藩已在惩办之列。我方宜乘此时机,以攻取长江为第一计划。一面"以战胜余威,速组大军,急出宜昌,以图鄂省";一面出陕,以断中原。至于对桂,只须"以滇中原有军队守备桂边,即堪巩固。而在湘滇军,再由冀公临时调度,或取桂林,或由常、澧出长江,均为现今极要之图"。(《复何成濬函》,《孙中山全集》第 5 卷,中华书局 1985 年版,第 292—293 页)

8 月 4 日　致函朱执信,嘱与王绍一接洽。

函谓:"王绍一兄来港,请为接洽。王兄对于湘中出兵攻桂甚为尽力,此来亦欲促彼方速发也。"(《致朱执信函》,《孙中山全集》第 5 卷,中华书局 1985 年版,第 295 页)

△ 索克斯致孙中山函,内容涉及五四运动。(徐涛:《〈实业计划〉成书考——兼述宋庆龄在成书过程中的贡献》,上海宋庆龄研究会编印:《"宋庆龄与新中国"研讨会论文集》,2019 年 9 月)

8 月 5 日　致电粤军将领,告拨弹问题当能解决。

本日复电指出,余筹所言"与来电所说相符。以后支节,只陈部浙军问题","此问题若能解决,则子弹必不假也"。(《致粤军将领电》,《孙中山全集》第 5 卷,中华书局 1985 年版,第 301 页)

8 月 7 日　蒋介石、廖仲恺拜谒孙中山,商讨粤军问题和国内形势。(毛思诚编纂:《民国十五年以前之蒋介石先生》,第 90、91 页)

8 月 8 日　宋庆龄致索克斯函,邀请午餐,送孙演讲稿,希望发表在美国期刊上。(徐涛:《〈实业计划〉成书考——兼述宋庆龄在成书过程中的贡献》,上海宋庆龄研究会编印:《"宋庆龄与新中国"研讨会论文集》,2019 年 9 月)

8 月 10 日　致函康德黎夫人,附寄演讲稿数份,请代在英国传布。

是日致函康德黎夫人,并附近期演讲稿数份,请其"在英国广泛发布,借向海外广大的群众说明中国之实际情形"。(《致康德黎夫人函》,《孙中山全集》第 5 卷,中华书局 1985 年版,第 301 页)

8 月上旬　致函陈自先,勉积极准备,听广东讨贼军总司令命令。

日前陈自先来函报告联络旧部,力谋讨桂情形。本日复函表示嘉慰,并指出"以后如何动作,当听广东讨贼军总司令命令,为一致之进行",冀"努力准备,以待时机"。(《致陈自先函》,《孙中山全集》第 5 卷,中华书局 1985 年版,第 302 页)

△ 致函洪兆麟,勉积极准备,听广东讨贼军总司令命令。

复函洪兆麟,告"桂贼日通,不可缓图,希即积极准备,听候陈总司令命令,一致奋斗,以竟全功"。(《致洪兆麟函》,《孙中山全集》第 5 卷,中华书局 1985 年版,第 302 页)

8 月 13 日　报载孙中山等在沪召集总裁会议,讨论南北和议等问题。

　　报载,北京政府昨接李纯自 10 日来电,略谓:"上海孙唐伍各总裁,刻又
在沪召集总裁会议,讨论和议与北政府接近之各项办法,及滇省军府、国会
迁移重庆之利弊,以便积极进行,不为粤省方面所牵掣。并请和议处从速筹
谋和议进行,以便南北早日统一。"(《上海之各总裁会议》,天津《益世报》
1920 年 8 月 13 日,"要闻二")

　　8 月 16 日　索克斯致孙中山函,汤节之与他到孙宅吃晚饭。(徐涛:
《〈实业计划〉成书考——兼述宋庆龄在成书过程中的贡献》,上海宋庆龄研
究会编印:《"宋庆龄与新中国"研讨会论文集》,2019 年 9 月)

　　8 月 19 日　致电陈树人,告粤军讨桂进展。

　　是日,致电加拿大中国国民党总支部负责人陈树人,告"粤军讨桂,铣
日、篠日连得大埔、黄岗、饶平等处,全线压入敌境百余里,桂贼溃降无数。
请转电各分部及金山"。(《致陈树人电》,《孙中山全集》第 5 卷,中华书局
1985 年版,第 303 页)

　　△　批示朱和中来函,告不必来沪,令其打探吴佩孚。

　　朱和中自北京来函,报告北方政局动向,并拟赴沪一行,面商对北办
法。接函后批示:此间此后对北方武人,尚无一定办法,故来沪亦无所商。
对于吴佩孚"当先探悉其心,果有爱国之心,不是为出风头、争地位,乃可
与之接洽"。(《批朱和中函》,《孙中山全集》第 5 卷,中华书局 1985 年版,
第 304 页)

　　8 月中旬　致电颜德基,望迅速出师,协同戡定熊刘。

　　致电颜德基,对熊、刘勾结导致川局复变甚为惊诧,指出:"今事已至此,
惟有迅速出师,协同戡定。吾人之驱逐熊氏者,实因于救川救国之计根本不
能相容。今既干戈相见,再无所用其犹豫,以陷入进退失据之境。兄为吾党
健者,又同盟军主要分子,甚望剑及履及,以竟全功。"(《致颜德基电》,《孙中
山全集》第 5 卷,中华书局 1985 年版,第 305 页)

　　8 月 21 日　致电陈炯明等,祝贺粤军大捷。

　　陈炯明日前来电报告粤军战况,本日复电喜慰有加。电谓:粤军分路进
兵,所向大捷,敌军闻风而溃,"良由执事等指挥素定,谋勇兼优","由此绥定
百粤,预祝最大成功"。(《致陈炯明等电》,《孙中山全集》第 5 卷,中华书局
1985 年版,第 305 页)

　　△　宋庆龄致索克斯函,告知孙部队胜利消息。(徐涛:《〈实业计划〉成

书考——兼述宋庆龄在成书过程中的贡献》,上海宋庆龄研究会编印:《"宋庆龄与新中国"研讨会论文集》,2019 年 9 月)

8 月 23 日　复函叶独醒,勉疏通闽粤感情,一致助粤灭桂。

华侨革命党人叶独醒自福建来函,报告自菲律宾归国,疏通各方,力图助粤情形。本日复函,对其"远道奔驰,为乡为国""大尽其力"表示钦佩,并告粤军进展。略谓:"此后粤省得入我党手中,再商量闽省办法,必可得圆满之结果。切望便告闽中同志,静待时机,并仍疏通闽粤感情,一致助粤灭桂。"(《复叶独醒函》,《孙中山全集》第 5 卷,中华书局 1985 年版,第 306—307 页)

△　复函陈树人,希随时策勉同志。

陈树人来函,请书总支部牌额及颁寄证书。本日复函谓所嘱业已妥办,对加属党务"蒸蒸日上"极表欣慰。并告粤军一路克复名城,"现已进击惠州,桂贼闻风瓦解,省垣指顾亦可收复"。(《复陈树人函》,《孙中山全集》第 5 卷,中华书局 1985 年版,第 307 页)

8 月 26 日　致函陈炯明,告处置反正军队方略。

25 日陈炯明通电西南,称五日之内已将粤东桂军扑灭,缴获子弹辎重无数。"现驻汕头,并拟即赴前敌督师。"(《粤军总司令告电》,上海《民国日报》1920 年 9 月 2 日)本日复函表示祝贺,并告处置反正军队方略。略谓:翟浩亭来,述其旧部三营在汕反正,接港电知须改编。"该三营系翟君密意行动,与寻常降军不同,君亦早与此间接洽。翟君尚有旧部多营,在广、惠一带,宜有以收降者之心,而为将来之劝励。此等部曲,早与桂贼为敌,倘得惠照,亦必踊跃用兵",请慎重处理。(《致陈炯明函》,《孙中山全集》第 5 卷,中华书局 1985 年版,第 308—309 页)

△　致函陈树人,希勖勉同志,以达救国之目的。

复函指出"兄所巡视各处,目前见党务发达,同志生计亦较二年前优越,此真吾党前途之好现象",嘱"即随处勖勉诸同志,整须兼程并进,以达救国之目的"。(《致陈树人函》,《孙中山全集》第 5 卷,中华书局 1985 年版,第 309 页)

8 月 28 日　致函姚雨平,促作速前进,多方并举,并告沪上舆论。

复函指出,强蛮必不能敌公理,现宜"作速前进,并令各地方同志,多方并举,务使桂贼无暇布置,顾此失彼。则我师战愈利,气愈盛,而彼方乃风鹤皆惊,不战而溃"。并告沪上舆论,"虽非吾党机关报,亦皆赞许,盖桂贼已为众怨之府",冀转同袍"努力杀贼",期规羊城。(《致姚雨平函》,《孙中山全集》第 5 卷,中华书局 1985 年版,第 311 页)

△ 复函吕一峰,告国民大会及川滇政争意见。

复函指出,国民大会能否解决国事,关键在于"国民自动之力如何",若自力不足,徒为军阀政客所利用。解决川滇纷纠,稍识时务者应以舆论为依归,"若能造成多数人之舆论,不生冲突龃龉种种问题,则亦不患当事者不降心相从"。又告:西南大局以桂系为梗,故"决意用全力破此强盗之军阀"。当前粤军进展顺利,"倘在两粤破却武人专横之局,则可与蜀中同志彼此提携。我兄进行之目的,亦更易达到"。(《复吕一峰函》,《孙中山全集》第 5 卷,中华书局 1985 年版,第 312—313 页)

8 月 29 日　致电朱执信、周之贞,望速动,与虎门、东莞同志一致行动。

粤军攻占汕头后,桂粤形势为之一变,惠州继而成双方争夺的重心。桂军积极调兵遣将,聚重兵于惠州,战事日臻激烈。此时各地若能响应,扰桂后路,分桂之兵,势必极大推进战争进程。本日致电朱执信,告李福林、魏邦平"尚有意效顺,则广州无难下","各地民军,宜着立刻发动,以验真假"。又致电周之贞指出:"兄承宝安响应之责,今潮、梅已下多日,正合时机,务望速动,与虎门、东莞同志一致行动,以扰惠州后路。"(《致朱执信周之贞电》,《孙中山全集》第 5 卷,中华书局 1985 年版,第 312 页)

8 月 30 日　复函邓家彦,告赴川无定期。

邓家彦来函,询问赴川行期。本日复函告尚无定期。并称近日甚为得手,"如以后亦同此顺利,则今年之内,可将两广游勇灭尽","诚如是,则兄不必往蜀,当回桂以建设民治"。(《复邓家彦函》,《孙中山全集》第 5 卷,中华书局 1985 年版,第 313 页)

△ 致电伍学晃,请与朱执信酌夺,使各地能立即纷起。(《致伍学晃电》,《孙中山全集》第 5 卷,中华书局 1985 年版,第 314 页)

△ 委任钟公任为巴达斐亚中国国民党支部评议部正议长。(《给钟公任委任状》,《孙中山全集》第 5 卷,中华书局 1985 年版,第 314 页)

8 月 31 日　蒋介石来见,命其前往协助粤军。

30 日,致电召蒋介石来沪。是日,欲遣蒋赴粤东赞襄军事,为其拒绝。(毛思诚编纂:《民国十五年以前之蒋介石先生》,第 91 页)

△ 致函赵恒惕,告广东正赖革命军以资戡定。

湘南游击司令李国柱所部一营,前为赵恒惕调用,久未归还,且有编遣之说。李日前派遣周某赍函来见,恳协助解决。本日致函赵恒惕指出,李部纯系革命军,今湘事初定,无需此项军队,而广东正赖革命军以资戡定。希"速将该营交还李部,俾便调遣"。(《致赵恒惕函》,《孙中山全集》第 5 卷,中华书局 1985 年版,第 315 页)

△ 致函谭延闿,告调使李国柱军队赴粤。

致函谭延闿,略谓:各省人解决各省事,已成今日正论。今桂军败溃不堪,而粤中弭乱,处处需兵。"李部以革命党关系,甚愿出而助力,文意亦即拟调使赴粤,俾得纾其报国之志,且亦使湘省减轻负担。"(《致谭延闿函》,《孙中山全集》第 5 卷,中华书局 1985 年版,第 315—316 页)

△ 复函李国柱。

告已致书谭延闿、赵恒惕,"不知有无效力"。并指出:"兄须善为审度,毋使彼方徒生嫌怨,益置我于困境。"(《复李国柱函》,《孙中山全集》第 5 卷,中华书局 1985 年版,第 316 页)

8 月下旬　致函邓铿、洪兆麟,促乘胜追击,急攻惠州。

函谓:此后大战,实在惠州。"桂军虽各方麇集,然意志尚未统且又顾虑滇军及内部之钦廉军官,对于我方潜伏势力亦未明了,刻正在惊骇震荡之中。使我军乘胜急进,则桂贼又必似潮汕之草木皆兵矣。"(《致邓铿洪兆麟函》,《孙中山全集》第 5 卷,中华书局 1985 年版,第 317 页)

△ 致函陈炯明,嘱接济赖世璜部,并急攻惠州。

日前接赣军赖世璜来函报捷,且表竭诚之意。本日致函陈炯明指出,赖部颇称善战,可为我用,其饷械子弹,务望一律接济,"俾得竭诚效死"。并嘱,攻惠"以急攻为宜,趁桂贼惊疑震荡之际,可一鼓歼之"。(《致陈炯明函》,《孙中山全集》第 5 卷,中华书局 1985 年版,第 317—318 页)

8 月　为吴宗慈所撰《中华民国宪法史》前编作序。

1917 年国会解散,吴宗慈开始撰编《中华民国宪法史》前编,1920 年前后大体编就,内容涵盖辛亥革命迄护法时期的立宪活动。是编完成,因请为序。序文指出,"宪法者,国家之构成法,亦即人民权利之保障书",然"民国九年,人民求宪法而不见,今见此书,其感慨觉悟为何似?抑吾人懔荀子群众无斗之戒,既以护法为职志,则惟有努力奋斗,期必达目的而后止"。并断言中华民国宪法必有正式宣告于海内外之一日。(《〈中华民国宪法史〉前编序》,《孙中山全集》第 5 卷,中华书局 1985 年版,第 319 页)

　　△ 与林百克的谈话(译文)

　　是日,林百克劝说孙中山赴美,并提供给其详细计划。孙中山拒绝,其谓:"我的责任——在此地看起来不是应当吗? 我走了之后还不能说要遇到什么事情哩。还是劳你去走一趟罢。"([美]林百克著,徐植仁译:《孙逸仙传记》,上海三民公司 1926 年版)

　　7 月至 8 月　孙中山在上海莫利爱路 29 号寓所会见苏俄人民代表沃依廷斯基、马特维也夫·博德雷等。

　　沃依廷斯基用英文向孙中山提出了几个"能够确定他对俄国革命的态度的重大问题",孙中山向其介绍广东政权情况,并向他们了解苏俄革命和布尔什维克的情况。(马特维也夫·博德雷:《两次会见孙中山》,尚明轩、王学庄、陈崧编:《孙中山生平事业追忆录》,人民出版社 1986 年版,第 308—309 页)

　　9 月 1 日　批示祁映寰函,介绍其前往陈炯明处。(《批祁映寰函》,《孙中山全集》第 5 卷,中华书局 1985 年版,第 320 页)

　　9 月 4 日　陈炯明来电,请速汇军饷。

　　孙中山接电后,除稍前古应芬由港赴汕所携带的十万八千元外,又急汇三万五千六百元。(罗家伦主编,黄季陆、秦孝仪增订:《国父年谱(增订本)》下册,第 886 页)

　　9 月 6 日　复电唐继尧,告令在湘滇攻击桂贼。

　　上月 27 日唐继尧来电,称抽调在川滇军合力讨桂。本日复电表示感谢,指出:桂系倾其兵力抵抗粤军,空其老巢,濒湘一带,极为空虚。"以现在形势,只令在湘滇军移师攻之,已足制其死命。"请其即日电令在湘将领,返旆南征,"使彼腹背受敌,粤事既指顾可定,山贼亦不能更为边患"。(《复唐继尧电》,《孙中山全集》第 5 卷,中华书局 1985 年版,第 320—321 页)

　　9 月 7 日　批示张醉侯函,请与夏君 8 日午后 4 时来谈。

　　来函略谓:昨日夏某来言,接林葆怿参谋来函,云林现与陈炯明竭力联络,"意欲出全力帮助攻桂,所有舰队皆组合一气进行,第恐不得先生信用"。"一得先生允许,即汤火不辞。"因事关重要,拟于日内前来晋谒,面馨详情。接函后批示,请与夏君 8 日午后 4 时来谈。(《批张醉侯函》,《孙中山全集》

第 5 卷,中华书局 1985 年版,第 321 页)

9 月 8 日　批示章昙函,对经营西北的建议表示嘉许,令其查明寄信者。

中国国民党党员章昙来函,主张经营西北。函谓:今日治国根本之策,在扫清官僚政治,实行社会主义政治。"吾党欲达此目的,必须先得一政治立脚地。"环顾域内,惟"西北三省兵力单薄,尚属有虚可乘,且地邻俄国,彼方实行社会主义,自无侵略领土之野心,易得同情之互助"。今得新疆友人函称苏俄政府召集华工数万,从事训练,"苟得华人军官之指挥,率之以入新疆,则陕甘新三省可以立时占据,再以社会主义召集全国,庶几官僚政治有澄清之望"。(李云汉:《从容共到清党》,第 114 页)接函后批示:"查明何人交来,并寄信人如何人,然后酌答奖励。"(《批章昙函》,《孙中山全集》第 5 卷,中华书局 1985 年版,第 321 页)

9 月 9 日　与唐绍仪、伍廷芳联名致电湖南各界,请促湘军出师。

电谓:"闻桂贼将复倾尽老巢来粤,希图负固。湘桂界连,乘虚可入,正宜以三湘精锐星夜进攻,此不特助粤之成,亦即以除湘之患。且为护法计,不可不共清内患;为民治计,亦不可不先靖盗氛。"(《孙伍唐等最近之两大运动》,天津《益世报》1920 年 9 月 19 日,"特别纪载")

9 月 11 日　致电谭延闿、赵恒惕等湘军军官,望与粤军一起讨桂。

略谓:"岑陆破坏护法精神,侵占湘粤土地,粤人起而自卫,势非得已,青电谅在洞鉴之中。务希共起自决,扫清内治。"报章报道"谭得电后,与赵恒惕商榷,一概置之不理。日内将发表一种中立通电,以免粤桂互相纠缠"。(《陈莫争讧与各方面》,北京《晨报》1920 年 9 月 21 日,"紧要新闻")

△复函甘肃留日同乡会,告救国惟有革命。

甘肃留日同乡会日前来函,报告甘肃省情,探询救国方略。本日复函,告来函所称张广建加入护法团体,"属报纸传闻,实无其事"。救国性有两途:一为护法,一为革命。护法一途,"有负人民厚望",现"已有步步荆棘之象"。当今之世,北方军阀割据称雄,南方岑陆狼狈为奸,"此而欲以挽救,恐非革命无以成刷新之局"。并指出:"诸君今尚为纯洁之学子,甚愿一本进取之精神,行高超之理想,课余之暇,于革命一途深加研究,庶国家之新机不绝也。"(《复甘肃留日同乡会函》,《孙中山全集》第 5 卷,中华书局 1985 年版,第 321—322 页)

9 月 12 日　复函邓家彦,告桂系对北方行动无效。

邓家彦自北京来函,报告桂系暗与北方商谈言和条件。本日复函,告粤军进展顺利,"彼曹形势已去,已弗能有而以与人,恐不能更售好价",且"彼曹所有举动,吾辈经一再宣言,认为无效"。(《复邓家彦函》,《孙中山全集》第 5 卷,中华书局 1985 年版,第 322 页)

9 月 14 日　遣周震鳞代为宣读祭刘建藩文。

祭文历述刘建藩艰苦从事护法活动之事功,责"桂贼之误我公、误湘人、误护法大业",指出"公虽死于桂人,公之护法精神则永留于湘人","今之湖南,非北敌之湖南,非桂系之湖南,实为湖南人干净之湖南,实为护法到底之湖南,实为欲竟护法全功之湖南也;则公虽身死,公之灵魂直不死矣"。(《祭刘建藩文》,《孙中山全集》第 5 卷,中华书局 1985 年版,第 323—324 页)

9 月 15 日　与唐绍仪、伍廷芳联名致电唐继尧、刘显世,驳斥曹锟、张作霖取消旧国会谬论。

是日与唐绍仪、伍廷芳联名致电唐继尧、刘显世,驳斥曹锟、张作霖取消旧国会谬论,冀唐、刘再向曹、张加以晓谕,且"宣示国人,借明是非"。(中国科学院近代史研究所中华民国史组、广东省哲学社会科学研究所历史研究室编:《孙中山年谱》,第 262 页)

△ 索克斯致孙中山函,《远东共和》希望得到更多《实业计划》章节。(徐涛:《〈实业计划〉成书考——兼述宋庆龄在成书过程中的贡献》,上海宋庆龄研究会编印:《"宋庆龄与新中国"研讨会论文集》,2019 年 9 月)

9 月 16 日　复电四川省议会,表达追随之意。

函谓:"西南自桂逆破坏,法统几乎中绝,幸贵省及时定,奠我宏基。自应本改造之精神,建民治之极轨,文虽不敏,愿随其后。忝承电促,感奋交并。"(《复四川省议会电》,《孙中山全集》第 5 卷,中华书局 1985 年版,第 325 页)

△ 复电李明扬,嘉勉奉命兴师。

函谓:"元电诵悉。并抄转伍、唐两总裁矣。执事奉命,踊跃兴师,见义勇为,实深嘉尚。此后师行所届,获地克,自有因粮之便,文等亦当竭力接济,决不使赴义之师有枵腹之因。前途努力,企听捷音。"(《复李明扬电》,《孙中山全集》第 5 卷,中华书局 1985 年版,第 325 页)

9 月 17 日　复函姚雨平,告勉力进行。

本日复函指出:"前敌后方,两应并重","碣石、甲子一带,海道堪虞,兄先事预防,真为扼要。河源、马鞍,均闻大胜,现惠州不难攻下"。望"勉力为之,必以正义胜强蛮"。(《复姚雨平函》,《孙中山全集》第 5 卷,中华书局 1985 年版,第 325—326 页)

9 月 18 日　复函邹鲁、欧阳豪、梅放洲、陈继虞、叶夏声等,嘱听命于陈炯明。

粤桂战争,粤方统系复杂。为统一起见,拟将各地民军及起事军队指挥权委诸陈炯明。本日复函邹鲁、欧阳豪、梅放洲、陈继虞、叶夏声等,告军事上如何进行,悉听诸陈炯明,"以便统筹全局","免生枝节"。(《复邹鲁函》《复欧阳豪□松清函》《复梅放洲函》《复陈继虞函》《复叶夏声函》,《孙中山全集》第 5 卷,第 326—328 页)

9 月 20 日　致函李星阁,指出"计惟革故取新,与民更始,乃可图根本之建设耳"。

致函指出:"有力者能以主义相结合,而后统一可言;举事者能以民意为依归,而后成功可必。"当今之世,"计惟革故取新,与民更始,乃可图根本之建设"。且告"形势日变,机会迫人,若组织有成,则外交、财政诸困难问题,当负责任"。(《致李星阁函》,《孙中山全集》第 5 卷,中华书局 1985 年版,第 328—329 页)

△ 致函赵予潭,目前"时机已熟,企速进行",并请其为代表,接洽吴佩孚、李纯等北方将领。

函告:"所谓中央受人穿鼻,必别有创造,与民更始,乃成真正统一之局",目前"时机已熟,企速进行"。并请其为代表,接洽吴佩孚、李纯等北方将领。(《致赵予潭函》,《孙中山全集》第 5 卷,中华书局 1985 年版,第 329—330 页)

△ 致函毛济民。

指出武汉地位重要,王占元决不能守,"若乘势取之,足为建设之基,此惟视执事之决心如何"。(《致毛济民函》,《孙中山全集》第 5 卷,中华书局 1985 年版,第 330 页)

9 月中旬　致函杨益谦,促出师攻桂。

杨益谦前来数电,本日致函,促其出师。函谓:粤军每战必克,粤事不难解决,惟仅粤军攻击,扫除不易。"兄部在粤劳苦有年,嗣后以被逼出境,今不趁此于广西觅一发展之地,此后时机逸去,进取殊难",故"屡促出师,此不但为两粤肃清计,亦为兄部前途计"。(《致杨益谦函》,《孙中山全集》第 5 卷,中华书局 1985 年版,第 332 页)

9 月 21 日　批准居正呈请,任命叶楚伧等为中国国民党改进起草委员。

前经指定中国国民党改进起草委员丁惟汾、田桐、吕志伊、覃振等因故先后离任,起草委员于讨论审查间,常有人数过少之憾。本日居正来函,呈拟叶楚伧、刘芷芳、孙科、彭素民四位"忠实有历练之党员"补缺。接函后批准。(《居正上总理函》,环龙路档案第 12053 号)

9 月 22 日　召蒋介石相商就职去向。

是日,蒋介石自浙江奉化返回上海,即被电召相商任职去处,"于俄、蜀、粤任自择"。蒋"以赴粤则伸公而绌私,游俄以同行者非素契,将有待","私愿入蜀",而廖仲恺"力挽往粤"。30 日,蒋启程赴粤,赞襄粤军讨桂。(毛思诚编纂:《民国十五年以前之蒋介石先生》,第 93 页)

9 月 24 日　复电李厚基,申表谢意,企全力助粤攻桂。

23 日,福建督军李厚基来电,告王永泉旅及厦门方面军队已出发助防。本日复电申表谢意,并指出:"惟我师转战月余,不无疲乏,而桂贼则尽倾两省之兵,死力相抗,故惠州未能即下。今王旅以精兵助我,声威立壮,尤企早清内患,即赶至前方,闽、粤合兵,一得惠州,则广、肇各地不成问题矣。"(《复李厚基电》,《孙中山全集》第 5 卷,中华书局 1985 年版,第 333—334 页)

△ 复电李烈钧。

告接周震鳞电,湘军、赣军五日可抵粤境,望电令急攻桂贼。(《复李烈钧电》,《孙中山全集》第 5 卷,中华书局 1985 年版,第 334 页)

△ 复电谢持。

告讨桂形势,请其就近催促李烈钧饬令所部攻桂。(《复谢持电》,《孙中山全集》第 5 卷,中华书局 1985 年版,第 334—335 页)

9 月 25 日　批陈自先来函。

本日来函,告因筹款、招降等原因,经部众会议决定,将该部改称为救国第八军,恳核示批准。接函后批示,批准所请,准称第八军,并嘱"速攻南宁"。(《陈自先上总理函》,环龙路档案第 11973 号)

9 月 26 日　致电吴忠信,嘱来沪助理图皖。

本日,林、吴联名致电旅沪西南要人,冀"坚持素要,贯彻初衷,速联西南各省,重组军府,以立代表国家之中枢;团结西南内部,移师北伐,以竟护法救国之全功"。(《致吴忠信电》,《孙中山全集》第 5 卷,中华书局 1985 年版,第 335 页)

9 月 27 日　批示谢申岳来函。

中国国民党党员谢申岳自湖南来函,告"此间空气略有变化",舆论方面,除个别报馆有右桂色彩,余均赞成助粤,并附寄所作《吾湘有攻桂之必要》一文,接函后勉其"努力进行"。(《批谢申岳函》,《孙中山全集》第 5 卷,中华书局 1985 年版,第 335 页)

△ 批示马育航来函。

函谓:"此部浙军不足靠,收之亦恐为患,不足惜也。"(《批马育航函》,《孙中山全集》第 5 卷,中华书局 1985 年版,第 336 页)

9 月 28 日　致函李烈钧,促速调在湘滇军就近反攻。

函谓:"今川局定矣,而粤局又正有全胜之势,若不逞此全力促成西南之统一,则数年护法之役,将属徒劳……文意终以速调在湘滇军,就近反攻为宜。"(《致李烈钧函》,《孙中山全集》第 5 卷,中华书局 1985 年版,第 336—337 页)

9 月 29 日　复函王永泉,勉"展布南中",早定惠州。

函谓:"自粤军筹备返粤以来,深得李督军援助一切,其中执事推挽之力,尤为可感!此次毅然以劲旅相助,俾我军声威倍壮,而桂贼闻风胆落,凡在粤人,俱深感激。……使惠州早定,百万居民即脱兵戈之祸,惟执事速图利之。"(《复王永泉函》,《孙中山全集》第 5 卷,中华书局 1985 年版,第 337 页)

△ 致电李福林、魏邦平,告急击勿失,请与汤廷光"努力勿懈"。

函谓:"闻莫贼尚有要求,缓兵待救;我宜急击勿失,盖为我粤安全大局计,俱不能容此丑类,以遗后患。……请与朗廷兄努力毋懈。领事团既向莫严重警告,彼必无力无胆与我抗也。"(《致李福林魏邦平电》,《孙中山全集》第 5 卷,中华书局 1985 年版,第 338 页)

△ 致电林葆怿等,冀海军助战。

电谓:"桂绝灭公理,残我粤人,私媾和议,谋危西南大局;从前暗害玉堂总长,证据确凿。海军于公谊私仇,均宜讨伐。今者丽堂、福林两兄,声罪致讨,悦公宜率海军,开炮助战,勿留余孽,以祸中国。"(《致林葆怿等电》,《孙中山全集》第 5 卷,中华书局 1985 年版,第 338 页)

△ 致电周震鳞,促湘、赣各军兼程入粤。

是月 24 日,周震鳞来电,称湘赣两军均已出发。本日致电,告魏、李独立后广州形势,指出:"惟湘、赣各军,应早入粤边,吾辈望之如岁,请促其兼程并进。北江空虚已甚,可以顺流而下。此时形势,若只遥为声援,非所望也。"(《致周震鳞电》,《孙中山全集》第 5 卷,中华书局 1985 年版,第 339 页)

9 月 30 日　复函李国柱,告讨桂情形。(《复李国柱函》,《孙中山全集》第 5 卷,中华书局 1985 年版,第 339 页)

△ 复函李明扬。

函告"现在广东已可解决,所最要者,即趁此将桂贼划除净尽,使不得收山作贼,则西南内部巩固,可以达我救国目的"。(《复李明扬函》,《孙中山全集》第 5 卷,中华书局 1985 年版,第 340 页)

△ 复函林修梅。

复函湘军将领林修梅指出"粤局虽近解决,惟桂贼遗孽甚众,老巢不覆,难免收山。务趁其喘息未定,布置未周之际突入桂省,扫穴犁庭,则西南匪患可绝,乃可以达到吾人救国目的"。(《复林修梅函》,《孙中山全集》第 5 卷,中华书局 1985 年版,第 340 页)

△ 致电林葆怿等暨各界,告急击勿失,并布告粤城各界知之。

是日,与伍廷芳、唐绍仪联名致电林葆怿、汤廷光、林籁亚、饶子和、魏子浩等海军将领指出,桂贼恶行罄竹难书,海军于公谊私仇均宜讨伐。今魏、李声罪致讨,"宜率海军,开炮助战,勿留余孽,以祸中国"。(《致林葆怿等暨各界电》,《孙中山全集》第 5 卷,中华书局 1985 年版,第 341 页)

△ 委任麦森为新加坡哼吃中国国民党分部总务科主任。(《给麦森委任状》,《孙中山全集》第 5 卷,中华书局 1985 年版,第 341—342 页)

9 月下旬　复函马育航,告款已汇寄,"得有战报,请从速电知为盼"。

上月 30 日,军筹饷局总办马育航来函,报告前敌战况,请筹款济助。接函后即汇寄款项,9 月 8 日电告陈炯明,本日又复电相告。且因报纸关于惠州消息相互抵触,故以有无克复相询。并告接周震鳞电,"谭延闿已派兵三旅助义,赣军李明扬部亦已奉命准备出发"。(《复马育航函》,《孙中山全集》第 5 卷,中华书局 1985 年版,第 342 页)

△ 致函唐继尧。

函谓:请兄即电在湘将领,返旆南征。(《致唐继尧函》,《孙中山全集》第

5 卷,中华书局 1985 年版,第 342—343 页)

　　△ 致电臧致平,促速行助战。

　　本日致电臧致平,对闽粤交涉以来,深荷援助,"至为感纫"。并分析粤垣巨变后形势,告"师行贵速","计粤、桂合战后甚疲,一得精锐参加,成功必大"。(《致臧致平电》,《孙中山全集》第 5 卷,中华书局 1985 年版,第 343—344 页)

　　9 月　与黄一欧等人谈话。

　　1920 年 9 月,孙中山致电黄一欧,嘱约阎幼甫、杨仲恒三人速即离沪,并在上海寓所接见他们。孙先生指示:现在的局面必须打开,由广东北伐,湖南首当要冲,湖南的动静关系西南大局。谭延闿不是革命党,他不会死心塌地跟我们走的,所以湖南每次的革命都没有成功。并对黄一欧说:……如果谭延闿不愿意革命,就把他拿下来;谁把谭延闿拿下来,我就让他做湖南督军。……你们找居觉生拿点旅费,赶快回去,多多联系同志,遇事多和道胨先生商量。(黄一欧:《谭延闿被迫下台和李仲麟被杀的回忆》,载中国人民政治协商会议湖南省委员会文史资料研究委员会编:《湖南文史资料选辑》第十四辑,湖南人民出版社 1981 年版)

　　△ 致函刘亮章,嘱联络运动鄂事。(《致刘亮章函》,《孙中山全集》第 5 卷,中华书局 1985 年版,第 344 页)

　　9 月前后　会见在俄国成立的中国共产党组织局代表刘江(根据李玉贞在《莫斯科与黄埔军校的建立》一文中指出,此人原名为刘谦,刘江疑误),并达成有关协议。

　　是月前后,在俄国成立的中国共产党组织局代表刘江(俄文名费奥多罗夫)来到上海,前来拜访。据是年 10 月 5 日刘江致俄共(布)阿穆尔州委会关于上海之行的报告,双方达成如下协议:"(一)立即把华南、俄国中部和远东地区的中国革命力量联合起来,以便能够密切配合为反对北方现时的反动政府准备条件;(二)为此必须在远东地区设立一个领导中心,拟把布拉戈维申斯克作为这个中心,将从这里向南方和在苏俄的组织下达指示;(三)拟把新疆省作为驻扎苏俄军队和华南军队的集中地点,把军队集结在谢米巴拉金斯克州和谢米列钦斯克州的边界线上……(四)广泛开展出版事业,为此必须在上海办好印刷厂。"(《刘江给俄共(布)阿穆尔州委的报告》,中共中央党史研究室第一研究部:《联共(布)、共产国际与中国国民革命运动

(1920—1925)》,北京图书馆出版社 1997 年版,第 44—45 页)

△ 接见森本厚吉,澄清中国反日实因日本扩张。

日本北海道大学农学部教授森本厚吉来访,接待时公开申明:中国反日是因为日本自甲午战争、日俄战争及其后的行径,足以表明日本从来怀有扩张领土的野心。(俞辛焞:《孙文的革命运动与日本》,日本六兴出版社 1989 年版,第 315 页)

10 月 1 日 致函田应诏,指出粤局进展神速,望即攻桂省老巢。

致函指出,粤局进展神速,桂军苦苦撑持,桂省老巢,调遣一空,"贵军若能立即攻入桂林,必可唾手而得。桂林既得,则桂无可收山,两粤可以肃清,吾人救国之目的,不难达到"。(《致田应诏函》,《孙中山全集》第 5 卷,中华书局 1985 年版,第 346—347 页)

△ 致函赵恒惕。

望"贵省所派大军,兼程并进,犁庭扫穴,在此一举"。(《致赵恒惕函》,《孙中山全集》第 5 卷,中华书局 1985 年版,第 347 页)

△ 复函冯自由,痛惜朱执信之逝,并告黄伯耀收受外埠寄《晨报》股款一事。

复函痛惜朱执信之逝,叹息"李、魏允受调停,必堕莫贼缓兵之计,真属无可如何"。并告黄伯耀收受外埠寄《晨报》股款一事,"此间不便与闻,请由重民答复各股东"。(《复冯自由函》,《孙中山全集》第 5 卷,中华书局 1985 年版,第 347—348 页)

△ 复函石青阳,嘱待时直趋武汉。

石青阳前遣员持函来谒,报告川事。本日复函指出,川祸连年,皆由内讧,非力图向外发展,终无宁日。现粤事得手,粤局不难解决,"此后长江形势或有变动,则须调贵部出川,到时一接拔队之电,务必舍去川中一切,直趋武汉,必可以达吾等远大之目的"。(《复石青阳函》,《孙中山全集》第 5 卷,中华书局 1985 年版,第 348 页)

△ 复函戴人俊等。指出"今官僚、军阀填塞当途,不予扫除,莫能建设,此又望诸君之戮(勠)力一致者也"。(《复戴人俊等函》,《孙中山全集》第 5 卷,中华书局 1985 年版,第 348—349 页)

△ 致电陈炯明、许崇智,命长驱进省,以定粤局。

粤军正面进攻,为桂军阻于惠州,本日致电陈、许,告岑春煊、温宗尧逃入沙面租界,托领事调停,粤局久恐生变。为今之计,"宜全军速移向长宁,取道从化,长驱进省,以定粤局,然后再行处置后方之穷寇"。(《致陈炯明许崇智电》,《孙中山全集》第 5 卷,中华书局 1985 年版,第 349 页)

△ 致电孙科,告协助飞机寄运。

为发展飞机事业,前委朱超(字卓文)为飞机队司今,又电嘱陈炯明委任。并积极购置飞机,运抵粤省助战。本日致电孙科,告是月 4 日将有两架飞机由广生船运来广州,"如省不稳,则在港设法上陆;或托利古公司代收,运澳存放"。(《致孙科电》,《孙中山全集》第 5 卷,中华书局 1985 年版,第 350 页)

△ 致电谭延闿,请迅饬所部,直下北江,驱除桂贼。

是日,致电周震鳞转谭延闿,一面继续为李国柱斡旋,请其允许李部协同攻桂,俾使向外发展;一面告莫氏施缓兵狡计,离间粤人,阴谋虽经电揭,"特恐贼心不死,重以糜烂粤人"。冀其"念救兵如救火之义,迅饬所部,直下北江,驱除桂贼"。(《致谭延闿电》,《孙中山全集》第 5 卷,中华书局 1985 年版,第 350 页)

10 月 2 日　致电李厚基,详陈粤省形势,促速出兵助粤。

该电详陈粤省形势,及其中变对闽省造成的影响。略谓:莫荣新狡狯离间之计,或可得逞。若粤省调和终成事实,则不独粤军苦战之功终归幻影,且海军必得陇望蜀,"大唱闽人治闽主义,而与公为难"。今日"为竞存挽回九仞之功",非得一师以上之生力军相助。请速令王永泉旅"兼程取道大埔、梅县以赴前线",臧致平师"取道潮汕,助我左翼",则"胜算必操,可无疑义"。并再嘱"救兵如救火,不能一刻或延"。(《致李厚基电》,《孙中山全集》第 5 卷,中华书局 1985 年版,第 351 页)

10 月 3 日　批示曾毅来函。

告"是日适有事外出。可于每日午后来,若无外出,当可见也"。(《曾毅上总理函》,环龙路档案第 01514 号)

10 月 4 日前　复函蔡钜猷。

指出"桂系被粤军痛创,渐见消灭",促迅即出兵桂林。(《复蔡钜猷函》,《孙中山全集》第 5 卷,中华书局 1985 年版,第 352 页)

△ 复函蒋国斌。嘱维护后方饷糈,望"奋励雄图,襄成伟业"。(《复蒋国斌函》,《孙中山全集》第 5 卷,中华书局 1985 年版,第 352 页)

　　△ 复函陈玉鍙。指示"踊跃出发,攻入桂林,扫穴犁庭,在此一举"。
(《复陈玉鍙函》,《孙中山全集》第 5 卷,中华书局 1985 年版,第 353 页)

　　10 月 4 日　致电颜德基。嘱"急将川局奠定,共出长江,企图远大"。
(《致颜德基电》,《孙中山全集》第 5 卷,中华书局 1985 年版,第 353 页)

　　△ 复电翟汪。告"莫氏负固待援",希即"协助魏、李,迅速扫除,毋误调
停"。(《复翟汪电》,《孙中山全集》第 5 卷,中华书局 1985 年版,第 354 页)

　　10 月 5 日　复函宫崎寅藏。

　　论及中日关系现状及前景,望日本民间人士纠正军阀对华政策,"不为同
洲侵略之举,而为同舟共济之谋,则东亚实蒙其福,而日本亦终享其利"。(《复
宫崎寅藏函》,《孙中山全集》第 5 卷,中华书局 1985 年版,第 354—355 页)

　　10 月 6 日　致电孙科,嘱其促琼州各军直捣南宁。

　　本日致电孙科,告"传令琼州各军,即渡雷州,会合高、雷、钦、廉同志,直
捣南宁,以破桂贼老巢"。(《致孙科电》,《孙中山全集》第 5 卷,中华书局
1985 年版,第 355 页)

　　△ 批示沪江大学来函,拒绝在双十节时赴该校演讲。(《批沪江大学
函》,《孙中山全集》第 5 卷,中华书局 1985 年版,第 355 页)

　　△ 批示蔡荣华来函,赞同其看法,"当另函着香港同志调解"。

　　本日,蔡荣华来函,建议调解之法,主张以陈军"进攻高雷,而以赵军全
力相助,以冀成功。如高雷得手,即以与陈为酬功之地"。接函后批示,所说
甚是,当另函着香港同志调解。即着内渡钦、廉,进攻南宁。(《批蔡荣华
函》,《孙中山全集》第 5 卷,中华书局 1985 年版,第 355—356 页)

　　△ 安德森致孙中山函。

　　函谓:"我刚刚收到您有趣的演讲稿,即 8 月 6 日您对抵沪美国国会
议员的演讲。我怀着最热切的兴趣读了您的演讲,我更加确信您拥有解
决中国问题的最具逻辑性和实践性的答案。我急切想要美国人民能以清
晰而简单的方式理解您对此问题的看法,因此我非常乐于将您的演讲寄
给那些会正确宣传的人们。"(宋时娟:《孙中山与安德森关于〈实业计划〉
的往来书信》,《"百年回眸与展望:孙中山与〈实业计划〉青年论坛"论文
集》,2019 年 5 月)

　　10 月 8 日　复电陈炯明,指示攻取惠州新战法。

　　为摆脱惠州困局,本日致电陈炯明,指示改变战法。电谓:惠州若一击

不下,宜即变计,一面分军正面,与敌相持;一面"分小队两支,取道新丰,一西袭英德,一南取从化,声言由此路以取省城。俟此两路发生影响,即引敌兵于北江方面,乃以大队由龙门、增城以取石龙。石龙一得,则惠州可不战而降"。并告惠州为彼死守之地,"我不宜老师于此,宜四出活动,保全朝气,则贼必立沮丧溃败"。(《复陈炯明电》,《孙中山全集》第 5 卷,中华书局 1985 年版,第 356 页)

10 月 9 日　致电卢永祥,嘱接济臧致平子弹。

本日致电同属皖系阵营的浙江督军卢永祥,对其促成李厚基援粤表示感谢。并告最近臧致平决定开赴前线,助粤讨桂,"惟闻子弹不甚充分,求尊处为之接济。此举关系重大,粤军久战稍疲,一得精锐参加,破惠无疑,而省局亦迎刃可解",望即"拨臧师所需子弹,俾得助战,以成大功"。(《致卢永祥电》,《孙中山全集》第 5 卷,中华书局 1985 年版,第 356—357 页)

△ 致电黄明堂、陈德春,勉率部驱桂。

本日致电黄、陈,勖勉兴师讨贼,并望"即率劲旅,协同竟兄,将各贼悉数驱除,还我乡土,使粤人恢复自由"。(《讨桂声中之要电》,上海《民国日报》1920 年 10 月 18 日,"国内要闻")

△ 批示安礼逊、许锡安来函。

本日来函,谓 11 月初该校举办多种活动,恳请"九鼎一言之赐",以"增光荣于盛会"。接函后写"共进大同"四字寄去。(台湾各界纪念国父百年诞辰筹备委员会学术论著编纂委员会主编、中国国民党中央党史史料编纂委员会编:《国父墨迹》,第 414 页)

10 月 10 日　委任马秋帆为越南薄寮中国国民党分部评议部评议员。(《给马秋帆委任状》,《孙中山全集》第 5 卷,中华书局 1985 年版,第 357 页)

△ 本日为《少年中国晨报》十周年纪念,题写"国民之导师",以示勉励。(《为〈少年中国晨报〉题字》,陈旭麓、郝盛潮主编,王耿雄等编:《孙中山集外集》,第 635 页)

△ 根津一来函,胡汉民作函祝谢。

东亚同文书院院长根津一来函,谓本月 24 日上午于虹桥路本院,举行书院创办二十周年纪念典礼,务请光临。(《东亚同文书院院长根津一上总理函》,环龙路档案第 11755 号)

10 月上旬　复函马育航,指示消灭浙军余部。

上月 27 日,马育航来函,报告浙军及张贞残部二千人,近窜扰大埔,与粤军接战。并谓浙军本可为我所用,如蒋尊簋来当有办法,恳转知促来。(《马育航上总理函》,环龙路档案第 02431 号)本日复函指示,"此部残余浙军甚不可靠,收之反恐为患,不如消灭之,更为妥当"。又告莫荣新尚负隅顽抗,省垣局势无所进展,"恐日久变生,殊令人焦虑"。(《复马育航函》,《孙中山全集》第 5 卷,中华书局 1985 年版,第 358 页)

△ 复赵德裕等电。

希望"请君扶持正义,一致讨贼,于粤有敌忾之功,于滇报夺军之仇,风声所树,义愤同钦",勉"速出琼崖,共清珠海"。(《致赵德裕等电》,《孙中山全集》第 5 卷,中华书局 1985 年版,第 358 页)

△ 致电李厚基。

指出当前已届成败紧急关头,望"速电令臧师出发,开至前线,粤军得此,则破贼无疑"。(《致李厚基电》,《孙中山全集》第 5 卷,中华书局 1985 年版,第 359 页)

10 月 11 日　复函马伯鳞,告先助贰百元。

函谓:"手书备悉。艰困之状,自应授手,请稍候时日,大局一定,当为设法。兹先助报费贰百元,祈即督收。因拮据已甚,未能多筹,聊用小补之耳。"(《复马伯鳞函》,《孙中山全集》第 5 卷,中华书局 1985 年版,第 360 页)

△ 致电卢永祥,请求援助百万子弹。

电谓:"顷得竞存来电,言七九子弹告乏,闽督已无可拨,请求尊处济以百万,解由闽督转交。此事不落痕迹,而粤军受惠至大。故敢代陈,幸为援助,无任感盼,并候复教。"(《致卢永祥电》,《孙中山全集》第 5 卷,中华书局 1985 年版,第 360 页)

10 月 12 日　复电湖南省议会,告当前粤桂战事,盼促湘军出师援粤。

电谓:"上月王育寅派员来称,愿率所部攻桂以抒(纾)粤患,颇嘉其知义。当嘱务与湘中将领一致进行,并派林君修梅前往察看助理。"并告当前粤桂战事,"匪势仍未潜销",望湘省"共抒互助精神,以清西南余孽"。(《复湖南省议会电》,《孙中山全集》第 5 卷,中华书局 1985 年版,第 360—361 页)

△ 批示黄秉衡来函,嘱听朱卓文调度。

批示:"须稍为忍耐,俟粤局大定,当可从事于飞行学校。"刻下各事,当听朱超调度。(《批黄秉衡来函》,《孙中山全集》第 5 卷,中华书局 1985 年

版,第 361 页)

10 月 13 日　致电李烈钧。

告粤事渐可解决,"长江形势今较粤为急为重","似此长江机会绝佳,亟宜统筹全局,确定大计",嘱即来沪商讨大计。(《致李烈钧电》,《孙中山全集》第 5 卷,中华书局 1985 年版,第 361—362 页)

△ 致电陈炯明。

本日复电指出,目前桂军士气低落,战斗力极差,"若我军能再振作士气,仍取攻势,则最后之胜利,必归诸我也"。(《致陈炯明电》,《孙中山全集》第 5 卷,中华书局 1985 年版,第 362 页)

△ 批示欧阳豪来函。

接函后批示:"桂林事若确有把握,当可进行。赣事且缓,以待时机。"(《批欧阳豪函》,《孙中山全集》第 5 卷,中华书局 1985 年版,第 363 页)

10 月 14 日　致电陈炯明。

电告前所图谋响应者,今已陆续生效,冀"再振其锐气,分小队猛扑北江,以大力强取石龙,则惠州可不攻而下"。(《致陈炯明电》,《孙中山全集》第 5 卷,中华书局 1985 年版,第 363—364 页)

10 月 15 日　批示黄大伟来函。

函告"亲军名目,切勿浪费,酌用他种名目便可"。(《批黄大伟函》,《孙中山全集》第 5 卷,中华书局 1985 年版,第 364 页)

10 月 17 日　批示蔡涛来函。

函告"先函商各军队,如得复函确有办法,乃有相商之地"。(《批蔡涛函》,《孙中山全集》第 5 卷,中华书局 1985 年版,第 364 页)

10 月 18 日　批示唐宝锷来函,告"以后有消息,请常报闻"。(《批唐宝锷函》,《孙中山全集》第 5 卷,中华书局 1985 年版,第 364 页)

10 月中旬　致函陈炯明。

函谓:"皖人王懋功,系现任马济部下团长,资格最深,现伊亲戚陆辅廷往与接洽,向文要求响义后不得记念战仇,即加解散,并须一律待遇。文以该部响义,事关重要,业经照允,并书函交陆辅廷往该团接洽矣。如果来归,务希照此议办理,以昭大信。"(《致陈炯明函》,《孙中山全集》第 5 卷,中华书局 1985 年版,第 365 页)

△ 复函林修梅,告设法筹济。

函谓:"所举各端,均当照办。惟款项以前此挪贷一空,刻虽从事续筹,尚无着落,故一时未能办到,现正在极力设法。谭、赵前有电反对王育寅君,经此间去电解释,并请赞助讨桂矣。兹并寄上誓约二百张,俟滇(填)后寄沪换取登记书可也。"(《复林修梅函》,《孙中山全集》第5卷,中华书局1985年版,第365—366页)

△ 致函王懋功,促倒戈杀贼。

函谓:"执事明于大义,而干略过人,若遂倒戈助吾人以杀贼,则建树奇勋,只指顾间事。所望当机立断,更无犹豫"。(《致王懋功函》,《孙中山全集》第5卷,中华书局1985年版,第366页)

△ 复函吴宗慈。

复函对于军府、国会"只好听其自然",望"曾共患难之朋友,一致觉悟,同心协力,本创造之精神,谋彻底之解决,一扫拘牵固陋之弊,使吾人素持主义,得以次第实现,则数年来战祸之牺牲,庶不致于虚掷也"。(《复吴宗慈函》,《孙中山全集》第5卷,中华书局1985年版,第367页)

△ 致函谭延闿。

望出师扫荡桂系,并告"湘省财少兵多,亦当以向外发展为善后要策,所谓攘外而安内也"。(《致谭延闿函》,《孙中山全集》第5卷,中华书局1985年版,第367—368页)

△ 致电李厚基,告力助解决粤事,以遏海军图闽之念。

致电称海军图闽,因见"粤军形势稍钝","今日为闽、粤共存之计,惟有催促藏师、王旅,同时并进,火速攻破惠州,使桂贼重兵溃败,粤垣大局定见解决,则海军无援,其势亦必不敢逞"。若"我仅言自守,则北方有反对我者,不难于其时以一纸命令买海军之欢心,此时我亦失先发制人之机矣"。(《致李厚基电》,《孙中山全集》第5卷,中华书局1985年版,第368—369页)

10月23日 与唐绍仪、伍廷芳、唐继尧等四总裁联名通电全国。

声明无论就事实还是法律,"岑、陆私人签订之条件,直等废纸,绝对不生效力","北方果诚意谋和,不仅图纸上空文之统一,则固不必与秘密勾结暮夜乞怜之辈,订定条件;应将一起法律事实问题,付之沪上和会,公开解决"。(《四总裁否认岑陆私和》,上海《民国日报》1920年10月25日,"国内要闻")

△ 复函三藩市《少年中国晨报》,告委托林直勉代行股东职权。(《复三

藩市〈少年中国晨报〉函》,《孙中山全集》第 5 卷,中华书局 1985 年版,第
369 页)

△ 复函陈树人。

嘱"陆续筹款,俾照转达",又告加属党务"勿稍萌退志,致亏前功"。
(《复陈树人函》,《孙中山全集》第 5 卷,中华书局 1985 年版,第 370 页)

△ 致电陈炯明,告对桂军万不可掉以轻心。

复电指出,"桂军之退,万不可掉以轻心,测其用意,必为集中大力,先将
魏、李击灭,然后对付粤军"。希望促臧致平师"全部速来为要,盖非此粤局
必难遽定"。(《致陈炯明电》,《孙中山全集》第 5 卷,中华书局 1985 年版,第
370—371 页)

10 月 25 日　复函李伟、赵伸。

护国之役,赵伸、李伟因调查武器,顺道来沪晋谒,嘱以"此后当留心实
业,如矿山、工艺之类,切莫为官"。近因吴山赴滇,备述"先生关垂盛情",遂
来函告经营情形。本日复函,告煤铁为将来发展实业之助,且嘱其详报煤铁
两矿积量,"以便计划"。(《复李伟赵伸函》,《孙中山全集》第 5 卷,中华书局
1985 年版,第 372 页)

△ 致电赵恒惕等湘军将领。

告林修梅就任湘西靖国军总司令事,望助其援粤,"毋使林君独为其难,
且树之风声,尤能得民意之助"。(《致赵恒惕等电》,《孙中山全集》第 5 卷,
中华书局 1985 年版,第 372—373 页)

10 月 26 日　复函田应诏,告助林修梅统一湘西。

本日复函告"筹款一节,刻下罗掘俱穷,万难应付",并指出"文统筹全
局,执事此时若能助林修梅统一湘西,进兵桂、柳,获有土地之后,乃能设法
彻底之解决"。(《复田应诏函》,《孙中山全集》第 5 卷,中华书局 1985 年版,
第 374 页)

△ 致电湖南省议会,望湘人相助。

函谓:"尤望贵议会代表人民之真意,促进贵省行政当局,维持其宣言,
庶美国国会宣言助欧之名誉,不能专美于西方也。"(《致湖南省议会电》,《孙
中山全集》第 5 卷,中华书局 1985 年版,第 374—375 页)

△ 批示孙科电,嘱搜罗证据,控莫荣新私吞公款。

是月下旬,孙科自香港来电,报告筹款及岑、莫窜逃诸事。谓:22 日沙

面英国领事逐温宗尧出境,24日飞机掷炸弹于观音山,岑、莫即乞英领派舰保护离粤。据闻莫决去,一二日间当逃。接电后指示"倘莫到港,即当搜罗证据,控彼私吞公款,以归刑事犯"。(《批孙科电》,《孙中山全集》第5卷,中华书局1985年版,第375页)

△ 批示冯自由来函,"所言极得我心,然办法一时尚未能定"。(《批冯自由函》,《孙中山全集》第5卷,中华书局1985年版,第376页)

△ 批示颜启汉来函,勉以进行。

颜启汉自香港来函称,前月返港召集旧部,编成一军,暂用新编粤军游击营队名义。现分驻西江、北江,不日可动。并运动旧部多处,已发委任,伺机响应。祈转电陈炯明,如遇此项军队,请派员接洽,指示进行。接函后批示,勉以进行。(《颜启汉上总理函》,环龙路档案第02430号)

10月27日 复函蓝天蔚等,嘱全力谋取两广。

函谓:"若实力不充,多方发难,实有务广而荒之弊","转而图鄂,亦恐未易得手"。此时宜集合各省之力,统一湖南,确立根基,"然后用湘力以扫除游勇,以统一两广,则西南民党之大事可成,而民治可建,民国乃有希望"。(《复蓝天蔚等函》,《孙中山全集》第5卷,中华书局1985年版,第376—377页)

△ 复函□苈棠,望担任联络海外华侨之职。

复函指出,革命未成,实因党务不振;党务不振,又因人才缺乏。上海国民党本部为联络海外各支分部枢纽,目前尚缺一深悉海外华侨之人,如能担任,"致力一二年,以联结海外与本部成为密切团体,当必于国事大有裨益"。(《复□苈棠函》,《孙中山全集》第5卷,中华书局1985年版,第377页)

△ 复函赖世璜,勉其"努力争先,荡平余虏"。

赣军支队长赖世璜来函,报告讨桂情形。本日复函称其驱除桂贼,"义勇可钦"。勉励其"努力争先,荡平余虏,不特助粤人成功,亦为赣、滇两军雪耻"。(《复赖世璜函》,《孙中山全集》第5卷,中华书局1985年版,第378页)

10月28日 致函谭延闿,请师讨桂,"使桂乱早日肃清"。

是日,遣何成濬持函面致谭延闿,再请出师讨桂。函谓广州指顾可下,莫等或退守西江,"惟陆、莫未除,不独粤东隐患未消,即大局亦难言解决"。何来湘请师,"企多得部队,更为粤省援助,使桂乱早日肃清"。(《致谭延闿

函》,《孙中山全集》第 5 卷,中华书局 1985 年版,第 378 页)

10 月 29 日　致函蒋介石,嘱全力助陈炯明。

本日致函,特告今之陈炯明,"举全身气力"为党为国,吾所信托,犹民元前之黄兴、民二后之陈其美。并指出,"吾党中知兵事,而且能肝胆照人者,今已不可多得",惟兄"勇敢诚笃",且能知兵。望"勉强牺牲所见而降格以求",为党负重大责任,"不惜全力以为竞兄之助"。(《致蒋中正函》,《孙中山全集》第 5 卷,中华书局 1985 年版,第 379—380 页)

△ 复函李兴高,勉长驱捣桂。

滇军参谋长李兴高来函,报告滇军协助讨桂情形。本日复函告,岑、莫虽逃,惟非完全改造桂省,"不但无以固粤局,亦无以拯桂人"。故"我军正须再接再厉,直捣黄龙。滇军勇毅著闻,当必乐于长驱也"。(《复李兴高函》,《孙中山全集》第 5 卷,中华书局 1985 年版,第 380 页)

10 月 30 日　复电陈炯明。

嘱其改变战略,"速趋省城为上策,集中全力以扑灭麻子为中策。缩短战线,握要固守,以保势力而待援军亦为一策;惟不忍舍去地土,与敌相持,分薄兵力,则为下策"。(《复陈炯明电》,《孙中山全集》第 5 卷,中华书局 1985 年版,第 380 页)

10 月 31 日　与唐绍仪、伍廷芳、唐继尧发表宣言,否认北京政府统一令。

是日,与唐绍仪、伍廷芳及唐继尧代表王伯群等召开会议,商讨时局。对北京政府发布的统一令,决定对国内暨公使团发表正式宣言,揭破阴谋,以正视听。又议决刷新粤局之政令数道:一、任命陈炯明为广东省长兼粤军总司令,统率广东水陆各军;二、免去海军总长兼海军总司令、福建督军林葆怿本兼各职;三、任命汤廷光为海军总长;四、任命林永谟为海军总司令。此四道命令各以四总裁署名,电达粤省照行。(《否认北方政府伪统一宣言》,《孙中山全集》第 5 卷,中华书局 1985 年版,第 381—382 页)

△ 与唐绍仪、伍廷芳、唐继尧联名致电陈炯明,对克复羊城表示敬佩,告择期南下。

表示"承嘱联翩南返,共策进行,文等救国救粤,义不容辞,首途有期,容当续告",并指示,岑春煊等取消军府、陆荣廷、莫荣新等取消自主,"易淆视听,外人不察,尤恐坠其术中"。请以粤军总司令名义,通电全省,照会驻粤各领事,力辟谣诼,以正视听。(《唐绍仪发电稿》,《近代史资料》编辑组编:《近代史资料》总 51 号,中国社会科学出版社 1983 年版,第 196—197 页)

△ 复函陈继虞,勉合力进攻南宁。

复函谓广州业已克复,"贵部当即合力进攻南宁,将游匪全行扑灭,使广西同时改造,然后两粤乃得奠安,可以进而解决大局"。(《复陈继虞函》,《孙中山全集》第 5 卷,中华书局 1985 年版,第 382 页)

△ 复函胡景翼,勉守陕待时。

复函指出,粤事将告解决,"继此即当改造广西,使两广成现固之局,民治基础,庶乎有赖"。北京政府所发统一伪令,"已显认新国会为非法,自失依据,我更当再接再厉,以完我救国之大业",并告"陕西险据中原,为南军入北之冲要,幸善守之,以俟时局之变化"。(《复胡景翼函》,《孙中山全集》第 5 卷,中华书局 1985 年版,第 382—383 页)

10 月下旬　复函李福林,勉力竟全功。

复函称岑、莫逃窜,我军除清剿余寇外,"尚须继续攻入广西,歼灭游匪。务使两广人民同脱强盗之羁绊,辟民治之宏规",勉其"诸惟努力,用竟全功"。(《复李福林函》,《孙中山全集》第 5 卷,中华书局 1985 年版,第 383—384 页)

△ 复函杨寿彭,告所赖众力者尚大。

复函指出粤事结束,将"进而改造广西,建真正民治之基础,所赖于众力者尚大"。北方五省饥馑,谊应拯救,惟官僚多中饱私囊,须"捐款人之严行监督,乃能实惠及民"。(《复杨寿彭函》,《孙中山全集》第 5 卷,中华书局 1985 年版,第 384 页)

△ 复函陈自先,准其改称救国第八军,应"进攻南宁,以覆敌人老巢"。(《复陈自先函》,《孙中山全集》第 5 卷,中华书局 1985 年版,第 385 页)

△ 复函何卓竞,望继续捐助。

复函告现在粤省余寇尚待清剿,且须进取广西,以铲绝根株,故"所须军费,尤亟浩繁",望"各同志继续捐助,俾得早清游匪,建立民治"。(《复何卓竞函》,《孙中山全集》第 5 卷,中华书局 1985 年版,第 385 页)

10 月底　接受日本《朝日新闻》特派员访问,就时局阐明态度。

孙中山表示:"徐世昌之南北统一命令,不过戏谈而已。北京政府在欲得新银行团借款,故有此声明,以欺瞒中外。岑春煊亡命赴沪,其政治生命已然告终,惟政学会派尚有何等活动。迩来陈炯明及广东各方面,动余速赴广东。至余应之与否,今尚未定,而余之行止,约在本星期内决定。"对于军政府移粤后计划,答:"余对此计划之赞同与否,目下尚不能述其意见,惟观将来表示之形势以定余之目的。至于全国统一一节,堪信不久必能实现。"(《孙文口中之统一谈》,天津《益世报》1920 年 11 月 8 日,"要闻一")

据日本媒体报道,访谈间并表示:"吾人可以断言,这次是建立新政府运动,具有由吾等民党统一全国的意味……决非单纯的广东政府问题。"(《嘲笑统一宣言》,《时事新报》1920 年 11 月 1 日;[日]森时彦:《第二次广东军政府时期的孙中山》,中国孙中山研究学会编:《孙中山和他的时代——孙中山研究国际学术讨论会文集》,第 793—794 页)

10 月　吴景濂来访。

孙在寓所设宴,邀请林、褚、唐少川、伍廷芳,尚有唐继尧代表王伯群,与孙洪伊兼国会重要议员二十余人,商讨应付时局办法。饭后孙谓:"已与段祺瑞合作,并有张作霖在内。此系段、张投降于吾,诸君不可不知。且以为何如?"孙与众人反复讨论,至夜半,不能得结论而散。(吴叔班记录、张树勇整理:《吴景濂自述年谱》下,《近代史资料》编辑部编:《近代史资料》总 107号,中国社会科学出版社 2003 年版,第 79 页)

△致函赵德裕,勉即行兜剿桂军。

复函对其深表佩慰,并告"已照电粤中各军,一致提携,共完伟业,现在桂贼未清,亟望统率戎行,迅速兜剿,以绝国家无穷之匪患"。(《致赵德裕函》,《孙中山全集》第 5 卷,中华书局 1985 年版,第 386 页)

△复函戴任,勉致力解决川事。

复函谓"所云各节,见解独超"。并指出,粤事未平,川事又起,"兄现在渝,必多赞助,尚望勉为致力"。(《复戴任函》,《孙中山全集》第 5 卷,中华书局 1985 年版,第 386 页)

△复函何畏,勉迅速收拾滇军。

本日复函告所需急款,甚难筹措。望"迅速进行,俾减敌势";对该军切实晓以大义,"做到一分是一分"。(《复何畏函》,《孙中山全集》第 5 卷,中华书局 1985 年版,第 387 页)

△复函吕一夔,勉共扫桂贼。

复函指出,陆、莫"不特粤之罪人,亦桂之恶障。为造福人民计,自当不分省界,协力扫除游勇,以致真正之民治。俟粤局定后,即可尽粤省之力,以助桂省"。(《复吕一夔函》,《孙中山全集》第 5 卷,中华书局 1985 年版,第 387—388 页)

△ 批示张海涛来函。

代答:务要由湘出兵助粤,以驱除游勇,助桂以改造广西,免游勇盘踞作恶为要。(《批张海涛函》,《孙中山全集》第 5 卷,中华书局 1985 年版,第 388 页)

△ 批示三藩市《少年中国晨报》来函。

代答:辨明报载朱执信之死难实情,并奖励筹饷。往卢君讨回亚昃收条,着律师告他破约,并骗飞机公司钱,以追回傤纸。此事当交由律师办理,详情面授焕廷知之。(《批三藩市〈少年中国晨报〉函》,《孙中山全集》第 5 卷,中华书局 1985 年版,第 388 页)

11 月 12 日 蒋介石回到上海晋谒孙中山,报告广东情形。(毛思诚编纂:《民国十五年以前之蒋介石先生》,第 101—103 页)

11 月 20 日前后 孙中山在上海莫利爱路 29 号寓所会见共产国际使者维经斯基。

孙中山向维经斯基询问俄国情况,并讨论辛亥革命。孙中山"对我讲述了军阀袁世凯如何背叛革命,如何企图借助日本帝国主义来复辟帝制,而孙中山本人又怎样在东京经过朋友们的斡旋对当时任外相的加藤施加影响,以使日本帝国主义政府与袁世凯断绝联系"。并认为中日签订的"二十一条","不是由于日本方面的压力才签订的",认为"这简直就是袁世凯本人向日本驻华大使提出或向其暗示的,即只要日本方面协助复辟帝制,他就签约"。孙中山对"怎样才能把刚刚从广州反革命桂系军阀手中解放出来的中国南方的斗争与远方俄国的斗争结合起来"非常感兴趣,并详细地询问是否有可能在海参崴或满洲建立大功率的无线电台,从那里我们就能够和广州取得联系。(译自 1925 年 3 月 15 日苏联《真理报》。据维经斯基:《我与孙中山的两次会见》,尚明轩、王学庄、陈崧编:《孙中山生平事业追忆录》,第 314 页)

11 月 21 日 与唐绍仪、伍廷芳在宅邸举行会议。

决定"前往广东改组军政府,继续进行与北方对峙"。(《孙宅中之要人会议》,《香港华字日报》1920 年 11 月 27 日,"中外要闻")

△ 与伍廷芳、唐绍仪于寓所召集会议。

决议近日赴粤重组军政府。(《孙中山宅之大会议》,天津《益世报》1920年 11 月 25 日,要闻一)

11 月 25 日　《字林西报》记者来访,探寻南北统一意见和赴粤后方针。

谓:"吾人之议和代表固留待于上海,如北方有电来,表示愿对等议和,吾人即可中止广州之行。惟吾人不要私人媾和,不要苟且之和平。……吾人当竭力整理护法各省之政治,俾人民蒙其福利,而得有为他省之模范。"(《三总裁启程赴粤记》,上海《民国日报》1920 年 11 月 26 日)

1922 年

6 月 25 日　宋庆龄化装离开广州,经香港乘坐"大洋丸"轮到达上海,即寓于莫利爱路 29 号住宅。此后,在本月 28 日、29 日的上海《民国日报》上,宋庆龄发表《广州脱险》一文,详述脱险经过。

"孙中山夫人因粤变发生,业于昨日乘轮到沪,寓其私宅。"(《孙中山夫人昨日抵沪》,《申报》1922 年 6 月 26 日,"本埠新闻")

8 月 7 日　宋庆龄接孙中山来电谓:有敌造种种惨谣①,切勿信之。(《孙中山集外集》,第 483 页;上海《民国日报》1922 年 8 月 10 日)

8 月 14 日上午　孙中山抵达上海,在吴淞炮台湾登岸,改乘汽车直往莫利爱路 29 号寓所,11 时左右到达莫利爱路寓所。各界代表、国会议员及各报记者等络绎来谒。

"8 月 14 日上午 11 时左右,孙中山到达他的住所莫利爱路 29 号。孙和他的随行人员下了'俄罗斯皇后'号轮之后,换乘日本船'京都丸'抵吴淞,从吴淞乘汽车直往法租界的住所,途经新吴淞路、杨树浦路、北苏州路、河南路、南京路、西藏路,直往法租界住所。广东同乡会、海员工会、各路商界总联会、旅法归国华工会和中国劳工会等团体的代表,已聚集在海关码头上。当有人向他们宣布孙业已抵达自己家中后,人群方散。"(《工部局警务处情报选译——有关孙中山在沪期间政治活动部分(1922 年 8 月—1923 年 2 月)》,上海市档案馆编:《辛亥革命与上海——上海公共租界工部局档案选译》,上海文艺出版(集团)有限公司、中西书局 2011 年版,第 328 页)

孙中山到寓所后,各界代表及国会议员等仍络绎来谒。孙中山在寓所

---

①　指叛军当时在广州、香港两地对孙中山所捏造的种种谣言。后孙中山通过媒体予以辟谣。如上海《民国日报》1922 年 8 月 8 日和 10 日载香港 8 月 7 日电:大总统仍驻永丰舰,政躬极健,照常见客。逆党称其患病谢客,全属谣言。香港 8 月 9 日电:总统政躬无恙,逆党百计造谣,顷此间又传总统离粤赴沪,亦属谣言。

接见各界代表谈话,"北伐军近虽少受挫折,并未(非)全败,前敌军队固有数次退后,第此为军事上之作用,全部仍在作战中,深信最后必击破叛军。与陈炯明数十年深交,乃不虑(料)其竟敢冒大不韪。当离粤之前,闻陈部下尚有种种乱谋,意图运动部下之海军共同作乱,在广州租界作战,并危害余之身体。离粤非被迫出走,系另有其他种种原因,迨我人最后胜利之后,当可证明强权之非,即为公理也。"(《孙总统到寓后简单谈话》,上海《民国日报》1922 年 8 月 15 日)

孙中山在莫利爱路 29 号寓所与某报记者谈话。"十四日孙中山先生抵沪,某报记者遂往法租界莫利爱路 29 号谒中山先生,汪精卫、张溥泉、徐季龙、柏烈武君等均在座。中山先生精神奕奕而和蔼,无风尘劳顿意,途中虽曾稍不适,亦未成恙,谓:将有正式宣言,计自本月(八月)九日下午三时由英轮乘载赴港,十日午后改乘'俄国皇后'号来沪,十三夜十一时即已抵距吴淞甚近之海面,十四始进驶抵淞,转乘渡轮在炮台湾登岸,改乘汽车至沪寓所,偕来沪者如汪精卫、陈策、蒋介石、陈群、黄惠龙、陈璧君等也。"(《孙中山抵沪详情》,长沙《大公报》1922 年 8 月 20 日)

△ 下午,孙中山召集同志讨论国会与时局问题,与曹锟代表进行会议,拒绝会见大量未经预约的不速之客。(《孙中山昨日到沪》,《申报》1922 年 8 月 15 日,"本埠新闻")

△ 国民党山东支部来电,欢迎平安抵沪。(《大总统到沪后之欢慰声》,上海《民国日报》1922 年 8 月 20 日,"本埠新闻")

8 月 15 日　孙中山在上海发表对内宣言,宣布粤变始末及解决国事主张。

到沪后,孙中山在寓所邀集孙洪伊、谭延闿、杨庶堪、马君武、张继、徐谦及国会议员等,"修正其宣言书之大意,另译英文在西报发表"。(《孙文在沪之言动》,天津《益世报》1922 年 8 月 18 日,"要闻一")孙中山到达上海以来已发表了两个宣言。第一个宣言刊登在 1922 年 8 月 16 日的外文报上,在宣言中阐明他对宪政运动的今后态度,并明确表示此次上海之行的目的为欲与北方的及其他的国民领袖共商国是。(《工部局警务处情报选译——有关孙中山在沪期间政治活动部分(1922 年 8 月—1923 年 2 月)》,上海市档案馆编:《辛亥革命与上海——上海公共租界工部局档案选译》,上海文艺出版(集团)有限公司、中西书局 2011 年版,第 329 页)

孙中山在宣言中谈到 6 月 16 日兵变由起时谓:"至于此次兵变,文实不知其所由起。据兵变主谋陈炯明及诸从乱者所称说,其辞皆支离不可究诘。谓护法告成,文当下野耶?"但陈炯明唆使部下发动兵变的目的是"务使政府成为煨烬,而置文于死地",以便阴谋割据,以逞私图。所以此次兵变,"主谋及诸从乱者所为,不惟自绝于同国,且自绝于人类,为国法计,固当诛此罪人;为人道计,亦当去此蟊贼。凡有血气,当群起以攻,绝其本根,勿使滋蔓。否则流毒所播,效尤踵起,国事愈不可为矣!"

先生又谓:"至于国事,则护法问题,当以合法国会自由集会,行使职权,为达目的。如此,则非常之局自当收束,继此以往,当为民国谋长治久安之道。文于 6 月 6 日宣言中所陈工兵计划,自信为救时良药,其他如国民经济问题,则当发展实业,以厚民生,务使家给人足,俾得休养生息于竞争之世。如政治问题,则当尊重自治,以发舒民力。惟自治者全国人民有共治、共享之谓,非军阀托自治之名,阴行割据所得而借口。"(据重庆《民国公报》1922 年 8 月 16 日)

△ 孙中山到沪后发表"抵沪启事"。

"此次至沪,劳各界诸君连日在江(海)关迎候,因风大直接由吴淞登陆,致未一一把晤,歉仄良深,特此鸣谢,诸维鉴谅。"(据上海《民国日报》1922 年 8 月 15 日《孙文启事》)

△ 上海《民国日报》载,自 15 日起三天内暂不见客;并否认在宅内与曹锟代表秘密会议一事。(《孙大总统擂事修养》,上海《民国日报》1922 年 8 月 16 日,"本埠新闻")

△ 孙中山复古巴支部电:"叁千元收。文来沪谋中国统一计划,至平乱事,由许、李负责。请各同志接续助款,以竟全功。孙文。删。"(《孙中山全集》第 6 卷,中华书局 2006 年版,第 523 页)

8 月 16 日　孙中山在沪宅(莫利爱路 29 号)接见黎元洪的代表黎澍、李繁昌、刘成禹等人,对外仅称系邀其往京晤商国事,但对国会与总统选举问题,"全取静默态度",严守秘密,不表示任何具体意见。舆论却认为,其态度当与已发表之宣言内容有直接关系。(《北方代表纷调总统》,上海《民国日报》1922 年 8 月 18 日,"本埠新闻";《北方联孙运动》,《申报》1922 年 8 月 18 日,"本埠新闻")

△ 讨贼军别动队中路司令部参谋长岑静波来函,报告失败后部队情

形,并请接济。

孙中山批岑静波函:"代答奖励。并拨款三千元,着到某处领。"(《岑静波上总理函》,环龙路档案第 02778 号)

8 月 17 日　孙中山在上海发表对外宣言,宣布和平统一中国之计划。

孙中山在 17 日对外宣言中指出"陈炯明此次变乱之结果,致使余与北方领袖两月来不能进行统一之会商。余明知粤局不能解决,即不能北上商议国是,故以先解决粤局为余之天职。但余现已来沪,实因上海为全国中心,与各方面领袖接洽统一,比较广东颇为便利,此为余来沪之目的也。但余认统一而不和平,其危机更大。今国会恢复,政治上可谓统一矣,而今回复和平与幸福,则又必有保障焉"。并宣布和平统一中国之四点计划。(据重庆《国民公报》1922 年 9 月 10 日《孙中山对外宣言之概略》)孙中山又指出:"中国是一个统一的国家,这一点已牢牢地印在我国的历史意识之中,正是这种意识才使我们能作为一个国家而被保留下来,尽管它过去遇到了许多破坏的力量,而联邦制则必将削弱这种意识。"(据关一球寄赠伦敦国家档案局藏英国外交部档案英文原函影印件《孙逸仙宣言》[Statement By Dr. Sun Yat-Sen],译出马宁,转引自《孙中山全集》第 6 卷,中华书局 2006 年版,第 524—529 页)

△ 晚,孙中山在莫利爱路寓所宴请宾客。

"孙中山前晚(十七)在法租界莫利爱路二十九号寓所大宴宾客,下午八时许,陆续乘坐汽车前往者,如黎黄陂代表黎澍、李繁昌、刘成禺,曹锟代表孙岳,以及汪精卫、蒋介石、陈策、张溥泉、杨沧白、孙洪伊、陈群暨驻沪国会议员等,凡三十余人。席间讨论良久,直至 11 时许,始各尽欢而散。"(《孙中山前晚宴客》,《申报》1922 年 8 月 19 日,"本埠新闻二")

△ 复电旧金山国民党支部。("中华民国"史事纪要编辑委员会编:《中华民国史事纪要(初稿)——一九二二年七至十二月》,第 330 页)

8 月 18 日　孙中山与某人谈话。

"北方形势太混沌,尚待详查,故一时不便发表具体意见。惟南方用兵数年,今北方军人亦已知有法律一物,则不难与之讲道理。国人既渴望统一,吾人自无反对统一之理。"(据上海《民国日报》1922 年 8 月 19 日)此某人不明,疑是曹锟的代表孙岳,或黎元洪的代表刘成禺。(《孙中山全集续编》第 3 卷,中华书局 2017 年版,第 225 页)

△ 是晚,宴请奉张代表倪某等。

黎元洪代表黎澍等将于 19 日晚赴宴。民党领袖于时局现均持乐观态度,以为孙中山愿望之实现,有日近一日之望。(《外报所纪中山行动》,长沙《大公报》1922 年 8 月 25 日,"中外新闻")

8 月 19 日 孙中山发表谈话,称宗旨在整理国家,借此谋全国之和平与真正之统一。

孙中山抵沪后,各方代表前有曹锟的代表孙岳等,后有黎元洪的代表刘成禺等,往谒孙中山,刘成禺面呈黎元洪亲笔函请孙中山北上会商,孙中山在寓所与各方代表分别会谈,表示他的立场和态度,谈话称,"余尝告各派代表,称余不欲求一党之拥护,且将坚拒于任何一党或数党联合以抗他党"。又称:"目下宗旨即在整理国家,借此谋全国之和平与真正之统一。"(《南北接近之外报观察》,《申报》1922 年 8 月 20 日,"本埠新闻")"余已面告各代表,余并不在谋党派之结合,若有一派或数派欲谋抗反对派,而与余联合,余将严行拒绝。余现惟一之目的,系在恢复和平与真正统一。"(据上海《时报》1922 年 8 月 20 日)

△ 邹鲁来电,商讨国会议员赴京参加国会复会事及国民党改组问题。(张世福主编:《一九二二至一九二三年孙中山在沪期间各地来电汇编》,第335—337 页)

8 月 21 日 上午,孙中山在上海寓所(莫利爱路 29 号)接见上海本地工会和其他团体来访代表,并发言,感谢关心,希望监督政府行动,为救国之后援。

"31 个本地工会和其他团体的 40 位代表,在 8 月 21 日上午 10 时到法租界莫利爱路 29 号孙宅拜访了孙中山。这些代表包括:中国工人联合会的代表张公权、上海织工工会(浦东分会)的徐锡麟、中华工会主席史观涛、中国妇女劳工促进会的重要成员穆志英、船务栈房工人工会委员会委员卢丕、旅法归国华工会的杜虎臣、湖南劳工会的王光辉、中国劳工会主席陈国梁、广东同乡会的凌翼之、商工互济会主席童里章、妇女联合会会长黄宗汉、河北建设会的汪剑农、上海印刷工会的张占刚、中华进步劳工会的王吉人、中华民国各团体联合会代表翁吉云、旅日归国学生会会长俞育之、武昌路商界联合会副会长崔通约、海宁路商界联合会的陈家宝和其他一些人。他们在老靶子路 133 号中华进步劳工会会所集合,然后坐电车抵达法租界。这一行人先去了环龙路 44 号孙的工作人员的办公处,回头再到莫利爱路 29 号孙宅。他们没有拿旗帜或任何表示游行的标志。"(《工部局警务处情报选译——有关孙中山在沪期间政治活动部分(1922 年 8 月—1923 年 2 月)》,上海市档案馆编:《辛亥革命与上海——上海公共租界工部局档案选译》,上海文艺出版(集团)有限公司、中西书局 2011 年版,第 329 页)代表由徐苏中、彭素民招待同往莫利爱路寓所。(陈旭麓、郝盛潮主编:《孙中山集外集》,上海人民出版社 1990 年版,第 277 页)

孙"身穿蓝纱长衫,足登布履,精神极其健壮",向各代表还礼鞠躬,并发言谓,"今日承蒙各团体诸君如此热心下慰,鄙人实感于心",希望诸君"本国民之责任而监督政府行动,为救国之后援"。其余问题甚多,"皆在社会诸君身上"。自己因近来各方慰者见面甚多,未能与诸君多谈,深以为憾,并希原谅。众人请崔通约代表全体发表答辞,大旨谓略,各团体对于大总统"希望坚持主义,本西南护法之精神,以慰众望"。孙最后答以"自当服从民意"。(《各团体慰劳孙中山纪事》,《申报》1922 年 8 月 22 日,"本埠新闻")

△ 请黎元洪代表黎澍、谢氏携带书信启程北上,称对于黎元洪当竭力援助。(《直派与孙文志疏通》,《满洲报》1922 年 8 月 25 日,"论说")

△ 派汪精卫、张继等向吴佩孚代表孙岳正式提出主张,即一方面恢复民八国会,取消民六国会;另一方面令议员北行。(《上海特约通信》,天津《益世报》1922 年 8 月 25 日,"要闻一")

8 月 23 日

△ 拒绝回答前国会议员询问吴佩孚、曹锟代表的来沪原因。

"23 位前国会议员在 8 月 23 日下午 2 时去了莫利爱路 29 号孙宅。他们见到了孙,问了他关于吴佩孚将军和曹锟将军的代表来沪的原因,问他是不是打算去北京,还问他是否劝他们这批前议员也上北京。孙中山拒绝回答前两个问题,但劝告这些议员说,他们应该进京,因为他们是合乎宪法程序选举进国会的代表。吴佩孚将军代表的名字叫王法勤,曹锟将军的代表是孙岳。"(《工部局警务处情报选译——有关孙中山在沪期间政治活动部分(1922 年 8 月—1923 年 2 月)》,上海市档案馆编:《辛亥革命与上海——上海公共租界工部局档案选译》,上海文艺出版(集团)有限公司、中西书局 2011 年版,第 329 页)

当旅沪国会议员进谒时,根据来沪与全国各军政要人代表会议所得之谅解,以及吴佩孚对其宣言中原则之赞成,孙中山最扼要地说:"六年来使国家分裂之南北战争今已告终。"而他对于各代表会商中之要项,则未肯表态。仅对各议员云:"当今国会在京开会之武力障碍既经扫除,议员之责任即在迅速入京,将护法派所主张之次要问题一一由国会提出施行。"只是他对于议员日后之举动,"完全未有所建议",并对于政府用人、行政、组阁诸问题,"俱不愿有所讨论"。(《孙中山对议员志表示》,《申报》1922 年 8 月 25 日,"本埠新闻")

孙每天在他法租界莫利爱路 29 号的家里同前国会议员和来访者举行会谈。(《工部局警务处情报选译——有关孙中山在沪期间政治活动部分(1922 年 8 月—1923 年 2 月)》,上海市档案馆编:《辛亥革命与上海——上海公共租界工部局档案选译》,上海文艺出版(集团)有限公司、中西书局 2011 年版,第 330 页)

△ 复函唐克明,谴责陈炯明叛乱,勉其坚定信心,经营武汉。

函谓:此次陈逆党徒叛变,毁护法之功,坏人类之伦纪,诚堪浩叹。"然吾党主义,每历艰贞,益加光显。则此次之失败,又正可策吾人之进步耳!武汉地处中枢,兄经营不懈,此志可嘉。俟确定方针,自当商筹办法。"(《复唐克明》,《中央党务月刊》第 9 期)

△ 报载将宴请报界,餐叙一切。(《孙中山氏明晚将宴报界》,《申报》1922 年 8 月 23 日,"本埠新闻")

8 月 24 日晚　孙中山在上海莫利爱路 29 号寓所宴请三十余名报界人士,并致词。谈护法武力战争的效果,国家统一之重要,以及文字宣传在国家统一中的重要作用。希望大家一起努力。

"昨晚六时,孙中山氏在法租界莫利爱路二十九号寓所,大宴报界人士。到者三十余人,本报记者赴宴时,中山先生方坐碧草场上,神采奕奕,态度怡然。"

"今荷报界诸君惠临,忻慰忻慰。吾国改建民主以来,业逾十载。最近六年,护法之举,战争迭起,牺牲甚多,兹乃幸得佳果,使北方武人觉悟,共同努力,切实进行,其目的为统一,统一固不得谓非吾国现在最切要事。"

"予有一言,中国现时武力战争已过,当专改为笔之战争。其意若曰,中国现已过武力解决时期,而入舆论导进时期也。笔之为用,何殊十万毛瑟。诸君皆任笔政,而上海又为全国舆论之中心,今夕敬将此种重责,付托诸君仔肩,请与全体国民共同奋斗进取,发明公理,宣释共和,监督武人,实现统一,斯国家之幸也。"

"报界人士实宜设法醒示国民以民主共和真义,更进而宣述民主统一、共和统一之所以然,万不可有帝王统一、专制统一之活剧演出也。诸君责任重大,当此武力不足谈之时期,尤宜竭力主张公道,导进斯民也。"(《孙中山氏宴报界纪》,上海《申报》1922 年 8 月 25 日,"本埠新闻")报载列席宴会者对于孙氏维持和平之态度,"咸极赞许"。(《孙文招待报界之演说》,天津《益世报》1922 年 8 月 26 日,"要闻一")

8 月 25 日　孙中山在上海会见越飞的代表马林。

在会谈中,孙中山告诉马林,现在感到与苏俄建立一个更紧密的联系是绝对必要的。(《马林在中国的有关资料(增订本)》,第 44 页)请马林向苏俄政府驻北京的全权代表越飞转达他的意见:如果能实现同苏俄的联盟,自己将在取得全国政权之后,允许苏俄参加中东铁路的管理。([荷]马林:《中俄在中东铁路的冲突》,《二十年代的中国》,第 32 页)在会见中,马林劝告不要单纯用军事行动收复广州,而要以上海为基地,开展一个发动工农群众的宣传运动。(《马林在中国的有关资料(增订本)》,第 44 页)

"这次叛变性的突然袭击在一段时间里推翻了孙中山的南方政权。他回到上海,住在法国租界领导国民党的工作。我们在那段时间里再次会晤了孙中山。他一直有人保卫,因暗杀的危险并未稍减。这次会晤是在一位华人家中进行的,主人并不是国民党员。孙突然出现在我们面前,他现在不是革命政府的元首,穿着俨然一个地地道道的上海人。尽管陈炯明的背叛理所当然使他十分失望,动摇了他在追随者中原已树立的信任,但他丝毫没有萎靡不振的迹象。恰恰相反,他显得精神振奋,好像注入了充沛的力量。他提出了新的可能性,表示特别需要密切国民革命运动和苏维埃共和国的联系。我们深入地讨论了中国政治运动接触到的许多实际问题。"(《和孙中山在一起的日子(1926 年 2 月)》,《马林与第一次国共合作》,光明日报出版社 1989 年版,第 374 页)

马林向孙中山介绍了他去莫斯科的情况,并告诉孙,共产国际已经命令中国共产党人加入国民党,为国民党的主义和目标而奋斗。孙很乐于接受马林的建议,请马林在国民党中央委员会阐述关于群众运动的观点,以说明国民党领导人接受共产国际代表的建议。在会谈中,双方还讨论了越飞致孙中山的一封信的内容。(马林档案第 3141 号,[美]托尼·塞奇:《亨克·斯内夫利特和第一次统一战线的起源(1921—1923)》,转引自《孙中山史事编年》第 8 卷,第 4517 页)

△ 孙中山收到越飞来函。

8 月 22 日越飞在北京致函孙中山,征询关于中国社会各势力,日本等列强在华利益、俄国与蒙古等问题,以便他制定恰当的远东政策。(中共中央党史研究第一研究部:《联共(布)、共产国际与中国国民革命运动(1920—1925)》第 1 卷,第 103—106 页)该信通过马林转交给孙中山。(《联共、共产国际与中国(1920—1925)》第 1 卷,李玉贞译,台湾东大图书公司 1997 年版,第 76 页)

△ 与美国《芝加哥论坛报》记者鲍威尔谈话,希望美国财团给以贷款,支持中国统一,并以此作为北上的条件。(《美报记孙总统之谈话》,上海《民国日报》1922 年 9 月 8 日,"要闻")

△ 前国民党南浔镇支部评议员、前中华革命党党员此时的中国国民党党员周颂西来函,指出三民主义不能早日实现之原因,贡献了多个宣传办法,并推介了张乃燕(君谋)博士。

孙中山批复:"代答,嘉奖并交各部议行所陈各节,并约带张博士来见。"(《周颂西上总理函》,环龙路档案第 03941 号)

△ 是日,北京政府黎元洪收到孙中山由沪来函,孙中山在函中表示愿意为统一贡献意见。

函云:六年以来,事变万状,自己倡率护法,不得不艰难坚持,以求成功,"差幸人心悔祸,护法问题终告结束,庶几初心不负耳。到沪日浅,未遑宁居,重劳使节慰问,至深惭荷。公以身任天下之望,凡属国民,皆当竭其思虑,仰赞高深。文虽暂息尘纵,借事休养,惟苟蒙垂问,必献其刍□之见,以备采择,亦与前席借箸无殊也"。(《孙文复黎黄陂函》,天津《益世报》1922 年 8 月 27 日,"要闻一")

8 月 26 日 孙中山在上海莫利爱路 29 号寓所复函芮恩施,表示希望就财政与其交换意见。

孙中山在致前美国驻华公使、近以顾问身份来华的芮恩施博士函中,告"本月 21 日惠函敬悉。承蒙关切,谨致谢忱"。并谓:"余亦希望尽速来京,与阁下晤谈。即将进行之为政府获致'财源'之努力,如告成功,则余早日北上,颇有可能。阁下由附去之节略,当可了解余此言之意义。以前美国报纸两次访问之内容即根据是项节略,该节略并已电知《费城纪事报》及《芝加哥论坛报》。美联社亦曾摘要发布余之意见:余并应允该社作另一次'追踪'访问,俾便研讨此一问题与华盛顿会议有关中国部分决议之关系。阁下对节略中之观点有何卓见,余极愿闻。"该函于 1922 年 8 月 26 日发自上海莫利爱路29 号。(《孙中山全集续编》第 3 卷,中华书局 2017 年版,第 230—231 页)

△ 冯自由来函,报告省港党务情况,建议重视党德,并请委邓泽如为广东支部长。(《冯自由上总理函》,环龙路档案第 01701 号)

△ 中国共产党在杭州西湖召开中央会议,进一步讨论同孙中山领导的国民党建立统一战线问题。经过两天讨论,有条件地接受了共产国际代表马林关于共产党员和社会主义青年团员加入国民党的意见。(《党史通讯》1987 年第 2 期)

8 月 27 日　孙中山在上海莫利爱路 29 号寓所回复越飞 8 月 22 日来函。

孙中山在回信中主要针对越飞在 8 月 22 日的来函中所提出的关于张作霖的情况、孙中山与张作霖达成协议的原因、孙中山与陈炯明的分歧等五个问题一一作了答复。

孙中山 8 月 25 日从马林处收到越飞 8 月 22 日函,并于 8 月 27 日复函越飞:"您本月二十二日的一封十分令人感兴趣的来函已经收到。贵国政府派阁下这样一位享有盛誉的政治家来我国,我表示非常高兴。""我要马上同您讨论来函中所谈的各个问题,在对您提问的几个专门问题作答复前先谈几点意见……北京政府完全没有骨气,十分软弱无力,因此说现在的政府是某些列强的代理人,也并不过分。特别就它同苏维埃俄国的关系和交往来看,情况更是如此……在这种情况下,我要劝您等待,直到我重新建立北京政府。鉴于目前形势可能出现的各种发展情况,这一点在不久就可能实现。""我现在来答复您在您的信中提出的各种特殊问题:……现在我想问您一个问题。您对我说,贵国政府已经授命您同日本举行谈判。我想知道,为了同日本取得谅解或达成协议,贵国政府是否将不惜牺牲中国的利益。……"(《孙中山全集续编》第 3 卷,中华书局 2017 年版,第 231—234 页)

△ 报载向《新闻报》经理汪汉溪索要稿费。(速记者马二先生:《孙宅盛会补记——孙中山索稿费》,《晶报》1922 年 8 月 27 日)

8月28日　孙镜亚来函,要求解释报载关于复黎元洪函及对外宣言统一中之疑点。(《孙镜亚上总理函》,环龙路档案第 13721 号)

8月29日　孙中山与日本大阪《每日新闻》驻沪特派员村田谈有关时局问题。本次谈话内容要点包括:北上尚未决定;希望恢复民八国会;对直、奉、段均无成见;三月之内解决陈炯明部。

"外传余将北上,决无其事,即代表亦为派遣。北方武人与余之主张接近,确为事实。但余非知其诚意如何,决不与之联络。苟由诚意,不论为张作霖、为吴佩孚,均可引为同志。国会问题,余主张恢复民八国会。至对陈炯明,余必按宣言膺惩之。"(《沪东力社来电》,上海《民国日报》1922 年 9 月 2 日)

△ 复函王正廷解释护法要旨,勉为正义奋斗。(尚明轩主编:《孙中山全集》第 5 卷,人民出版社 2015 年版,第 306 页)

△ 国民党芝城分部邵元冲来函,报告梅友活返国拟晋谒,请指示党务进行方针,并予以接见,以便返美后有利进行党务工作。

批复云:请陈树人主稿件作答。(《芝城分部邵元冲上总理函》,环龙路档案第 07444 号)

△ 委任邓泽如为中国国民党广东支部部长。(《中国国民党二十年史迹》,正中书局 1930 年版,第 269 页)

8月30日　孙中山致函蒋介石,告以湘滇军情,促早来沪商议接待苏俄军事人员。

函谓:"日来变局愈速,非兄早来沪同谋不可。军事进行,湘闽似已有不谋而合,日在进行中,湘较闽尤急而有望,似日内便可解决者。金闻昨日已行,或有分道而驰,先急回滇也。某事近已由其代表专人带函来问远东大局问题及解决之法,予已一一答之。从此彼此已通问讯,凡事当易商量矣。彼有一军事随员同行,已请彼先派此员来沪,以备详询军事情形,想不久可到也。望兄稍愈,则当早来备筹一切。"(据《孙中山先生手札墨迹》,太平洋书店 1926 年版,转引自《孙中山全集》第 6 卷,中华书局 1985 年版,第 536 页)

△ 复函赵恒惕,反对联省自治,希望同道为国事奋斗。(《复赵炎午》,《中央党务月刊》第 9 期第 4 册,第 390 页)

△ 下午,日本某西报女记者裴斯兰至孙宅访问,询问关于劳动家之各种意见。(《日本西报女记者莅沪》,《申报》1922 年 9 月 1 日,"本埠新闻二")

8 月下旬　孙中山在上海莫利爱路 29 号寓所与李大钊会晤,讨论振兴国民党以振兴中国等问题。

李大钊在《狱中自述》中忆述:"大约在四五年前,其时孙中山先生因陈炯明之叛变避居上海。钊则亲赴上海与孙先生晤面,讨论振兴国民党以振兴中国之问题。曾忆有一次孙先生与我畅论其建国方略,亘数时间,即由先生亲自主盟,介绍我入国民党。是为钊献身于中国国民党之始。翌年夏,先生又召我赴粤一次,讨论外交政策。又一年一月,国民党在广州召集第一次全国代表大会,钊曾被孙先生指派而出席,被选为中央执行委员。前岁先生北来,于临入医院施行手术时,又任钊为政治委员。"(全国政协文史资料研究委员会　中国革命博物馆联合编辑:《孙中山先生画册》,中国文史出版社 1986 年版,第 526《狱中自述》图片)

……孙先生首先从北上问题谈起……"对中国处在如此混乱状态之下的这种局面,我时常在考虑解救它的方法……在逐步加强兵力于中央来实现全国统一的同时,紧接着就需要组织强有力的政党。所以我目前正在改组中国国民党,使本党能有更多的工人参加进来。这样经过改组后的大政党,一方面要讨论政治手段的运用,作一般政党应作的工作;另一方面为了谋求社会的根本改革,还要努力唤起民众的觉醒,归根到底,是要把它建成一个群众革命的先锋组织。"(《与李大钊的谈话(一九二二年八月下旬)》,《孙中山全集续编》第 3 卷,中华书局 2017 年版,第 240 页)

9 月 1 日　孙中山在莫利爱路寓所接见上海各路商界总联合会代表,并发表讲话。认为商人力量重大,需要谨言慎行,不要滥用罢市武器;并愿意协助推动工商建设。

"南京路等十九路商界联合会所组织之各路商界总联合会,业经职员会议决,派代表三人,定今日趋孙邸慰劳,并致欢迎辞,略谓,中山先生护法首功,举世钦仰……"(《商界今日欢迎孙中山》,《申报》1922 年 9 月 1 日,"本埠新闻")在接阅欢迎词后,孙中山依次回答问题:当此国家危亡之秋,士农工商皆应起而救国,上海为全国商业之中心,诸君权力重大,前次六三运动,上海商店愤而罢市,北京释所囚之学生。"惟诸君之权力既重,诸君之言行亦不得不慎重,罢市为商人最后之武器,非必要时不宜滥用,滥用则效力失,商人之武力穷矣。是以深愿诸君能各秉天赋之能力,随时尽国民之天职。"(《孙总统与商界代表谈话》,上海《民国日报》1922 年 9 月 2 日,"本埠新闻")

9月2日   孙中山复函张敬尧,望其续留东北赞襄出力,暂勿南来追随为宜。

1920年6月,张敬尧被湘军逐出湖南,投入张作霖幕下。因孙中山与奉张、皖段搞"三角同盟",张敬尧来书表示追随效力。孙中山复函:"奉军奋斗不懈,极堪嘉尚。兄赞襄其间,谅资得力。东北根基稳固,大有可为,因应得宜,必多良会",希望张敬尧"悉心播划,匡扶正义"。(《复张敬尧函》,《孙中山全集》第6卷,中华书局2006年版,第537页)

△ 复函上海各路商界总联合会,号召国民反对军阀武人干政,实行民治。

上海各路商界联合会,日前来函,并推派代表,当面递呈。孙中山认为护法需要按《建国方略》行事。函谓:"六年以来,武人毁法,遂起战争……坚持数载,北方武人始知觉悟,相与为尊重护法之表示。庶几从此可导国人入于法治之途,然其代价固亦不菲矣!"至于护法主张,"有赖于全国人民之同心一德,努力不已","众志成城,则武人之反复,政客之播弄,皆不能动摇神器。"(《孙总统复商联总会函》,《民国日报》1922年9月3日)

△ 委任林宗斌为双溪大哗中国国民党分部干事,何碧炎为海悦中国国民党分部干事。(《给林宗斌委任状》《给何碧炎委任状》,《孙中山全集》第6卷,中华书局1985年版,第539页)

9月3日   复电曹锟、吴佩孚,重申兵工计划的重要性,希望双方"推诚共济"。

6月6日孙中山发表《工兵计划宣言》后,8月26日曹锟、吴佩孚来电表示赞成。孙中山随即复电曹、吴:"化兵为工之策,自信为今时救国不二法门。"(《复曹锟吴佩孚电》,《孙中山全集》第6卷,中华书局1985年版,第540—541页)

9月4日   孙中山在上海召开改进国民党会议,决定起草改进委员会名单。

是日,孙中山召集在沪各省同志张继等53人,交换意见,商讨改进国民党事宜,与会者咸表赞同。6日,孙中山指定丁惟汾、管鹏、茅祖权、陈独秀、覃振、田桐、张秋白、吕志伊、陈树人等九人为规划国民党改进方略起草委员。自7日起开会集议,筹商起草改进计划。后因旧国会于北京开会,丁惟汾、吕志伊、覃振、田桐赴京，争取国会继承广州 1919 年之法统，致使起草委员会人数过少，遂又于 9 月 21 日，批准居正签呈拟派叶楚伧、刘芷芬、孙科、彭素民补其缺。(《革命文献》第 8 辑，第 1040—1041 页，转引自《孙中山年谱长编》下册，中华书局 1991 年版，第 1502 页)

△ 接见北京都市地方公益会及自治筹进会代表张毓长，主张实行兵工政策的救国计划。

北京各团体鉴于京城政局混乱，决定推举北京都市地方公益会代表张毓长，持函来沪谒见，请早日北上，统一中国大局。(《北京地方代表谒总统》，上海《民国日报》1922 年 9 月 5 日，"本埠新闻")孙中山在询问北京最近状况后，阐述了实行工兵政策的救国意义。(《滞沪中之孙中山》，天津《益世报》1922 年 9 月 8 日，"要闻")

△ 孙中山致电北京当局。孙中山去电表示暂难来京，并云："大局日非，个人须察新式(势)，再次(取)办法。"(据天津《大公报》一九二二年九月四日《专电》)

△ 是日，孙中山在沪住所接到河南省议会 9 月 1 日致其函，函谓：望孙中山贯彻其 8 月 15 日宣言主张。(《豫省议会倾向孙总统》，上海《民国日报》1922 年 9 月 5 日，"本埠新闻")

9 月 5 日　复函旅京护法议员，须辨明国会真伪，彻底完成护法，以竟全功。

自 6 月 11 日黎元洪入京"暂行"大总统职权，随后，撤销民国六年解散国会令。8 月 1 日，民六旧国会复会，"法统"恢复。孙中山函谓："北方武人似有觉悟，解散国会之非法命令自行撤销，且不妨碍国会之开会于北京。就此以观，可谓护法主张已达……文以为将欲使国会黜伪崇真，俾护法完全无憾，惟有赖于诸君子之奋斗。"希望大家"坚持贯彻，无所摇惑，以竟全功。"(《复旅京护法诸议员》，《中央党务月刊》第 9 期第 4 册，第 390 页)

△ 四川讨贼军第一路总司令石青阳致函孙中山，请乐观面对未来。

略谓："闻大局挫折，不甚悲愤。然南北名人因此愈多服从，后事仍多乐观也。川局渐平，此间状托陈抱一代为呈述，请赐亮察。"孙中山批复："作答勉励，并预备向外发展。"(桑兵主编，谷小水编：《各方致孙中山函电汇编》第 6 卷，社会科学文献出版社 2012 年版，第 410 页)

△ 致函陈嘉佑，致函朱培德。(《孙中山全集》第 6 卷，中华书局 1985

年版,第 542—543 页)

　　△ 曹锟复电表示赞同工兵政策,反对联省自治之私意以及非生产性外债。(《滞沪中之孙中山》,天津《益世报》1922 年 9 月 8 日,"要闻")

　　9 月 7 日　分函蔡钜猷、陈渠珍,告其与北军提携以谋统一时,军事上仍不能放松准备。

　　函称:赣事得手、粤变未起之时,本人愿与北军提携,以谋统一之进行。到沪后,各方以统一问题就商者,函电纷驰,信使络绎,诚伪虽不可知,"第吾党年来所极力争持者在高尚纯洁之主张,故对于各方之迎拒,亦以主张之能否实现为鹄,此外皆非所向"。因为兹事体大,己方内部须于军事上予以相当之准备,尚不能加以放松。(《致蔡铸人》《致陈玉鳌》,《中央党务月刊》第 9 期第 4 册,第 392、393 页)

　　△ 大元帅府会计司司长李海云来函,报告陈炯明兵变以来帅府财政存留、垫借款项之详情。(《李海云报告会计司储存及贷款情形上国父函》,黄季陆主编:《重建广州革命基地史料》;黄季陆主编:《革命文献》第 52 辑,第 434—436 页)

　　9 月 8 日　沈卓吾来函,盛赞孙中山之奋斗精神,告以已创立《中国晚报》,"本良心主张,力扶正谊,诛奸伐恶,绝无瞻徇",但经费困难,请给予维持。批复云:派林焕廷查明,酌量办理并代答。(《沈卓吾上总理函》,环龙路档案第 11594 号)

　　△ 徐际恒来函,报告反对国家分裂之联省自治制,并寄来北京政府有关宪政之文件,以供参考。

　　孙中山批复:"代答,函悉,来件当从详研究。"(《徐际恒上总理函》,环龙路档案第 09165 号)

　　△ 孙中山复电北京政府。

　　黎元洪以个人名义致电孙中山,请"早日来京,勿再迟延"。孙中山复电:"北方果能辨明真正法统,与南方竭诚共谋统一,文当低首下心维持政局。北上与否绝无关系,厚意容当图谢。"(据天津《大公报》1922 年 9 月 8 日《孙中山在沪之近状》)

　　9 月 10 日　孙中山批阅宋大章之来函,望以开启民智为主,以争取当局为次。(《批宋大章函》,《孙中山全集》第 6 卷,中华书局 1985 年版,第 545 页)

9 月 12 日　孙中山致蒋介石函,促速来沪。

函称:"日来事冗客多,欠睡头痛,至今早始完全清快。方约兄来详商今后各方进行办法,而忽闻兄已回乡,不胜怅怅。日内仲恺、汉民、精卫将分途出发往日本、奉天、天津等处活动,寓内闲静,请兄来居旬余,得以详筹种种。"(《促蒋中正来沪筹商军事函》,中国国民党中央党史委员会编订:《国父全集》第 3 册,第 543 页)

△ 复电黎元洪。

电谓:"南北统一,早宜积极进行。厥以法统尚未辨正,前途纠纷不易解决。特请速从此处注意,俾便南北共谋统一。否则长此迁延,前途难免生枝节。"(据天津《大公报》一九二二年九月十二日《南北统一前途之焦点》)

9 月 13 日　谢持、邹鲁来电,请示闽事,王宠惠内阁去留及联络保洛问题事宜。(张世福主编:《一九二二至一九二三年孙中山在沪期间各地来电汇编》,第 339 页)

△ 复电刘成勋。(《孙总统嘉勉川将》,上海《民国日报》1922 年 9 月 17 日)

9 月 14 日　孙中山复函焦易堂,指示解决国会纠纷之办法,告国会事可作最低限度之让步。(《复焦易堂告解决国会纠纷办法函》,中国国民党中央党史委员会编订:《国父全集》第 3 册,第 543 页)

△ 李烈钧来沪,受到居正、张继、彭素民、徐苏中及赣民自治促进会代表等欢迎,次日来谒。(《上海快信摘要》,长沙《大公报》1922 年 9 月 20 日,"快信")

9 月 15 日　越飞在长春致函孙中山,讨论俄国与北京政府、中国东北及日本之关系及谈判等情况。

信中想让孙中山和吴佩孚组成联合政府并与张作霖和解。函称"捧读大札,收益匪浅,感谢对所询问题的详尽回答"。(《联共、共产国际与中国(1920—1925)》第一卷,李玉贞译,台湾东大图书公司 1997 年版,第 97 页)

△ 孙中山复函杨森,劝其勿留恋四川之权利,速来沪相商一切。

杨森时任川军第二军军长,与吴佩孚相勾结。杨托陈抱一带函至沪晋谒。孙劝其不要操之过急,当暂时缓释,相信总有好办法。(《复杨森勖宜重国家安危函》,《国父全集》第 3 册,第 553 页)并谓:时颇闻其有"投依北敌以图卷土重来之举,此(期)不可。此后当注意全国之安危,而万勿恋恋于四川

之权利,并望来沪,详商一切"。(罗家伦主编:《国父批牍墨迹》,第148页)

△ 宋庆龄致函美国同学阿莉,告以近况并托在美国定制名片。

函谓:"由于我在广州身受异常可怕的经历,我非常紧张不安。我不得不保持完全安静和休息。……所有我的皮衣、服装和首饰都被士兵抢去,事实上我们所有值钱的东西都丢了。"并谓:"虽然我们的东西丢了,我们取得了道义上的胜利,公众舆论从来没有像现在这样强烈支持我们的事业。"函中还询问了阿莉结婚的日期,希望能为她的蜜月及时送上一件手工制品。并请阿莉在美国代为定制200张名片:"请你选择简单朴素而又美观的式样。名片只印名字:孙逸仙夫人。"(《宋庆龄书信集》上册,人民出版社1999年版,第29—30页)

△ 宋庆龄致函戴恩赛并托付包裹一件,请戴代为转送给亲戚、朋友。(《宋庆龄书信集》上册,第31页)

9月16日　孙中山收林直勉、古应芬来电,内容为请示粤省币之兑汇及预算安排。(张世福主编:《一九二二至一九二三年孙中山在沪期间各地来电汇编》,第285页)

9月17日　民六议员陈铭鉴等二百零九人来电,认为北上之护法议员大闹议院违法;护法有功人员与依法取得议员资格者不同,不可混为一谈。

20日,孙中山收到该电后,即指示以孙宅秘书处名义,通函各报声明,对所援引致曹、吴电作重要辨证,认为纯属子虚乌有,并代白维持对除名议员之意见。(《孙宅秘书处重要辨证》,上海《民国日报》1922年9月21日,"本埠新闻")

9月18日　孙中山致海外同志书,叙述陈炯明叛变始末,表示要与其斗争到底。

书中简述陈炯明叛变始末,称自己革命三十余年,"失败之惨酷未有甚于此役"。自我检讨任用非人,以致"祸患生于肘腋,干戈起于肺腑,不但国事为所败坏,党义为所摧残,文与诸同志为所牺牲,即其本身人格信用,亦因以丧失无余"。表示决心同陈氏斗争到底。(鲁直之、谢盛之、李睡仙:《陈炯明叛国史》,中华书局2007年版,第269—276页)

9月19日　谢持、邹鲁来电,请派徐谦北上接洽王宠惠内阁。(张世福主编:《一九二二至一九二三年孙中山在沪期间各地来电汇编》,第343页)

9月20日　就陈铭鉴等的来电发表声明。

孙中山收到民六议员陈铭鉴等二百零九人 9 月 17 日的来电,来电认为北上之护法议员大闹议院违法;护法有功人员与依法取得议员资格者不同,不可混为一谈。孙中山收到该电后,即指示以上海孙宅秘书处名义,通函各报声明,对所援引致曹、吴之电作重要辨证,认为纯属子虚乌有。

通函谓:"孙中山先生收到北京寄来陈铭鉴等二百零九人快邮代电一通,内有报载先生曾致电曹、吴电,内有'与我共难功高之护法议员,竟拒绝出席两院',未免不符。中山先生于 8 月 3 日发表宣言后,曹、吴之电踵至。中山先生因有 9 月之江电,并已报诸各报。此外,绝无致曹、吴之电如陈铭鉴等所援引者,至其全文如何,无从查考。中山先生以陈铭鉴等所根据之以发宣言者,是否二百零九人所发,更无从问,只可搁置不理。惟深恐以讹传讹,特为辨证……"(《孙宅秘书处重要辨证》,上海《民国日报》1922 年 9 月 21 日,"本埠新闻")

△ 孙中山致函张开儒,希望闽、湘、川各军与朱培德及滇军共同合作,讨伐陈炯明。(《致张开儒勖与朱培德等合力讨陈函》,《国父全集》第 3 册,第 549 页)

9 月 22 日　孙中山派汪精卫联络张作霖,商讨对付曹、吴计划。

奉方派韩麟春(字芳辰)来沪谒见,讨论夹击曹锟、吴佩孚之方法。派汪精卫赴奉天与张作霖面商。行前汪精卫拟订了在军事、政治方面与段祺瑞、张作霖合作之计划。(罗家伦主编、黄季陆增订:《国父年谱(增订本)》下册,第 1003—1004 页)

△ 下午,孙中山在莫利爱路 29 号寓所与前来拜访的美国商务次长胡思敦会晤,彼此叙谈甚久。(《美商次长谒见孙总统》,上海《民国日报》1922 年 9 月 23 日,"本埠新闻")

△ 孙中山复函张学良,主张双方军事战略上仍以南北同时配合为宜。(《为派汪兆铭就商讨伐曹吴复张学良函》,《国父全集》第 3 册,第 550 页)

△ 孙中山复函张作霖,盼速定与浙卢永祥商定之南北配合的反直军事方略。(《复张作霖请出兵北京并派汪兆铭面洽书》,《国父全集》第 3 册,第 815 页)

△ 孙中山复函宁武,告以特派汪精卫到奉,就近详报一切。(《勉宁武等贯彻以党治国主旨函》,《国父全集》第 3 册,第 817 页)

△ 孙中山致函林俊卿、王正卿,望其合力讨伐陈炯明。(《致王正卿勉

合力讨陈函》,《中央党务月刊》第 9 期第 4 册,第 394 页;《致林圃田促合力讨陈函》,《中央党务月刊》第 9 期第 4 册,第 394 页)

9 月 23 日　函谢黎元洪,告派郭泰祺赴京代候起居。(《复黎宋卿》,《中央党务月刊》第 9 期第 4 册,第 393—394 页)

9 月 24 日　国民党芝城分部长谭赞来函,告以梅友活因事返国,特介绍晋谒。

批复:陈树人主稿作答。(《芝城分部长谭赞上总理函》,环龙路档案第 08784 号)

9 月 25 日　孙中山函催党务部补发陈少白、宋庆龄的国民党党证。

谓:"前汇同誓约数份,外有失去者两份,着照发党证,何以尚未办妥交来? 着速办之勿延。"(《孙中山全集》第 6 卷,中华书局 1985 年版,第 561 页)

△ 为蓝碧如母六十寿庆题颁:寿。并请何侠送往。(《恭谢孙大总统题颁寿字》,上海《民国日报》1922 年 10 月 27 日)

9 月 26 日　在莫利爱路寓所与越飞的顾问格克尔谈话。

上午 9 时,格克尔前往上海孙中山莫利爱路住宅与孙中山交谈,由《俄文上海生活报》的古尔曼担任翻译,在场的还有马林,马林作笔记。(《联共(布)、共产国际与中国国民革命运动(1920—1925)》第 1 卷,第 134—138 页)

△ 国民党总务部部长居正致函孙中山,胪列请求给资人姓名事由。(《为胪列请求给资人姓名事上总理呈》,陈三井、居蜜合编:《居正先生全集》中册,第 324—326 页)

△ 居正致函孙中山,拟请国民党在大连设交通部并委任傅立鱼为支部长。

孙中山批复:当先咨询奉天各同志,从详审慎,然后施行可也。文。(桑兵主编、谷小水编:《各方致孙中山函电汇编》第 6 卷,第 429—430 页)

△ 许崇智来电,报告向福建进军情况及与各处函件互通情况。(张世福主编:《一九二二至一九二三年孙中山在沪期间各地来电汇编》,第 1—2 页)

△《京报》主编邵飘萍来函,告以该报拟发增刊,请赐鸿文大论,题字见赠,并送最近玉照一帧,以慰北方各界之望。(《邵振青上总理函》,环龙路档

案第 09063 号）

9 月 27 日　孙中山与郭泰祺谈有关护法宗旨并否认与张作霖联合。

派郭泰祺定本日赴京。（《孙总统派员报聘次第出发》,上海《民国日报》1922 年 9 月 27 日,"本埠新闻"）行前,孙中山与其谈话。（《与郭泰祺的谈话》,《孙中山全集》第 6 卷,中华书局 2006 年版,第 562 页）

9 月 29 日　孙中山以在沪孙宅秘书处名义,发表书面声明。

认为:"中国在其目下革新之阶级（段）中,极需要以对等及完全主权国待诸列强之赞助。彼信德国及俄国现已情形变迁,政治改更,中国能以对等之条件与之周旋。故彼赞成一种与彼两强更加亲善为目的的政策。彼以为此种政策,最利于一非帝制及非顽强之中国。孙君最主要之考虑,即在于此。"（《孙中山全集》第 6 卷,中华书局 1985 年版,第 563—565 页）

9 月 30 日　孙中山与荷兰驻华使馆译员郦朴谈话。

荷兰驻华使馆译员郦朴拜谒孙中山,谈话两个小时。郦君问:北方之吴佩孚与南方之陈炯明,此二人将来之成败得失为何?孙先生谓:若论吴陈二人将来武力主义,颇不合民治国家潮流。二人若能真正为国家谋建设,将来均有希望。但吴系北方军阀,近尚能有尊重法统之表示。陈炯明为余二十余年来同患难受恩惠者,竟至用种种不人道之手段,加害于余。如此则陈之德义,又不及吴佩孚矣。（《外宾谒见孙中山》,上海《民国日报》1922 年 10 月 1 日,"本埠新闻"）

△　工商互济会秘书童理章、《申报》记者谢介子、荷兰驻沪公使 C.C.里姆到莫利爱路 29 号拜访孙中山。（《工部局警务处情报选译——有关孙中山在沪期间政治活动部分（1922 年 8 月—1923 年 2 月）》,上海市档案馆编:《辛亥革命与上海——上海公共租界工部局档案选译》,上海文艺出版（集团）有限公司、中西书局 2011 年版,第 335 页）

△　廖仲恺来电,报告与北方接洽进展。（张世福主编:《一九二二至一九二三年孙中山在沪期间各地来电汇编》,第 371 页）

9 月　孙中山多次召开有共产党人参加的国民党核心成员会议,起草、审议和修改国民党党纲、总章和宣言。（刘曼容:《孙中山与中国国民革命》,广东人民出版社 1996 年版,第 112 页）

△　宋庆龄陪同孙中山在上海寓所会见美国记者希尔等人。（《孙中山——纪念孙中山先生诞辰 130 周年》画册,第 164 页）

9 月　孙中山与朱德在莫利爱路寓所谈话。

1922 年朱德与孙炳文到上海,在赴欧留学前,他们前往上海莫利爱路孙中山住所访见孙中山。(《孙中山全集续编》第 3 卷,中华书局 2017 年版,第 258—259 页)

△ 题赠宋庆龄勉词:

精诚无间同忧乐,笃爱有缘共死生。庆龄贤妻鉴。(《孙中山全集续编》第 3 卷,中华书局 2017 年版,第 259 页,该题词现藏上海宋庆龄故居纪念馆)

10 月 1 日　批复景梅九函。

景梅九自北京来函,请求孙中山资助恢复《国风日报》。孙中山批复云:"代答奖励,并告以刻下无力,俟将来得到,当助之"。11 日又复函景氏。(《孙中山全集》第 6 卷,中华书局 2006 年版,第 569、572 页)

10 月 2 日　孙中山为大埔旅沪同乡会之成立题匾"天下为公",并派代表谢良牧到会致祝。(据上海《民国日报》1922 年 10 月 3 日《恭谢孙大总统赐匾》)

10 月 3 日　南通纺织专门学校学生罗云、高敬基来函,报告呈献孙中山丝绣尊像一幅,以记其保障共和功绩。批复:"代答:谢谢。"(《罗云等上总理函》,环龙路档案第 01218 号)

10 月 4 日　陈煊报告陈炯明叛变后粤省情形。

批复云:"代答:函悉,相机而行可也,惟不可接洽民军。"(《孙中山全集》第 6 卷,中华书局 1985 年版,第 570 页)

△ 刘成勋、赵恒惕分别来电,恭祝中秋。(张世福主编:《一九二二至一九二三年孙中山在沪期间各地来电汇编》,第 163 页)

10 月 5 日　孙中山题赠南洋甲种商业学校匾额:均则无贫。(《谢孙中山先生赐匾》,上海《民国日报》1922 年 10 月 6 日)

10 月 6 日　委任叶任生为纲甲烈港中国国民党支部副部长。(《孙中山全集》第 6 卷,中华书局 2006 年版,第 570 页)

△ 委任杨其焕为神户中国国民党支部党务科主任、委任陈秉心为神户中国国民党支部会计科正主任。(《孙中山全集续编》第 3 卷,中华书局 2017 年版,第 260 页)

10 月 7 日　孙中山与前来谒见的蒋介石会面,谈时局并陈处置广西各友军办法。(吕芳上主编:《蒋中正先生年谱长编》第 1 册,第 174 页)

　　△ 廖仲恺来电,商讨对日借款问题。(张世福主编:《一九二二至一九二三年孙中山在沪期间各地来电汇编》,第 367 页)

　　10 月 8 日　孙中山致张永福函。

　　函云:"兹收到波罗十箱,称为兄所赠,但未见兄亲笔之信。恐有别情,故特函询确。若果为兄所赠,请问赐答为荷。"(《孙中山全集续编》第 3 卷,中华书局 2017 年版,第 261 页)

　　10 月 9 日　许崇智来电,报告在福建军事进展。(张世福主编:《一九二二至一九二三年孙中山在沪期间各地来电汇编》,第 5 页)

　　10 月 10 日　孙中山为蒋介石撰《孙大总统广州蒙难记》一书作序。

　　9 月 7 日,蒋介石着手记述《孙大总统广州蒙难记》,9 月 13 日上午撰成初稿并送孙中山先生要求作序。该稿记自 6 月 15 日至 8 月 15 日止,共 62 日。序文谓:"陈逆之变,介石赴难来粤入舰。日侍余侧,而筹策多中,乐与余及海军将士共生死……"(《孙大总统序》,上海《民国日报》1922 年 10 月 10 日国庆增刊,"孙大总统广州蒙难记")

　　10 月 11 日　孙中山复函四川国民党支部筹备处同志,望竭力宣传主义,团结合作。(《复四川支部筹备处》,《中央党务月刊》第 9 期,第 396 页)

　　△ 复函《旭报》,对该报拥护法权,作民喉舌,表示赞赏。(《复旭报》,《中央党务月刊》第 9 期,第 397 页)

　　10 月 12 日　李福林、黄大伟致孙中山电,汇报攻克福州之经过。(张世福主编:《一九二二至一九二三年孙中山在沪期间各地来电汇编》,第 59 页)

　　10 月 13 日　报载汪精卫由青岛偕马良来沪谒见。(《香港华字日报》1922 年 10 月 13 日,"本报特电")

　　10 月 14 日　李福林、黄大伟致孙中山电,汇报福州战况。(张世福主编:《一九二二至一九二三年孙中山在沪期间各地来电汇编》,第 77—78 页)

　　△ 彭养光等致电孙中山,请为谢一净提供川资。(张世福主编:《一九二二至一九二三年孙中山在沪期间各地来电汇编》,第 341 页)

　　△ 许崇智致电孙中山,报告所部在福建军事进展。(张世福主编:《一九二二至一九二三年孙中山在沪期间各地来电汇编》,第 151 页)

　　△ 李福林、黄大伟致电孙中山,报称福建省城秩序现已大定。(张世福主编:《一九二二至一九二三年孙中山在沪期间各地来电汇编》,第 79 页)

　　△ 委任彭伯昕为古巴湾京中国国民党《民声日报》馆总编辑,委任李月

华为《民声日报》馆总理。(《孙中山全集》第6卷,中华书局2006年版,第575—576页)

10月16日　黄大伟电请尽快解决闽省人事任免。(张世福主编:《一九二二至一九二三年孙中山在沪期间各地来电汇编》,第63页)

△李福林、黄大伟电请正式任命闽省各财政机关主持人员。(张世福主编:《一九二二至一九二三年孙中山在沪期间各地来电汇编》,第81页)

△许崇智电请委任该军支队长吴近、袁德墀、林驹、郑永琛为东路讨贼军第九、十、十一、十二旅旅长。(张世福主编:《一九二二至一九二三年孙中山在沪期间各地来电汇编》,第17页)

△宁武来函,报告汪精卫来东三省所受热烈欢迎情形,并询问许崇智占领福州是否属实。(《宁武复总理函》,环龙路档案第12597号)

10月17日　孙中山致函民友阁诸人,对其筹措饷款,赞助讨陈表示嘉佩。(《奖励民友阁诸人助饷讨陈函》,《国父全集》第3册,第821—822页)

△致函饶潜川,赞许其热心筹饷捐助北伐。(《致饶潜川嘉慰为北伐捐输出力函》,《国父全集》第3册,第822页)

△致函《觉民日报》,对其主持正义,声讨陈逆叛乱,表示嘉慰。(《孙中山全集》第6卷,中华书局2006年版,第577—578页)

△黄大伟来电,报告闽事进展。(张世福主编:《一九二二至一九二三年孙中山在沪期间各地来电汇编》,第83页)

△李福林、黄大伟来电,称闽局难统一,请预备亲来处理闽事。(张世福主编:《一九二二至一九二三年孙中山在沪期间各地来电汇编》,第83页)

10月18日　电令入闽各军改编为东路讨贼军,任许崇智为总司令兼第二军军长,李福林为讨贼军第三军军长,蒋介石为讨贼军参谋长,黄大伟为讨贼军第一军军长。(《孙中山全集》第6卷,中华书局2006年版,第578—580页)

△许崇智电请令汪精卫、居正(字觉生)速来闽。(张世福主编:《一九二二至一九二三年孙中山在沪期间各地来电汇编》,第43页)

△许崇智来电,报告职部开动情况。(张世福主编:《一九二二至一九二三年孙中山在沪期间各地来电汇编》,第19页)

△黄大伟来电,汇报与各方团结事及赴沪休养打算。(张世福主编:《一九二二至一九二三年孙中山在沪期间各地来电汇编》,第75页)

△ 原讨贼军第十三路军负责人张祖杰来函,陈述在粤经历。(《张祖杰上总理函》,环龙路档案第 02476 号)

10 月 19 日　孙中山对廖湘芸关于驻桂各军近况及联络情形的上书批复云:"作答:着他努力进行,随时报告。"(秦孝仪主编:《国父全集》第六册,国父全集编辑委员会编订,近代中国出版社 1989 年版,第 228 页)

△ 孙中山致秘书处手谕"昨日任命状三件,应加东路二字于讨贼军之上。又任状要我亲签,办好即送来"。(《孙中山全集续编》第 3 卷,中华书局 2017 年版,第 264 页)

10 月 20 日　孙中山致函四川省长兼总司令刘成勋,告川局奠定,应着手实业建设。

函谓:"川局奠定,贤者统掌,功为独多。犹复励精图治,接物以诚,持此不渝,绩效当复可观。然欲图长治久安之道,必舍武力而趋实业。"(《复刘禹九》,《中央党务月刊》第 9 期,第 10—11 页)

△ 孙中山复函刘介藩,告闽省军事形势乐观。

函谓:"汝为诸军已占领闽省,国事当益为。又舒百川诸人相助为理,不致如报纸所传之杂糅。此间并已派精卫、介石、觉生诸人前往辅襄,大可据市以攻粤城。北庭日言援闽,而苦无办法,未足深虑。彼辈内讧,虽曹、吴有衅隙,他便无论矣。"(《致刘介藩函》,《中央党务月刊》第 9 期,第 12—13 页)

△ 孙中山复函周震鳞,告湘军能否奋起,首在消弭恐惧吴佩孚之观念。(国父全集编辑委员会编订:《国父全集》(第五册),近代中国出版社 1989 年版,第 358 页)

△ 委任黄复生为缅甸筹饷委员长。(《孙中山全集》第 6 卷,中华书局 2006 年版,第 583 页)

△ 许崇智来电,请转鲁贻是否愿意出任闽省民政署长官。(张世福主编:《一九二二至一九二三年孙中山在沪期间各地来电汇编》,第 25 页)

△ 冯成蹊来函,述陈炯明反对北伐之因果及国内局势与解决办法,并愿意协助筹饷,为党出力。(《冯成蹊上总理函》,环龙路档案第 02004 号)

10 月 21 日　派汪精卫到福州。(广东省档案馆编译:《孙中山与广东:广东省档案馆库藏海关档案选译》,第 425 页)

△ 同日,李福林来函要求添购枪支,函谓"万恳钧座无论如何,添购二三千杆,发给职部以厚兵力,而备驰驱"。孙中山批复:"作答:枪支已与谭君

设法。"谭君,为谭礼庭。(台湾各界纪念国父百年诞辰筹备委员会学术论著编纂委员会主编、中国国民党中央党史史料编纂委员会编:《国父墨迹》第456页;《孙中山全集》第6卷,中华书局2006年版,第583页)

△ 黄大伟来电,报告接管福州工作及个人苦劳。(张世福主编:《一九二二至一九二三年孙中山在沪期间各地来电汇编》,第69页)

10月22日 函告吕超、邓锡侯、田颂尧等人,将派戴季陶赴四川,与其等讨论实业救川计划,要有决心推进。

孙中山复吕超函,"育仁兄来,得惠书,慰喜无量……现在川局粗安,则当以图发展者谋善后。近代世界文化之宏规,实以实业为首。川省地大物博,为全国冠,若能一心同德,共趋斯轨,以现有之兵力,为保护实业之用,三五年后成效可期,内争之端,不辑(戢)自弭。兄等热诚宏识,当必同意。斯旨大要,前已由育仁兄等电告蜀中诸同志,更拟派戴季陶君继至,专与兄等讨究斯业"。(《致吕辅周函》,《中央党务月刊》第9期)

孙中山复邓锡侯函,"育仁来,递到手书,情意殷渥,慰喜无量……今更拟派戴季陶君继至,专与兄等讨究实业救川之计,盖武力未可久恃。当世强国,实业殆为其盛富之首……"。(《致邓晋康函》,《中央党务月刊》第9期)

孙中山复田颂尧函,"育仁兄来,得惠书,情意殷渥,慰喜无量。现在川局粗定,欲图长治久安,则当以图发展者谋善后……兹更拟派戴季陶君继至,专与兄等讨究之……"。(《致田颂尧函》,《中央党务月刊》第9期)

孙中山复函但懋辛,"育仁来,借奉手书……川省地大物博,甲于中国,诚治之得宜,将大足有为,造福于国家不浅。顾计划大实业,非一纸之书所能毕事,必得专门家实地调查,始克奏攻……余由育仁面尽,或特遣戴季陶兄来川,与兄等讨究,期于西南成一良好模范,则非独川省之利而已。"(《致但怒刚》,《中央党务月刊》第9期)

孙中山复赖心辉函,"熊兆渭君过沪,获审手书,雅意挚情……今更拟派戴季陶君入川,与兄等讨论……"(《致赖心辉函》,《中央党务月刊》第9期)

孙中山复石青阳函,"刘锦孝来,借奉手书……"(《致石青阳》,《中央党务月刊》第9期)

孙中山复夏之时函,"育仁兄来,得惠书,雅意殷拳,慰喜无量。现在川局初定,而欲图长治久安,则当唯实业是赖……季陶亦将继至,当与兄等讨论其实行方策耳。"(《致夏亮工函》,《中央党务月刊》第9期)

致刘成勋等函,"川局粗安,百端待理,而实业尤为长治久安之要。顾兹事体大,非楮墨所能详尽,将派戴季陶君入川,与诸兄面究,惟进教不宜"。(《致刘禹九但怒刚邓晋康赖□□刘福五□季昭田颂尧□蕴兰向仙乔石青阳》,《中央党务月刊》第 9 期)

孙中山复黄肃方函,"育仁兄来,得手书,慰喜无量⋯⋯兹并拟派戴季陶君入川,与诸君讨论其详也"。(《致黄肃方函》,《中央党务月刊》第 9 期)

△ 廖仲恺就借款问题来电。(张世福主编:《一九二二至一九二三年孙中山在沪期间各地来电汇编》,第 369 页)

△ 菲律宾第一支部戴金华来函,报告在菲筹款不易情形,并托戴愧生赴沪之便,进行拜谒。(《菲律宾第一支部戴金华上总理函》,环龙路档案第 08497 号)

10 月 23 日   致函张开儒,告之委派邹鲁赴香港,商议讨伐陈炯明等问题。

谓:"兹特派邹海滨兄回港与各方面策应接洽。海滨于民党屡次图粤,皆有力量,且深知粤桂军之情,而与刘显丞深交,当我军东西并进之时,故使在港沟通一切,妥为照应。用特专函告知,即乞时与接洽为荷。"(《复张开儒》,《中央党务月刊》第 9 期,第 10 页)

△ 复函谢持,望在北京伸张正气,扩张党势。(《复谢惠生》,《中央党务月刊》第 9 期,第 9—10 页)

△ 委任何侠为军事谘议。(《孙中山全集》第 6 卷,中华书局 2006 年版,第 592—593 页)

△ 王永泉来电,反对黄大伟部占据闽省军政机关。(张世福主编:《一九二二至一九二三年孙中山在沪期间各地来电汇编》,第 105 页)

△ 致邓泽如函,在港设立办事机关以为西江及内地各路之策应,及委其管理财政。(据邓泽如编:《孙中山先生廿年来手札》,广州述志公司 1927 年版,卷四影印原函,转引自《孙中山全集》第 6 卷,中华书局 2006 年版,第 592 页)

△ 张启荣来函,请速接济滇军,以破陈炯明西和东拒之计。批复:"代答,滇军已有滇中同志接洽以复,不必转接矣"(《张启荣上总理函》,环龙路档案第 11979 号)

10 月 25 日   与即将北行的张继谈论使国会合法、总统选举等时局意见。

　　张继奉孙中山命赴洛阳、保定与吴佩孚、曹锟会晤。张离沪前,孙中山
与他谈关于时局的六点意见,分别是:"一、国家建设问题,中国国民全部,应
具有法国革命及明治维新当时之气魄与努力。二、国家改造有两种机关,一
为合法国会,二为非常机关。目下北京国会不合法,不能得国民之尊重,其
何能制定宪法? 故使国会合法,为今日之急务,若并此不明,则以施行民治
为标准,设立非常机关,以图解决。三、总统问题,黎元洪三叛民国,以如此
之人,身居要位,为国民元气不振之原因。总统不论为何人,须由合法国会
选出。但孙中山无做总统之意思。四、县民自由。省隶属中央,县由县民组
织,中央与省政府,为人民公仆。县之自由,为确定人民发布号令主权之基
础,县知事民选,为县自由最小限度。五、工兵政策。清朝式驻防政策,为中
国不统一之主因,故宜变兵为工,恶感一去,南北问题,自见融和。六、防止
国内战争,奉直调和,为目下之急务,若奉天与西南同为割据,则保定、洛阳
及直隶系督军,亦为一种割据,仅五十步百步之差,有何诉诸武力之必要?"
(《张继所述孙文对时局意见》,天津《益世报》1922 年 10 月 27 日,"要闻")

　　△ 梅光培因闽省财政匮乏,电请"即给现款二万元,以维现状"。(张
世福主编:《一九二二至一九二三年孙中山在沪期间各地来电汇编》,第
135 页)

　　10 月 26 日　致邓泽如函,望其与文驻港特派员邹海滨相助为理,调和
各人意见,以期速达灭陈目的为荷。(邓泽如编:《孙中山先生廿年来手札》
卷四影印原函)

　　△ 刘成勋来电,谓"当此转危为安之秋,望先生勿灰心,力持救国大计,
猥加指导"。(《刘成勋致孙先生电》,上海《民国日报》1922 年 11 月 13 日,
"要闻")

　　△ 王永泉来电。(张世福主编:《一九二二至一九二三年孙中山在沪期
间各地来电汇编》,第 107 页)

　　△ 居正来电三通。(张世福主编:《一九二二至一九二三年孙中山在沪
期间各地来电汇编》,第 101—103 页)

　　10 月 27 日　滇军总司令朱培德由桂林来函,报告由桂林启行与张开
儒部会合并托议员陈绍虞来沪面陈,即给以接见。(桑兵主编,谷小水编:
《各方致孙中山函电汇编》第 6 卷,社会科学文献出版社 2012 年版,第
456 页)

△ 任命伍汝康为两广监运使。宋子文为两广监务稽核所经理。特派廖仲恺兼大本营筹饷总局总办,邹鲁为会办。(刘绍唐主编:《民国大事日志》第 1 册,传记文学出版社 1978 年版,第 223 页)

△ 复郑占南函,督促筹讨陈军饷。("中华民国"史事纪要编辑委员会编:《中华民国史事纪要(初稿)——一九二二年七至十二月》,第 837—838 页)

△ 致函湘军将领鲁涤平、蔡钜猷等,以救湘讨陈之大义相勖勉。("中华民国"史事纪要编辑委员会编:《中华民国史事纪要(初稿)——一九二二年七至十二月》,第 838—839 页)

△ 许崇智来电,请示闽省省长人选(林森——原注)及军民分治问题。(张世福主编:《一九二二至一九二三年孙中山在沪期间各地来电汇编》,第 27—28 页)

10 月 28 日　许崇智、黄大伟、李福林等电告,已分别就任东路讨贼军总司令兼第二军军长、第一军军长、第三军军长。(张世福主编:《一九二二至一九二三年孙中山在沪期间各地来电汇编》,第 29 页)

△ 汪精卫电询是否宣言反对建国军政制置府。(张世福主编:《一九二二至一九二三年孙中山在沪期间各地来电汇编》,第 85 页)

△ 蒋介石电告是日就任东路讨贼军参谋长。(张世福主编:《一九二二至一九二三年孙中山在沪期间各地来电汇编》,第 91 页)

△ 古应芬来电,告请准以辞职等四事。(张世福主编:《一九二二至一九二三年孙中山在沪期间各地来电汇编》,第 255 页)

△ 林义顺来函,告邵君往上海之便,顺便送上自制黄梨膏两箱,请查收。

批复:"作答。精卫、溥泉、觉生、展堂、仲恺、天民诸君均此致意。"(《林义顺上总理函》,环龙路档案第 08860 号)

10 月 29 日　黄隆生函告驻钦廉之陈炯明部属黄业兴,愿率部归诚。孙中山批复云:"作答嘉许,并云已着谢良牧与之接洽。"(《批黄隆生报告驻钦廉之黄业兴部愿来归诚函》,《国父全集》第 4 册上,第 426 页)

10 月 30 日　云南讨贼军总指挥杨希闵复函,告以迎金汉鼎就任总司令职务,并请迅予接济军费。(《杨希闵上总理函》,环龙路档案第 11975 号)

10 月 31 日　汪精卫、许崇智电告林森将任闽省长职。(张世福主编:《一九二二至一九二三年孙中山在沪期间各地来电汇编》,第 87 页)

△ 李福林、黄大伟来电,感谢接济军饷。(张世福主编:《一九二二至一九二三年孙中山在沪期间各地来电汇编》,第 70 页)

△ 徐树铮来电,请即与北京政府决裂,集会沪上,折中各种政治争议;组织联军,拥段、孙入京,大定天下;如有争议,愿意居间调停。("中华民国"史事纪要编辑委员会编:《中华民国史事纪要(初稿)——一九二二年七至十二月》,第 961—962 页)

△ 滇黔桂联军中路总指挥官蒋光亮来函,推荐并派李伯涛赴沪晋谒,并请即拨款助其成事。

孙中山批复:"作答:款已交邓、卢带去。此外,又托沈鸿英处挪借,以应发动之需。"(《蒋光亮上总理书》,环龙路档案第 02941 号)

11 月 1 日　孙中山致函李庆标、黄壬戌等,望海外贤豪继续赞助饷糈,完成讨陈戡乱。(中国国民党中央委员会党史委员会编订:《国父全集》第 3 册,第 863 页)

△ 与雷彭谈话。

雷彭系福建省议会副议长。孙中山为讨伐陈炯明,令东路讨贼军总司令许崇智率粤军已于 1922 年 10 月 17 日进驻福州,于是雷彭特来沪谒见孙中山商榷福建省善后事宜。(上海《民国日报》1922 年 11 月 2 日)

11 月 2 日　孙中山在莫利爱路寓所致函越飞。(《联共(布)、共产国际与中国国民革命运动(1920—1925)》第 1 卷,第 144—150 页)

△ 致函蒋介石,介绍吴佩孚代表卢凤冈往见。(毛思诚编纂:《民国十五年以前之蒋介石先生》第 4 册,第 53—54 页)

11 月 3 日　汪精卫等来电,报告闽省政事和军情。(张世福主编:《一九二二至一九二三年孙中山在沪期间各地来电汇编》,第 97 页)

11 月 4 日　批管鹏、李乃璟自安庆来函,准与由豫入皖之赵杰所部靖国军联络。批复:"可与联络。"(《管鹏等上总理函》,环龙路档案第 00975 号)

△ 派李烈钧和前任广州市市长孙科乘船从上海到达福州,他们带去了任命徐树铮、许崇智和其他将军的委任状,并协助策划福建的军事行动。(广东省档案馆编译:《孙中山与广东:广东省档案馆库藏海关档案选译》,第 426 页)

11 月 5 日　许崇智来电,请求设法让北方撤回入闽赣兵。(张世福主编:《一九二二至一九二三年孙中山在沪期间各地来电汇编》,第 33 页)

△ 汪精卫来电,报告福建军政,并乘船回沪。(张世福主编:《一九二二至一九二三年孙中山在沪期间各地来电汇编》,第 89 页)

△ 焦易堂自北京来函,请派于右任、张继或王用宾、王恒等得力人员来京办理宣传工作。孙中山批复:"觉生代答,并酌量办理。"(《焦易堂上总理函》,环龙路档案第 09146 号)

11 月 6 日 致函陈洪范、刘成勋,委派张佐丞赴川,面告救国主义,建不朽之业。(《勖陈洪范救国治世函》《勖四川刘成勋为国立不朽功业函》,《国父全集》第 3 册,第 837—838 页)

11 月 7 日 致电齐燮元、萧耀南,谴责北军捕杀国民党人,破坏和平。(《孙中山为金韩被杀致齐萧电》,上海《时报》1922 年 11 月 10 日)

11 月 8 日 复函杨希闵、张开儒,并给杨部以经费,嘱速图广东,援粤讨陈。(《复杨希闵函》《复张开儒函》,《孙中山全集》第 6 卷,第 605—607 页)

△ 复函徐镜清,嘱速图闽南各处,化除畛域,合力讨陈。(《复徐瑞霖》,《中央党务月刊》第 9 期,第 18—19 页)

△ 批护法议员驻京办事处函,批云:"代答:日来甚困……当张溥泉来京助理宣传。"(《批护法议员办事处函》,《国父全集》第 4 册上,第 428 页)

11 月 9 日 陈楚楠来电,担心臧致平割据,并催汇办事机关款。(张世福主编:《一九二二至一九二三年孙中山在沪期间各地来电汇编》,第 15 页)

△ 黄大伟来电,报告赣兵退出闽境。(张世福主编:《一九二二至一九二三年孙中山在沪期间各地来电汇编》,第 71 页)

△ 张继、谢持来电,谈及洛吴、北京政府、浙奉、闽局王永祥等内容。(张世福主编:《一九二二至一九二三年孙中山在沪期间各地来电汇编》,第 347—348 页)

11 月 10 日 日本驻沪副领事田中、熙华德路五号日本饭店的米田以及日本律师菊池,前往法租界莫利爱路孙中山住宅参加午宴。(《工部局警务处情报选译——有关孙中山在沪期间政治活动部分(1922 年 8 月—1923 年 2 月)》,上海市档案馆编:《辛亥革命与上海——上海公共租界工部局档案选译》,上海文艺出版(集团)有限公司、中西书局 2011 年版,第 340—341 页)

△ 复函王永泉,赞其不畏艰险、锲而不舍定闽局,盼发扬光大以慰所怀。(《复王永泉》,《中央党务月刊》第 9 期,第 20 页)

△复函王懋功,嘱其加固内部团结,三军一致,同心勠力。(《复王懋功》,《中央党务月刊》第 9 期,第 19—20 页)

△徐瑞霖上书请肃清闽南残敌,孙中山批示:"努力进取。"(台湾各界纪念国父百年诞辰筹备委员会学术论著编纂委员会主编:《国父年谱》下册,第 869 页)

△蒋介石来电,请运来棉外套及卫生厚衣一万五千件,最近拟派人到上海购置工作器具,请代支约三千元款项。(张世福主编:《一九二二至一九二三年孙中山在沪期间各地来电汇编》,第 347—348 页)

11 月 12 日　任命周之贞为西江讨贼军司令。(《任周之贞为西江讨贼军司令令》,《国父全集补编》,第 565 页)

△讨贼军南路别动队司令黄德来函,请接济所部军饷,批复:"代答:以后无力接济,如能自行办理,立功后当予承认。"(《孙中山全集》第 6 卷,中华书局 2006 年版,第 609 页)

△邹鲁电告所得厦门臧致平致陈炯明电详情。(张世福主编:《一九二二至一九二三年孙中山在沪期间各地来电汇编》,第 275—276 页)

11 月 13 日　复函蔡钜猷、陈渠珍,告以在湘西从速起兵,讨伐赵恒惕之有利条件和意义。(《复蔡钜猷陈渠珍》,《中央党务月刊》第 9 期,第 21 页)

△函示赵杰有关陈军军情。("中华民国"史事纪要编辑委员会编:《中华民国史事纪要(初稿)——一九二二年七至十二月》,第 980 页)

△致函蒋介石,望接洽介绍吴煦泉来见商议事宜。(据毛思诚编:《民国十五年以前之蒋介石先生》第六编)

△复函上海妇女节制会,因公事繁忙,除捐五十元外,其他当再代为设法征募。(《中山赞助抚育孤儿院》,上海《民国日报》1922 年 11 月 14 日,"本埠新闻")

△委任高发明为夏湾拿中国国民党分部正部长。(中国国民党中央委员会党史委员会编订:《国父全集补编》,第 565 页)

11 月 14 日　批黄日权函,嘱转致其父黄明堂坚持以待,以便讨贼。(台湾各界纪念国父百年诞辰筹备委员会学术论著编纂委员会主编、中国国民党中央党史史料编纂委员会编:《国父墨迹》,第 450 页)

△许崇智来电,电告北京停止援闽说恐不可靠并告知陈炯明军事计划。(张世福主编:《一九二二至一九二三年孙中山在沪期间各地来电汇

编》,第 37 页)

△ 黄大伟来电,感谢理解;并称拟克日处理悬赏费后,即来沪见面。(张世福主编:《一九二二至一九二三年孙中山在沪期间各地来电汇编》,第 73 页)

11 月 15 日　在沪召集会议,审查国民党改进案。

孙中山在上海召集各省国民党同志五十九人,审查国民党改进案全案。修订告成,推胡汉民、汪精卫为宣言起草人。(邹鲁:《中国国民党史稿》第 1 篇,第 306 页)

△ 举行家宴,欢迎徐绍桢、杨度以及在保定府完成使命回沪之廉湖南。(《工部局警务处情报选译——有关孙中山在沪期间政治活动部分(1922 年 8 月—1923 年 2 月)》,上海市档案馆编:《辛亥革命与上海——上海公共租界工部局档案选译》,上海文艺出版(集团)有限公司、中西书局 2011 年版,第 341 页)

△ 批张开儒来函,嘱与邓泰中、卢师谛协商接纳粤军投诚问题。孙中山批云:“各事请与邓和卿(泰中)、卢锡卿(师谛)协商可也。”(台湾各界纪念国父百年诞辰筹备委员会学术论著编纂委员会主编:《国父年谱》下册,第 870 页)

△ 蒋介石来电,商讨许崇智部军事统辖,反对黄大伟回闽。(张世福主编:《一九二二至一九二三年孙中山在沪期间各地来电汇编》,第 95 页)

△ 何成濬、蒋介石来电,商讨速令黄大伟离闽赴沪事。(张世福主编:《一九二二至一九二三年孙中山在沪期间各地来电汇编》,第 99 页)

11 月 16 日　致函加拿大顷士顿,切望竭力资助讨伐陈炯明。(《致加拿大顷士顿同志函》,《孙中山全集》第 6 卷,中华书局 2006 年版,第 612 页)

△ 在上海莫利爱路寓所举行家宴,招待段祺瑞的使者何全勋。

当晚来客还有吴光新、徐树林、虞仇、居正等。这些人,晚上 7 点 15 分之前来到孙宅,晚上 9 点 15 分离去。(《工部局警务处情报选译——有关孙中山在沪期间政治活动部分(1922 年 8 月—1923 年 2 月)》,上海市档案馆编:《辛亥革命与上海——上海公共租界工部局档案选译》,上海文艺出版(集团)有限公司、中西书局 2011 年版,第 341 页)

△ 致函张静江

函谓:“静江兄鉴:属写字一事,待日间再行写过,方行送上。至于贺令郎微物,乃内人心事,彼亲自送(从)肆中采买来者,可向彼道谢也。此候大安不一。"(《孙中山全集续编》第 3 卷,中华书局 2017 年版,第 273 页)

11 月 17 日　派黄复生赴缅甸、印度等埠筹饷。(《国民周刊》第 1 卷第 5 号)

△ 黄大伟来电,汇报在闽因"粤军名义偏于一省,未免有狭隘之嫌",不足以代表国民党军队和当地防军,于是改粤军第一路军为国民军,用青天白日旗帜,自己暂任总司令,将所部编为步兵五旅。(张世福主编:《一九二二至一九二三年孙中山在沪期间各地来电汇编》,第 65 页)

△ 谢持来电,报告与张继接洽孙丹林、蔡元培,以阻止北兵入闽等事。(张世福主编:《一九二二至一九二三年孙中山在沪期间各地来电汇编》,第 345 页)

11 月 18 日　批复同意居正呈文推荐,委任田铭璋为中国国民党黑龙江支部筹备处长。(台湾各界纪念国父百年诞辰筹备委员会学术论著编纂委员会主编:《国父年谱》下册,第 870 页;《请委任田铭璋为黑龙江支部筹备处处长上总理呈》,陈三井、居蜜主编:《居正先生全集》中册,第 332 页)

△ 黄大伟来电,告称准备日内来沪。(张世福主编:《一九二二至一九二三年孙中山在沪期间各地来电汇编》,第 67 页)

11 月 19 日　复函李福林,望与林森在闽妥筹解决讨贼军饷。(《复李福林》,《中央党务月刊》第 9 期,第 22 页)

△ 致函林驹,嘱支持李福林,完成讨贼任务。(《致林驹》,《中央党务月刊》第 9 期,第 22 页)

△ 复电蒋介石,嘱克服一切困难完成讨贼重任,切勿轻去。(毛思诚编纂:《民国十五年以前之蒋介石先生》第 4 册,第 55 页)

11 月 20 日　复函黄隆生,嘉慰郭某运动黄业兴率部附义讨陈。(《复黄隆生》,《中央党务月刊》第 9 期,第 21 页)

△ 复函徐瑞霖,告以闽事复杂,唯有团结一致,同仇敌忾,清内孽以谋发展。(《复徐瑞霖》,《中央党务月刊》第 9 期,第 22 页)

△ 上午,谭延闿到莫利爱路孙寓所拜访。

谭延闿在孙宅从上午 10 点 30 分待到中午 12 点 30 分。(《工部局警务处情报选译——有关孙中山在沪期间政治活动部分(1922 年 8 月—1923 年 2 月)》,上海市档案馆编:《辛亥革命与上海——上海公共租界工部局档案

选译》,上海文艺出版(集团)有限公司、中西书局 2011 年版,第 341 页)

　　△ 许崇智来电,请从优抚恤前该部代理步兵第七旅旅长改充第一支队司令何梓林,并颁恤典。(张世福主编:《一九二二至一九二三年孙中山在沪期间各地来电汇编》,第 67 页;桑兵主编,谷小水编:《各方致孙中山函电汇编》第 6 卷,社会科学文献出版社 2012 年版,第 475—476 页)

　　11 月 21 日　孙中山致函蒋介石要其坚守福州,努力恢复广东。(《致蒋中正函》,《孙中山全集》第 6 卷,中华书局 2006 年版,第 616—617 页)

　　△ 委任黄德源为仰光中国国民党支部正部长,李庆标为副部长;梁卓贵为评议部议长;陈辉石为党务科主任;朱伟民为宣传科主任;陈东平为会计科副主任;许寿民为干事。(《孙中山全集》第 6 卷,中华书局 2006 年版,第 617—620 页)

　　△ 批复朱和中报告北方政局并条陈军事、用人计划之函,“代答,各信收悉”。(《朱和中上总理函》,环龙路档案第 09190 号)

　　△ 居正来函,请委张朝选、马文元、水楠为甘肃支部筹备处筹备员。孙中山批复居正来函:“准。文。”(《居正上总理函》,环龙路档案第 11870 号)

　　11 月 22 日　批示焦易堂来函,告现情况困难,待稍宽裕即设法,望同志为国奋斗。(《批焦易堂在国会奋斗情形函》,《国父全集》第 4 册上,第 431 页)

　　△ 黄实来电,汇报桂平张部五旅情况。(张世福主编:《一九二二至一九二三年孙中山在沪期间各地来电汇编》,第 263—264 页)

　　△ 廖仲恺来电,请速令胡汉民访探浙江卢永祥,探询关于刘冠雄马江行之意图。(张世福主编:《一九二二至一九二三年孙中山在沪期间各地来电汇编》,第 13 页)

　　11 月 23 日　委任叶独醒为宿雾中国国民党支部总务科正主任,林不帝为会计科副主任。(《孙中山全集》第 6 卷,中华书局 2006 年版,第 621—622 页)

　　△ 王懋功来电,告以黄大伟已随同蒋介石赴沪。(张世福主编:《一九二二至一九二三年孙中山在沪期间各地来电汇编》,第 117 页)

　　11 月 24 日　孙中山再致函蒋介石,鼓励其要坚强意志,留守福州;并论及蒋赴俄考察以及联俄联共问题。(毛思诚编纂:《民国十五年以前之蒋介石先生》第 4 册,第 56—59 页)

11月25日　复函王永泉,赞赏与许崇智、臧致平设立联合办事处;并望集中兵力,乘胜扫荡闽省残敌。(《复王永泉》,《中央党务月刊》第9期,第23页)

△复函赵杰,嘱其结纳沈阳后彦,并盼合力扫除粤中叛徒。("中华民国"史事纪要编辑委员会编:《中华民国史事纪要(初稿)——一九二二年七至十二月》,第1086页)

△许崇智来电,请求设法阻止赣兵入闽,以防扰乱攻粤计划。(张世福主编:《一九二二至一九二三年孙中山在沪期间各地来电汇编》,第98页)

11月26日　批杨大实函,闽事内部无事,言者过耳。并问候佟君。(《致蒋中正函》,《孙中山全集》第6卷,中华书局2006年版,第624页)

△孙中山为伍廷芳撰写挽词"天不慭遗"。

伍廷芳1922年6月23日在广州病逝,11月26日,上海各界在戈登路三号伍氏寓所举行追悼会,孙中山亲往祭奠并致送挽幛。(《孙中山全集续编》第3卷,中华书局2017年版,第276页)

11月27日　复函张佐丞,告以派邓泰中前往斡旋一切。(《复张佐丞》,《中央党务月刊》第9期)

11月28日　复函林森,告筹款最为重要,勿犹豫。望在闽省发行公债救急。(《复林森》,《中央党务月刊》第9期,第25—26页)

△函复邹鲁,对军事进行顺利表示欣慰。("中华民国"史事纪要编辑委员会编:《中华民国史事纪要(初稿)——一九二二年七至十二月》,第1111页)

11月29日　日人前田彰年来函,请撰《中日亲善方法》《中国政局大观》等长篇文章,使得"日本国民知公老而益强",以便宣传事迹,并索要最近照片一张。孙中山批复:"代答,孙先生无暇握管,但寄近照一枚。"(《前田彰年上总理函》,环龙路档案第04803号)

△许崇智来电,报告已就兼理第一军军长职,并请示该军部是仍旧设置,抑并归总部。(张世福主编:《一九二二至一九二三年孙中山在沪期间各地来电汇编》,第47页)

△批示黎工倾函,告与邓和卿、卢锡卿接洽,促滇军速发各事。(《批黎工倾函》,《孙中山全集》第6卷,中华书局2006年版,第624页)

△王懋功来电,表示竭尽忠诚。(张世福主编:《一九二二至一九二三

年孙中山在沪期间各地来电汇编》,第 121 页)

11 月 30 日　采纳邓泽如、胡毅生等人意见,将与邹鲁意见不协之古应芬调离香港,责成后者继续负责联络驻桂滇粤各军工作。(台湾各界纪念国父百年诞辰筹备委员会学术论著编纂委员会主编:《国父年谱》下册,第872—874 页)

11 月　孙中山到上海波尔照相馆拍摄半身照。此照成为日后正式场合所用孙中山像的标准版。(黄健敏:《孙中山的影像与形象研究初探》,《世界视野下的孙中山与中华民族复兴——纪念孙中山先生诞辰 150 周年国际学术研讨会论文集》[D 组],第 157 页)

△ 复函张作霖,强调彼此协商时局,一致行动,互为援手。(《复张作霖函》,《孙中山全集》第 6 卷,中华书局 2006 年版,第 627 页)

△ 举行家宴等,欢迎黄大伟,赞其在福建取得的成绩。

黄大伟由闽抵沪。是日,孙中山设午宴招待黄大伟,作陪者有张继等。(《工部局警务处情报选译——有关孙中山在沪期间政治活动部分(1922 年 8 月—1923 年 2 月)》,上海市档案馆编:《辛亥革命与上海——上海公共租界工部局档案选译》,上海文艺出版(集团)有限公司、中西书局 2011 年版,第 343 页)

11 月中旬

题赠张静江联

满堂花醉三千客,一剑霜寒四十州。

(《孙中山全集续编》第 3 卷,中华书局 2017 年,第 274 页)

△ 为张静江题词

静江二兄雅属,丹心侠骨。

(《孙中山全集续编》第 3 卷,中华书局 2017 年版,第 274 页)

11 月下旬　任刘达庆为桂军司令,并函促东下讨贼。函勖林义顺,领导侨商参与救国运动。复函杨大宝,以辟许崇智和徐树铮交恶谣传。("中华民国"史事纪要编辑委员会编:《中华民国史事纪要(初稿)——一九二二年七至十二月》,第 1130—1131 页)

△ 梁栋来函,请庇护黄明堂,使保全其原有实力。12 月 2 日收到。

批复梁栋函:"代答,所言甚是,当采纳施行。"(《梁栋上总理呈》,环龙路档案第 11968 号)

12 月 1 日　蒋介石代拟闽中军事报告书,并筹讨逆第一军改编事宜,

迭前来谒见,讨论对时局之应付。(刘绍唐主编:《民国大事日志》第 1 册,第 226 页)

△ 朱乃斌从香港来函,报告在港进行讨贼宣传工作方法、进展和成绩。

批复:"代答:嘉奖。"(《朱乃斌上总理函》,环龙路档案第 07449 号)

12 月 2 日 张启荣来函,报告联络滇、桂两军情形,并请电港筹款接济滇军及其方法。批复:"代答:如其他两函。"(《张启荣上总理函》,环龙路档案第 02482 号)

△ 是日,张启荣又来函,请速下令拨付滇军军饷。

批复张启荣,代答:先生已交款托邓、卢二君带往,与藻林商量,能动则交,不动则不交。(《孙中山全集》第 6 卷,中华书局 2006 年版,第 630 页)

△ 福建讨贼军总指挥许春草致函孙中山。

原函未署年月日,信封邮戳显示 12 月 2 日在厦门付邮,该函于 12 月 6 日到达上海。(《各方致孙中山函电汇编》第六卷,社会科学文献出版社 2012 年版,第 480—481 页)

批复许春草函,"代答:如确有新式枪支者,当请许总司令改编入伍,以为保存;无枪者,当即遣散归农"。(《孙中山全集》第 6 卷,中华书局 2006 年版,第 631 页)

△ 方瑞麟致函孙中山

孙中山批方瑞麟函"十二月二日两函俱悉,先生甚注意,然为一致动作,种种方面皆要调和共济,乃望有成。香港会议并非由此间之命,今乃由港中自行协定。良牧已往港,想已见面"。(《孙中山全集续编》第 3 卷,中华书局 2017 年版,第 276 页)

12 月 3 日 批欧阳格电,代答:当俟大局定后乃能办到。(《孙中山全集》第 6 卷,中华书局 2006 年版,第 631 页)

12 月 4 日 广东大埔县长张煊来函。

函中痛斥陈炯明祸粤害民,时已通告全省县长"一致罢税抗捐,绝其饷源;分约就地驻军反戈声讨,以扶正义而靖妖氛"。至于应如何进行及用何种名义号召,请指示具体办法。

批复张煊函,代答:着与邹海滨接洽。(《张煊上总理函》,环龙路档案第 02653 号)

△ 宣传部干事李儒修来函,请指派委员笺释党纲,同时发交本党各报,

庶令"轨持有范"。

批复李儒修函,"代答:并注意。"(《李儒修上总理函》,环龙路档案第 12116 号)

△ 曹亚伯致函宋庆龄,为甘肃金雅丞托代向孙中山转达消差信件,并告知正在写作《革命真史》。(《曹亚伯致孙夫人函》,环龙路档案第 11817 号)

12 月 5 日　焦易堂从北京致函孙中山,报告北方政情,建议本党议员不参加黎元洪操纵的汪大燮组阁,并告经费困难,并力请邮寄所著《建国方略》《五权宪法》《三民主义》等各书,以便印布宣传。

孙中山批复焦易堂函,"代答:对于政局主张极合,各同志能本主义以奋斗,甚为快慰云云。各书当速寄去"。(《孙中山全集》第 6 卷,中华书局 2006 年版,第 632 页;《焦易堂上总理函》,环龙路档案第 09191 号)

△ 王永泉来电,发表对闽局的意见。(张世福主编:《一九二二至一九二三年孙中山在沪期间各地来电汇编》,第 109—111 页)

12 月 6 日　孙中山致函王宠惠,并继续派谢持北上联络。(吴相湘:《王宠惠是蜚声国际法学家》影印原函,台北《传记文学》第 44 卷第 1 期)

△ 孙中山致函列宁。

当时有人谣传苏联将联合吴佩孚出兵东北驱逐张作霖。为此,孙中山致函列宁,告不久即拟派遣代表赴莫斯科,与他和其他的同志共商保护中俄合法利益应该采取的行动。(《孙中山全集续编》第 3 卷,中华书局 2017 年版,第 278—279 页)

△ 梁栋来函报告黄明堂近况,并请函奖林俊廷接济黄部。

孙中山批梁栋函:"代答:所言甚是,当采纳施行。"(《孙中山全集》第 6 卷,中华书局 2006 年版,第 632 页)

△ 孙中山致函马林。

1922 年 12 月,马林将离开中国赴莫斯科,向共产国际报告中国的工作情况,孙中山前拟派代表与马林同赴莫斯科。因派胡汉民未能同行,特致函告知。函谓:"胡汉民先生甚至在两周之后,也不能与你同行,谨告。相信你会把我的想法告诉我们的朋友们。"(《孙中山全集续编》第 3 卷,中华书局 2017 年版,第 281 页)

△ 复谢万宽函。

函谓:"前承寄来救济款港银五十七元四毫,已照收到。于九月十七日亲复一函,径已言及。今接来书,始知前函未蒙收到,该项收据特嘱焕廷缮发一纸,希照验收。"(《孙中山全集续编》第 3 卷,中华书局 2017 年版,第 280—281 页)

△ 是日,廖湘芸来函,报告广西滇军决定取消回滇,专心讨陈事宜。

孙中山批廖湘芸函:"作答:已托邓泰中带款往与藻林相商,并嘱其协助藻林速统滇军,立即发动进攻。"(《廖湘芸上总理函》,环龙路档案第 11952 号)

△ 任命杨仙逸为航空局长。(《任杨仙逸为航空局长令》,中国国民党中央委员会党史委员会编订:《国父全集》第 4 册上,第 435 页)

△ 许崇智来电,报告应邀引荐刘冠雄事及所部进展。(张世福主编:《一九二二至一九二三年孙中山在沪期间各地来电汇编》,第 149—150 页)

12 月 7 日　致函江少峰,望继续借款以应讨贼军急用。(《致江少峰函》,《孙中山全集》第 6 卷,中华书局 2006 年版,第 633 页)

△ 批赵从宾来函,告知对北方政策,宜采取缓和态度。(《赵从宾上总理函》,环龙路档案第 09284 号)

12 月 8 日　在孙中山的寓所召开了一次重要的会议,详细讨论青岛的状况和福建的局势。

与会者有黄大伟、胡汉民、张继、居正等二十人。会议从下午 4 时 30 分至 7 时。(《工部局警务处情报选译——有关孙中山在沪期间政治活动部分(1922 年 8 月—1923 年 2 月)》,上海市档案馆编:《辛亥革命与上海——上海公共租界工部局档案选译》,上海文艺出版(集团)有限公司、中西书局 2011 年版,第 343—344 页)

△ 电唁宫崎寅藏病逝。

1922 年 12 月 6 日,宫崎寅藏病逝。8 日,孙中山即去电唁。(《孙中山全集续编》第 3 卷,中华书局 2017 年版,第 282 页)

12 月 9 日　孙中山复函王永泉,告以与陈炯明矛盾难以调和;指出福建的外患为粤陈,制赣不如攻粤。(《复王永泉函》,《孙中山全集》第 6 卷,中华书局 2006 年版,第 637 页)

△ 报载与《日本纪事报》(英文)记者约翰·白莱斯福谈话。

报载同约翰·白莱斯福谈赞成劳工参政、主张地价征税、国家社会主义等问题。两人会面谈话日期不明,今所标日期为上海《民国日报》转载谈话的日期。(《孙中山全集》第 6 卷,中华书局 2006 年版,第 634—637 页)

12 月 10 日　孙中山致电蒋介石,速盼来沪商议运械办法;并促回闽接收美船军械。

电谓:"转介石先生:美运械船因讼事停沪过久,超武舰不能待,致相失。该舰现在往香港……届时要秘密设法接收。盼兄速来商议,并即返闽。"(《致蒋中正电》,《孙中山全集》第 6 卷,中华书局 2006 年版,第 638 页)

△ 曾克齐来函。

函称:张福兆自费组织义军,暂用讨贼军东路总司令名义,讨伐陈贼,请求转饬,并告以将来愿为第三军李福林军长收编。

孙中山批复:"代答:不得称东路总司令,盖第三军即在东路总司令许崇智之下也,如能立功则名目由李军长委便可。可暂称讨贼军司令。"(《曾克齐上总理函》,环龙路档案第 02779.1 号)

△ 邹鲁、邓泽如来电,汇报联络滇桂军及款项等事宜。(张世福主编:《一九二二至一九二三年孙中山在沪期间各地来电汇编》,第 283 页)

△ 张启荣等来函,告以滇桂军愿意东下讨贼,但兵力不敷,经费筹措尤需加紧。

孙中山批复:"函悉。惟至今尚未见发,有无变动,甚念。"(《张启荣等上总理函》,环龙路档案第 02564 号)

12 月 11 日　孙中山复函李福林,告枪支已经设法解决;强调兵贵精不贵多,须发奋努力。(《复李福林》,《中央党务月刊》第 16 期,第 176 页)

△ 报载李烈钧来谒,谈其与滇军张开儒等计划相左。

李烈钧由浔州至沪,假公共租界戈登路十三号洋房暂寓,并携部下前来晋谒,详述此次来沪系为滇军司令张开儒、朱培德等变更原定计划,且因意见各殊,对于军事进行既生障碍,尤恐入于险境,只好暂避。并说张氏等现已决意回滇推倒唐继尧。孙中山以朱培德现正派有代表赵仁伯在沪,建议"待询问赵代表后再行磋商定夺"。(《李烈钧晋谒孙中山》,《香港华字日报》1922 年 12 月 13 日,"中外要闻")

12 月 12 日　张启荣来函,报告讨陈准备、经费等事宜。

孙中山批复:"函悉。滇军各事请与邓和卿接洽。"(《张启荣上总理函》,环龙路档案第 11969 号)

越飞撰文论述苏俄对华政策。

△ 指出:"孙中山领导的国民党为一纯正的党,它组织完备,团结巩固,

在中国具有无比的重要性,可借以联络民族主义与革命。"并认为,在北京的一切谈判均欠妥当。无论对吴佩孚,还是张作霖的私人联系,都非最要紧之事。(《孙中山年谱长编》下册,第1534页)

12月15日　孙中山复函许卓然,劝其同许崇智、徐镜清消除误解,统一军事,互相提携,共同对敌。(《复许卓然》,《中央党务月刊》第16期,第175页)

△　何成濬来电,谓"濬奉许总司令命,为兴永等属前敌总指挥,今午抵莆,即督率各军向泉州进攻"。(张世福主编:《一九二二至一九二三年孙中山在沪期间各地来电汇编》,第147页)

12月16日　在沪召集会议,审议国民党改进宣言。

胡汉民、汪精卫起草国民党改进宣言结束后,交委员会讨论,复有增修。是日,孙中山在沪召集各省同志六十五人,开会审查,略有修正。次日汇集党纲、总章全案呈上,请作最后酌定。(邹鲁:《中国国民党史稿》,第306页)

△　批复福建总司令王永泉来电,告以北京政府不可靠,闽人将有排斥外人的思潮。

是日,福建总司令王永泉来函,赞赏孙中山闽患"不在北赣而在粤"的洞见,表示愿意与许崇智和衷共济。孙中山批复:"代答:讨贼军不日回粤讨陈,北京不可靠;闽人将有不容外之思潮,问彼将何以善其后。"(《王永泉上总理函》,环龙路档案第13574号)

△　黄展云来电,告以闽省秩序平安和军事进展。(张世福主编:《一九二二至一九二三年孙中山在沪期间各地来电汇编》,第129页)

△　邹鲁来电,谓"(一)一、三、四刘师答复一致应滇军促沈攻北江、代表亦允。(二)滇军东下改期,但决不致变更计划"。(张世福主编:《一九二二至一九二三年孙中山在沪期间各地来电汇编》,第279页)

△　派居正主祭伍廷芳,并撰有挽额和悼词。

12月17日下午,伍廷芳追悼会在上海九亩地新舞台如期举行,孙中山派代表居正代为主祭,所书挽额"人亡国瘁"悬于会场中央。(《伍廷芳追悼大会纪》,《申报》1922年12月18日,"本埠新闻")

12月17日　林少梅上书孙中山,谈组军讨贼。

孙中山批复:"代答:戒勿招民军,徒扰地方,无益大局。"(《批林少梅函》,《孙中山全集》第6卷,中华书局2006年版,第641页)

12 月 18 日　中国国民党福建支部长黄展云来函,报告福建支部成立,党员加入踊跃,福建学生军也积极参加。

孙中山批复:"作答,嘉奖。"(《黄展云上总理函》,环龙路档案第 13304 号)

12 月 19 日　黄展云来函,告自治军借词筹饷,到处讹诈,已请许总司令改编究办;自己负责盐政,表明无意与林森争省长,也可借此支持军队费用。

孙中山批复:"作答,嘉奖。"(《黄展云上总理函》,环龙路档案第 13411 号)

12 月 20 日　复函张启荣,促滇军与桂军联合东下,早戡粤乱。(《复函张启荣》,《中央党务月刊》第 16 期,第 177 页)

△ 孙中山在上海莫利爱路寓所致函越飞。(《孙中山全集续编》第 3 卷,中华书局 2017 年版,第 283—288 页)

△ 许崇智来电,报告数事:20 日攻占泉州,张清汝等逃跑,但未得到详细报告;已与王永泉"商谋对付"刘冠雄之事等。(张世福主编:《一九二二至一九二三年孙中山在沪期间各地来电汇编》,第 23 页)

△ 黄展云来电,报告已克复南安、泉州。(张世福主编:《一九二二至一九二三年孙中山在沪期间各地来电汇编》,第 131 页)

△ 卢师谛、邓泰中来电,请示处置如何交滇军款事。(张世福主编:《一九二二至一九二三年孙中山在沪期间各地来电汇编》,第 271—272 页)

12 月 21 日　卢师谛、邓泰中来电,报告滇军杨希闵、范石生等将领,"奉大总统谕及谛、中函大慰",决定东下讨贼,并要求许崇智西路军配合行动。(张世福主编:《一九二二至一九二三年孙中山在沪期间各地来电汇编》,第 273 页)

△ 焦易堂来函,报告北京党务发展颇为顺利;请催张继速来京主持一切等事宜。

孙中山批复:"作答,溥泉因家稍延,但必来。"(《焦易堂上总理函》,环龙路档案第 09151 号)

12 月 22 日　何成濬来电,要求电告闽局负责人团结合作,并谈及自己经费拮据情形。(张世福主编:《一九二二至一九二三年孙中山在沪期间各地来电汇编》,第 157 页)

12 月 24 日　东路讨贼军总司令部参谋处长兼第二军参谋长罗翼群来函,报告闽省军政情况。

孙中山批复:"作答慰劳,并着鼓动各将士火速回粤,以赴时机。"(《批罗

翼群来函》,《国父全集》第 4 册上,第 438 页)

　　△ 在上海《民国日报》刊发广告,介绍日本医生高野吉太郎来沪。(李吉奎:《孙中山与日本》,广东人民出版社 1996 年版,第 679 页)

　　△ 杨蓁、邓泰中来电,催促将运动滇军军费及时转交滇军,作为东下讨陈的发动费,主要"为鼓励士兵之用"等。(张世福主编:《一九二二至一九二三年孙中山在沪期间各地来电汇编》,第 269 页)

　　△ 邹鲁来电报告,杨希闵、刘震寰派人来港,商量决定进行讨陈计划等。(张世福主编:《一九二二至一九二三年孙中山在沪期间各地来电汇编》,第 281 页)

　　△ 英伦利物浦中国国民党支部部长骆谭、书记张静愚来函,报告此间党员爱党国如家,"支部发展不可限量"。孙中山批复"作答"。(《骆谭、张静愚上总理函》,环龙路档案第 07788 号)

12 月 26 日　张贞来电,报告职部进军及编组训练情形。(张世福主编:《一九二二至一九二三年孙中山在沪期间各地来电汇编》,第 155—156 页)

　　△ 居正来电,呈请提前发给汉口《大汉报》津贴。孙中山批复:"准。"(《居正上总理函》,环龙路档案第 13112 号)

　　△ 林森来函,请谕令程天斗从速担任外洋劝售债券。孙中山批复:"代答:函悉。"(《林森上总理函》,环龙路档案第 01647 号)

12 月 27 日　张启荣来函报告,广州军商情势以及陈炯明策划悔过求和阴谋。(台湾各界纪念国父百年诞辰筹备委员会学术论著编纂委员会主编:《国父年谱》下册,第 880 页)

12 月 28 日　孙中山致函蒋介石饬东路讨贼军假道闽南,速攻广东,直取潮汕。(据毛思诚编:《民国十五年以前之蒋介石先生》第 4 册,第 67 页)

　　△ 复函焦易堂,谓:"京中既多宣传机会,希与诸同志努力进行为幸。"望善用宣传机会;并告张继因家事滞沪,暂不能赴京。(《复焦易堂》,《中央党务月刊》第 16 期,第 178 页)

12 月 29 日　函促王永泉,先发制人,攻粤图存,破陈吴夹击之计;并告调兵回粤讨陈的意图。(《复王伯川》,《中央党务月刊》第 16 期,第 177—178 页)

　　△ 许崇智来电,报告所部开动回粤的计划和日期。(张世福主编:《一九二二至一九二三年孙中山在沪期间各地来电汇编》,第 51—52 页)

△ 为援助汤节之案,孙中山复函广肇公所等各团体,以期消除剥夺人权之执法现象。("中华民国"史事纪要编辑委员会编:《中华民国史事纪要(初稿)——一九二二年七至十二月》,第 1274 页)

上海广肇公所等来函,请为汤节之因席上珍在商报馆自缢身死获刑一案主持公道。(《广肇公所等续请主持汤案》,上海《民国日报》1922 年 12 月 26 日,"本埠新闻")为援助汤节之案,孙中山复函广肇公所等各团体,以期消除剥夺人权之执法现象。

△ 总务部长居正来函,请示应邀讨论本党改进方略人员之名单及其开会时间。(《居正上总理函》,环龙路档案第 12315 号)

△ 吴铁城来函,详述运动虎门及广东省炮团以讨伐陈炯明详细情形。(《吴铁城上总理函》,环龙路档案 02484 号)

12 月 30 日　复函徐绍桢,指出不能同意张绍曾对陈炯明采用息事宁人的态度。(中国革命博物馆藏件,转引自陈锡祺主编:《孙中山年谱长编》下册,中华书局 1991 年版,第 1538—1539 页)

△ 致函杨希闵,告以许崇智即将发动攻击,宜先发制人,望滇军同时并举,勠力讨伐陈炯明。(《致杨希闵函》,《孙中山全集》第 6 卷,第 656—657 页)

△ 致函黄展云,望努力发展党务,扩大党势。(李锡贵:《孙中山先生致黄展云先生的一封亲笔信》,《文物天地》1985 年第 2 期)

△ 致函蒋光亮,促其移军讨伐陈炯明。("中华民国"史事纪要编辑委员会编:《中华民国史事纪要(初稿)——一九二二年七月至十二月》,第 1281—1283 页)

△ 复函徐谦,嘱宣言抄录后即请归还原件。(杨雪峰:《国父给徐谦几封未见发表的信函》,台北《传记文学》第 41 卷第 5 期)

△ 批复蒋梦麟之来函,该函告以担任裁兵劝告员,拟于元旦颁发通电。批复:"答函,抄底。"(《蒋梦麟上总理函》,环龙路档案第 13740 号)

是月　孙中山派张继赴北京会见越飞,望勿与北京政府交往。(陈锡祺主编:《孙中山年谱长编》下册,中华书局 1991 年版,第 1539—1540 页)

△ 与王昆仑等谈话。

北京大学学生王昆仑等四人到上海,由国民党的交际部长张秋白陪同到莫利爱路 29 号拜访孙中山,孙中山与他们进行了谈话。(《孙中山全集续编》第 3 卷,中华书局 2017 年版,第 290—292 页)

1923 年

1月1日　在《民国日报》增刊发表《中国国民党宣言》,认为"革命事业由民众发之,亦由民众成之"。(《中国国民党宣言》,上海《民国日报》1923年1月1日增刊)

△ 在《民国日报》增刊发表《中国国民党党纲》,重新规定三民主义、五权宪法内容。(《中国国民党党纲》,上海《民国日报》1923年1月1日增刊)

△ 委任杨希闵为讨贼军总司令,并于本日在梧州宣布就职。(《香港电》,天津《益世报》1923年1月8日,"国内专电")

1月3日　在上海莫利爱路寓所接见华侨代表谭礼林。(《工部局警务处情报选译——有关孙中山在沪期间政治活动部分(1922年8月—1923年2月)》,上海市档案馆编:《辛亥革命与上海——上海公共租界工部局档案选译》,上海文艺出版(集团)有限公司、中西书局2011年版,第348页)

1月4日　孙中山通电讨伐陈炯明宣布其叛国罪恶,号召广大人民支持滇、桂联军讨陈。(《孙大总统讨伐陈炯明电》,上海《民国日报》1923年1月5日,"要闻")

△ 批准居正所呈党纲总章修改条文。居正呈报讨论党纲总章会议结果,孙中山批复:"行。"(《居正上总理呈》,环龙路档案第12214号)

△ 复函北方将领曹世英,勉其耐劳忍苦,相机为国家出力,军阀不足恃,革命必成功。(《总理函稿》,《中央党务月刊》第16期,1929年11月)

1月5日　复函林森,告知新党纲及党章已宣布;嘱在闽组织革命力量,助成讨陈大举。(《总理函稿》,《中央党务月刊》第16期,1929年11月)

△ 与大阪《朝日新闻》记者田村访谈,答谓讨伐陈炯明"确有胜算"等。(《孙中山之时局谈(上海)》,《泰东日报》1923年1月7日)

1月8日　杨希闵来电,报告讨陈战果,支持并吁请回粤组织护法政府。(《杨总指挥报告讨贼电文》,上海《民国日报》1923 年 1 月 9 日,"本埠新闻")

　　△ 在沪寓所分别会见了李烈钧和杨晟。(《工部局警务处情报选译——有关孙中山在沪期间政治活动部分(1922 年 8 月—1923 年 2 月)》,上海市档案馆编:《辛亥革命与上海——上海公共租界工部局档案选译》,上海文艺出版(集团)有限公司、中西书局 2011 年版,第 348 页)

　　下午,在上海莫利爱路寓所接见英国《字林西报》记者,记者询问有关广东讨陈情势和北京直系动向。(《孙中山先生与外报记者谈话》,上海《民国日报》1923 年 1 月 9 日,"本埠新闻")

　　△ 复慰张静江函,以自己学医知识,告以勿久服止痛药,以免"日久成毒,切宜戒除,以免深中"。(陈旭麓、郝盛潮主编,王耿雄等编:《孙中山集外集》,第 406—407 页)

　　1 月 9 日　孙中山在上海莫利爱路寓所分别接见了张继及《民国日报》编辑邵力子。(《工部局警务处情报选译——有关孙中山在沪期间政治活动部分(1922 年 8 月—1923 年 2 月)》,上海市档案馆编:《辛亥革命与上海——上海公共租界工部局档案选译》,上海文艺出版(集团)有限公司、中西书局 2011 年版,第 348 页)

　　△ 报载于沪本宅召开会议,讨论接济滇桂军方法,决定派李烈钧赴港联络。(《桂粤战云紧急形势续志》,《盛京时报》1923 年 1 月 14 日)

　　1 月 10 日　孙中山设午宴欢迎奉天张作霖的特使冷遹。

　　1 月 11 日　下午 3 点 59 分留至 4 点 50 分,于右任到莫利爱路 29 号拜访孙中山。(《工部局警务处情报选译——有关孙中山在沪期间政治活动部分(1922 年 8 月—1923 年 2 月)》,上海市档案馆编:《辛亥革命与上海——上海公共租界工部局档案选译》,上海文艺出版(集团)有限公司、中西书局 2011 年版,第 348 页)

　　1 月 12 日　张继到莫利爱路 29 号拜访孙中山。(《工部局警务处情报选译——有关孙中山在沪期间政治活动部分(1922 年 8 月—1923 年 2 月)》,上海市档案馆编:《辛亥革命与上海——上海公共租界工部局档案选译》,上海文艺出版(集团)有限公司、中西书局 2011 年版,第 348 页)

　　1 月 14 日　在寓所接见前国务院秘书吴南如,对时局发表意见,谈统一、裁兵、兵工之间的关系。(《孙先生关于时局之谈话》,上海《民国日报》

1923 年 1 月 15 日，"本埠新闻")

　　△ 章士钊奉岑春煊之命，赴沪谒见，协议时局。(《粤陈与滇桂军尚欲一决胜负》，《晨报》1923 年 1 月 16 日)

　　△ 报载下午，政学系元老、前两广总督及前广东军政府主席岑春煊，前往法租界莫利爱路寓所进行答拜。(《时报》1923 年 1 月 15 日)

　　岑春煊(前两广总督及前广东军政府主席总裁)1 月 14 日和孙中山在一起有 40 分钟。(《工部局警务处情报选译——有关孙中山在沪期间政治活动部分(1922 年 8 月—1923 年 2 月)》，上海市档案馆编：《辛亥革命与上海——上海公共租界工部局档案选译》，上海文艺出版(集团)有限公司、中西书局 2011 年版，第 349 页)

　　1 月 16 日　孙中山在上海接见国闻通讯社记者，并答记者问。对于时局看法，主张和平统一，"希望北方军阀彻底觉悟"，身为革命党人，他决不会轻易放弃或妥协。(《孙中山先生对于时局又一表示》，上海《民国日报》1923 年 1 月 17 日，"本埠新闻")

　　△ 复函林文忠，嘱力图振作，发展海外党务以救国。(《国父全集》第 3 册，第 877 页)

　　△ 孙中山复函杨鹤龄，明确拒绝其就职请求。1 月 9 日，杨鹤龄致函孙中山，希望为国效力，且自己参加革命早，有资格分享成果，如今年岁已高，要求在有生之年觅得一官半职。1 月 16 日，孙中山复函杨鹤龄，云："真革命党，志在国家，必不屑于升官发财；彼能升官发财者，悉属伪革命党，此又何足为怪。现无事可办，无所用于长才。"(《孙中山全集》第 7 卷，中华书局 2006 年版，第 33 页)

　　1 月 17 日　接见上海各团体代表，阐述三民主义：认为依靠民众力量可以推翻任何军阀。

　　是日午后，上海各团体代表六十余人，公推赵南公为主席，前往莫利爱路 29 号孙中山寓所祝贺滇、桂联军取得攻克广州的胜利，孙中山亲自接见，指出：中国形式上是独立国家，实际比亡了国的高丽还不如。所以，"国民不特要从民权、民生上作功夫；同时并应该发展民族自决的能力，团结起来奋斗，使中国在世界上成为一独立国家"。(《各团体代表晋谒孙中山》，上海《民国日报》1923 年 1 月 18 日，"本埠新闻")

　　1 月 18 日　谈宴苏俄代表越飞等人。

苏俄代表越飞和秘书们到莫利爱路 29 号,从晚上 6 时至 10 时 30 分。孙中山宋庆龄设晚宴招待越飞等人,陈友仁参加。双方还进行了会谈。(《工部局警务处情报选译——有关孙中山在沪期间政治活动部分(1922 年 8 月—1923 年 2 月)》,上海市档案馆编:《辛亥革命与上海——上海公共租界工部局档案选译》,上海文艺出版(集团)有限公司、中西书局 2011 年版,第 350 页)

1 月 19 日　下午 3 点,几个国民党人在莫利爱路 29 号开会,考虑催孙中山回广州去的胡汉民来电事。他们没有作出决定,不过同意几天之内再召开一次会议。(《工部局警务处情报选译——有关孙中山在沪期间政治活动部分(1922 年 8 月—1923 年 2 月)》,上海市档案馆编:《辛亥革命与上海——上海公共租界工部局档案选译》,上海文艺出版(集团)有限公司、中西书局 2011 年版,第 351 页)

1 月 20 日　孙中山在上海莫利爱路寓所与越飞会谈。

苏俄代表越飞至莫利爱路谒孙中山,倾谈颇久。(《越飞谒见孙中山先生》,上海《民国日报》1923 年 1 月 21 日,“本埠新闻”)

△孙科致电。报告广州地方秩序尚好,但主、客各军队进城,“或擅委官吏,或占据衙署,或缴收枪械”,乱象丛生。如果这种状况长期不能得到有效解决,“恐生误会”,希望其速回粤加以解决。(张世福主编:《一九二二至一九二三年孙中山在沪期间各地来电汇编》,第 183—184 页)

1 月 21 日　接见王永泉代表曹勉庵,指示机宜,函复答问。

是日上午,福建总司令王永泉(字伯川)的代表曹勉庵前来谒见,报告闽局情形并请示机宜,并携来王永泉函,说孙传芳正窥探福建,刘资颖又为虎作伥,本省局面恐发生大的变化,请“赐以援助”。(章伯锋主编:《北洋军阀 1912—1928》第 4 卷,武汉出版社 1990 年版,第 813 页;中国社会科学院近代史研究所中华民国史研究室编:《中华民国史资料丛稿·大事记》第 9 辑,第 10 页)

△上午 10 时 30 分,越飞的秘书列文、施瓦策伦到莫利爱路孙宅访问孙中山,到上午 11 时 50 分离开。(《孙中山、越飞上海密谈史料选译(1923 年 1 月)》,上海市档案馆编:《辛亥革命与上海——上海公共租界工部局档案选译》,上海文艺出版(集团)有限公司、中西书局 2011 年版,第 359 页)

1 月 22 日　孙中山在莫利爱路 29 号寓所会见越飞。(《工部局警务处情报选译——有关孙中山在沪期间政治活动部分(1922 年 8 月—1923 年 2 月)》,上海市档案馆编:《辛亥革命与上海——上海公共租界工部局档案选译》,上海文艺出版(集团)有限公司、中西书局 2011 年版,第 350 页)

1 月 16 日至 22 日　到莫利爱路 29 号拜访孙中山的另外一些来者:孙中山的副官长徐绍桢(徐固卿)、湖南前都督谭延闿、杨度、前四川省省长杨庶堪、美籍俄裔人 G.E.索科尔斯基、美国前传教士吉尔伯特·里德博士、谭永恺、章行严、陈德胜、《民国日报》编辑邵力子、蒋介石、廖仲恺等。(《工部局警务处情报选译——有关孙中山在沪期间政治活动部分(1922 年 8 月～1923 年 2 月)》,上海市档案馆编:《辛亥革命与上海——上海公共租界工部局档案选译》,上海文艺出版(集团)有限公司、中西书局 2011 年版,第 350—351 页)

1 月 23 日　孙中山任命廖仲恺、陈独秀等 18 人为参议,商讨有关国民党改组问题。(《孙中山——纪念孙中山先生诞辰 130 周年》画册,第 166 页)

1 月 25 日　孙中山招待上海各报及通讯社记者,发表演说,再次重申自己的和平统一宗旨,但统一方法与北京政府有本质区别。(《孙中山昨晚宴报界纪事》,《时报》1923 年 1 月 26 日,"本埠新闻")

1 月 26 日　孙中山与苏联政府代表越飞联名发表《孙文越飞宣言》(该宣言最先以英文在上海《大陆报》上发表)。

宣言声明:"中国最要最急之问题,乃在民国的统一之成功,与完全国家的独立之获得";"关于此项大事业……中国当得俄国国民最诚挚之同情,且可以俄国援助为依赖也"。(上海《民国日报》1923 年 1 月 28 日,[美]霍罗布尼奇:《米哈伊尔·鲍罗廷与中国革命(1923—1925)》,哥伦比亚大学 1979 年版,第 202 页)

△ 孙中山发表《和平统一宣言》(《孙中山全集》第 7 卷,中华书局 2006 年版,第 48—51 页)

1 月 29 日　孙中山所著《中国革命史》完稿。(《孙中山全集》第 7 卷,中华书局 2006 年版,第 59—71 页)

△ 孙中山在上海寓所接见马伯援,谈争取胡景翼、冯玉祥参加陕西革命工作。是日下午,马伯援来访,报告陕西之工作及其结果,并请教将来之进行方针。答谓:"胡景翼既是浩然楼的同志,请你报告他,我们彼此心印。"

（罗家伦主编、黄季陆增订：《国父年谱（增订本）》下册，第 1046—1047 页）

1 月 23 日至 29 日　到莫利爱路 29 号访问孙中山的来者：张继、杨庶堪、徐绍桢、谭延闿、宋子文、孙洪伊、伍廷芳夫人、于右任、廖仲恺、聂云台、宋汉章、居正、郭标、邵力子等等。（《工部局警务处情报选译——有关孙中山在沪期间政治活动部分（1922 年 8 月—1923 年 2 月）》，上海市档案馆编：《辛亥革命与上海——上海公共租界工部局档案选译》，上海文艺出版（集团）有限公司、中西书局 2011 年版，第 350—353 页）

1 月 31 日　孙中山接见《朝日新闻》记者，谈越飞访日对日俄两国关系的重要性。

日本东京《朝日新闻》记者、中国部部长神田，于午刻来莫利爱路谒见采访孙中山。孙中山对世界问题、中日问题及俄国问题等发表了意见。谈及俄国问题时，指出："此次越飞赴日，系为观察日本人民对于俄国之观念如何。以日俄关系之重要，此实为日本人民表白真正意见之绝好机会。"（《日报记者谒中山先生》，上海《民国日报》1923 年 2 月 1 日，"本埠新闻"）

1 月　为蒋介石题联："大道之行天下为公。"（陈旭麓、郝盛潮主编，王耿雄等编：《孙中山集外集》，第 650 页）

△ 书"养天地正气，法古今完人"对联。（上海孙中山故居纪念馆藏）

1 月上旬　宋庆龄在上海寓所陪同孙中山接见王昆仑、黄日葵等四位北京学生代表。

是日，孙中山听取王昆仑、黄日葵等汇报关于北京爱国学生反对北洋军阀政府的爪牙彭允彝出任教育总长的斗争情况后，鼓励他们参加革命。并谓："中国的革命事业是要全国的人民跟我们国民党一起来干才能成功的。"当时，宋庆龄在一旁娴静地听着孙中山同他们的谈话，然后熟练地用打字机将他们的话记录下来。（王昆仑：《宋庆龄　毕生为新中国奋斗的忠诚战士》，《人民日报》1981 年 6 月 3 日；《孙中山集外集》，上海人民出版社 1990 年版，第 285—286 页）

2 月 3 日　上午，王正廷、谭延闿先后至莫利爱路晋谒，畅谈 2 小时，始各兴辞而去。（《王谭晋谒孙中山》，《申报》1923 年 2 月 4 日，"本埠新闻"）

1 月 30 日至 2 月 5 日　到莫利爱路 29 号拜访孙中山的来者：谭延闿、杨庶堪、于右任、徐绍桢、张继、王正廷夫妇、沈卓吾、陈友仁、孙镜亚、《民国报》编辑叶楚伧等等。（《工部局警务处情报选译——有关孙中山在沪期间政治活动部分(1922 年 8 月—1923 年 2 月)》,上海市档案馆编:《辛亥革命与上海——上海公共租界工部局档案选译》,上海文艺出版(集团)有限公司、中西书局 2011 年版,第 354 页)

2 月 6 日至 12 日　到莫利爱路 29 号拜访孙中山的来者:徐绍桢、张继、杨庶堪、伍朝枢(伍廷芳的儿子)、孙镜亚、柏文蔚、马良、儿子孙科、谭延闿、汪精卫、陈家鼐、叶楚伧、陈树人、何世英、于右任、蒋介石。(《工部局警务处情报选译——有关孙中山在沪期间政治活动部分(1922 年 8 月—1923 年 2 月)》,上海市档案馆编:《辛亥革命与上海——上海公共租界工部局档案选译》,上海文艺出版(集团)有限公司、中西书局 2011 年版,第 355 页)

2 月 14 日　报载唐继尧代表来谒,表示自己正在云南实行以兵代工政策,以作为消化退伍士兵的方法,这当以孙中山的兵工政策为准绳,"奉为至当不易之圭臬",拥护裁兵化工方略。(《滇唐钦崇中山先生之表示》,上海《民国日报》1923 年 2 月 20 日,"本埠新闻")

2 月 15 日　孙中山与陈友仁等六人,乘"杰斐逊总统"号邮轮回粤。(《孙中山返粤》,《申报》1923 年 2 月 19 日,"本埠新闻")

2 月 16 日　宋庆龄在上海接孙中山赴粤途中来电,谓:旅途平安、身体康健。(上海《民国日报》1923 年 2 月 19 日)

1924 年

1 月 19 日 宋庆龄在上海,收到孙中山自广州拍发的英文电报。(胡汉民编:《总理全集》第 4 集"遗墨",第 377 页,转引自《伟人相册的盲点——孙中山留影辨析》,第 333 页)

4 月 2 日 宋庆龄留居上海。孙中山在广州亲笔手书《国民政府建国大纲》二十五条,书赠宋庆龄。落款为"民国十三年四月初二日写于广州大本营为贤妻庆龄玩索 孙文"。(丁贤俊:《孙中山手迹编辑札记》,《近代史研究》1997 年第 3 期)

5 月 5 日 国民党上海执行部在上海法租界莫利爱路 29 号孙中山寓所举行了纪念孙中山就任非常大总统三周年庆祝集会,共有国民党上海执行部和各区党部代表三百余人出席。胡汉民致开会词,张继亦作演说,毛泽东、邓中夏、张继、胡汉民、汪精卫、谢持、向警予、叶楚伧、王菏波、沈泽民、罗章龙、恽代英、邵力子等出席集会并合影。("中华民国"史事纪要编辑委员会编:《中华民国史事纪要(初稿)——一九二四年一至六月》,第 923 页)

11 月 10 日 广东总工会题赠孙中山的"定鼎中原"鼎。(上海孙中山故居纪念馆藏)

11 月 17 日 孙中山安抵上海,自外滩码头至上海莫利爱路 29 号寓所途中,受各界群众热忱欢迎。

孙登岸后额首微笑致谢,旋乘汽车赴莫利爱路 29 号寓所……孙抵寓后,各团体代表及党员均纷纷随至。休息片刻后,应大陆影片公司及其他照相馆之请,偕夫人宋庆龄至寓所花园摄影。随后,大陆影片公司演员,同于草坪之上唱英文欢迎祝福歌,孙与夫人微笑致谢而入。(《大元帅安抵上海之电讯》,广州《民国日报》1924 年 11 月 19 日;《孙中山先生昨晨抵沪》,上海《民国日报》1924 年 11 月 18 日;《中华民国史事纪要(初稿)——一九二四年九至十二月》,第 871 页)

△ 与前来欢迎的上海党部同志,冯玉祥、段祺瑞的代表及新闻记者谈话。

谈话内容:惟《字林西报》社说中,曾有拒绝予入租界之主张,外人发此言论,不胜骇异。上海为中国领土,吾人为主人,彼等不过为吾人之宾客,宾客对于主人,固无拒绝主人入内之权利。如租界当局果阻余入租界,则吾人对此不能不有出以断然手段之觉悟。现时中国已达撤废一切外国租界之时期,吾人为贯彻此目的不惜为最大之努力。中国国民已不能再坐视外国侨民在中国领土内肆其跳梁跋扈也。(《孙文过沪几被刺》,北京《晨报》1924年11月19日)

△ 上午10时,与《国闻》《东南》两报记者简要谈及赴津行期,强调北上力求和平统一。

记者询问对于时局的意见,谓"余前所希望和平统一之目的,今或可达到"。又谓:对于解决时局"终有办法","惟奠定国是全仗国民通力合作,而尤望舆论界尽力声援,方克有底于成。现在武力政策既已打破,和平统一之期相去非遥。国民对国内政治前途固极宜注意,而于外力侵涉内政尤宜严加防遏……深望国民全体注意及此,共起打破此帝国主义……则中国可谋长治久安矣!"关于何时北上入京,谓"此当视北方局势变化而定,局势纷乱当速行,平静则可稍缓北上"。(《孙中山先生昨晨抵沪》,上海《民国日报》1924年11月18日;《孙中山抵沪纪》,《申报》1924年11月18日)

△ 下午3时(另一说为5时),在寓所接见《申报》记者康通一。

记者询问对于时局亦乐观否? 孙中山谓:"此在国民之努力如何,国民不努力自无希望,而指导国民者惟言论界。故言论界若专以营业为目的,国民自难进步,国事亦无可为。中国内乱实受外力支配,吴佩孚退入长江,亦必由在长江有势力范围之英国招之使来。国民必宜一致反对帝国主义,使外国能自改变其政策。如英国国民亦不少有理性者,本不愿欺侮我国民,然我国民若受侮而缄默,则彼等亦能为助?"(《孙中山先生昨晨抵沪》,上海《民国日报》1924年11月18日)

△ 接见冯玉祥、胡景翼的代表马伯援,详询京津情形,且谓"关于北上的事,容商而后行"。(《孙中山抵沪后之所闻种种》,《时报》1924年11月19日)

△ 下午4时,孙中山召集杨庶堪、谢持等议西南事。(谢持:《谢持日记

未刊稿》第 4 册，广西师范大学 2007 年版，第 351 页）

　　△ 安庆总商会特派代表范厚泽来沪欢迎，并谒见孙中山。（《孙中山抵沪后之所闻种种》，《时报》1924 年 11 月 19 日）

　　△ 派员向双轮牙刷公司定制刻"大元帅特奖"字样牙刷五十万把，俟北上后奖给反直各士兵。（《孙中山先生昨晨抵沪》，上海《民国日报》1924 年 11 月 18 日）

　　11 月 18 日　发表抵沪启事。

　　谓"文此次抵沪，备承各界、各团体盛意欢迎，深为感愧，惟事冗不及一一接谈，无任歉仄，专此道谢，统希鉴察"。（《孙文启事》，上海《民国日报》1924 年 11 月 18 日）

　　△ 接见《文汇报》记者，并命秘书取《北上宣言》交予记者。（《孙中山暨其秘书之谈话》，《申报》1924 年 11 月 18 日）

　　△ 公开接见民众代表，示以《北上宣言》，并解释国民会议之用意，望大家广为宣传国民会议主张。（"由粤往津记事"，《哀思录》初编，中国文史出版社 2015 年版，第 3 页）

　　△ 李烈钧来谒，主张绕道日本访问后入京。

　　据李烈钧自传中回忆："余抵沪时，总理已至。即晋谒，总理诏余曰：'芝泉约余赴北京，现正待启行，而诸友意见不一，君谓余当如何？'余答：'日本老友甚多，如头山满、犬养毅、白浪滔天、床次竹二郎诸人者，皆彼国之贤达，与总理凤相契厚者，倘过日本晤谈，获益必大。'总理乃定取道日本之计。"（《李烈钧将军自传》，中华书局 2007 年版，第 83 页）（该自传载"余抵沪时，总理已至"，实记忆有误；绕道日本赴天津的决定是何时作出以及为何作出这个决定的问题，存在不同说法。）

　　△ 致电冯玉祥、胡景翼、孙岳，告已抵沪，数日后即北上赴津。（《时报》1924 年 11 月 20 日，"电报"）

　　△ 指令禁烟督办谢国光，准予题颁"急公好义"匾额，嘉奖万益公司。（《帅令嘉奖万益公司》，广州《民国日报》1924 年 11 月 18 日）

　　11 月 19 日　下午 3 时，在上海莫利爱路寓所招待新闻记者，发表中国时局问题演说，强调国民会议为解决中国祸乱之法。到会记者有《商报》陈布雷、《时报》戈公振、《中国晚报》沈卓吾等 30 余人。汪精卫、戴季陶、叶楚伧、邵元冲在莫利爱路 29 号招待来客。5 时 20 分与各位记者一一握手道别。

　　演说部分内容:"现在中国号称民国,要名符(副)其实,必要这个国家真是以人民为主,要人民都能够讲话,的确是有发言权。像这个情形,才是真民国;如果不然,就是假民国。我们中国以前十三年,徒有民国之名,毫无民国之实,实在是一个假民国。这两三年来,曹、吴更想用武力来征服民众,统一中国。他们这种妄想,到近日便完全失败。这个失败事实发生了之后,就是我们人民讲话的极好机会。我们人民应该不可错过这个机会、放弃这种权利;若是我们放弃这种权利,便难怪他们武人讲话,霸占这种权利。我这次决心到北方去,就是想不失去这个机会。至于所有的办法,已经在宣言中发表过了。大概讲起来,是要开一个国民会议,用全国已成的团体做基础,派出代表来共同组织会议,在会议席上公开地来解决全国大事。

　　……我们这次解决中国问题,为求一劳永逸起见,便同时断绝这两个祸根。这两个祸根,一个是军阀,一个是帝国主义。这两个东西和我们人民的福利是永远不能并立的。军阀现在已经被我们打破了,所残留的只有帝国主义。要打破帝国主义,便要全国一致,在国民会议中去解决。诸君既是新闻记者,是国民发言的领袖,就一定要提倡国民会议。国民会议开得成,中国的乱事便可以终止;若是开不成,以后还要更乱,大乱便更无穷期。中国每次有大乱,我总是首当其冲。譬如从前的袁世凯,现在的吴佩孚,都是身拥雄兵、气盖一时的人,我总是身先国民,与他们对抗。这次推倒了吴佩孚,我也放弃两年的经营,只身往北方去,以为和平统一的先导。我这次往北方去,所主张的办法,一定是和他们的利益相冲突,大家可以料得我狠(很)有危险。但是我为救全国同胞、求和平统一、开国民会议去冒这种危险,大家做国民的人便应该做我的后盾。中国以后之能不能够统一,能不能够和平统一,就在这个国民会议能不能开成。所以中国前途的一线生机,就在此一举。如果这个会议能够开得成,得一个圆满结果,真是和平统一,全国人民便可以享共和的幸福,我的三民主义便可以实行,中国便可以造成一个民有、民治、民享的国家。造成了这种国家,就是全国人民子子孙孙万世的幸福。我因为要负担这种责任,所以才主张国民会议。我今天招待诸位新闻记者,就是要借这个机会,请诸君分担这个责任,来赞成国民会议,鼓吹国民会议。"(《国民会议为解决中国内乱之法》,《孙中山先生由上海过日本之言论》,上海民智书局 1925 年 3 月版)

　　△ 向《大阪朝日新闻》特派员谈访问日本之目的及对时局的看法。

（《大阪朝日新闻》1924 年 11 月 21 日）

　　△ 决定绕道日本北上，嘱咐随从人员乘轮分头而行，于天津齐集，并指定戴季陶、黄昌谷等随同赴日。（罗家伦主编、黄季陆增订：《国父年谱（增订本）》下册，第 1157—1158 页）

　　△ 召汪精卫、马超俊到寓所，告其先行北上之任务，汪负责联系军事、政治事项，马负责指导民运、工运事项。（《中华民国史事纪要（初稿）——一九二四年九至十二月》，第 889 页）

　　△ 中国共产党发表对于时局宣言，支持孙中山召集国民会议以解决国是的主张。国民党人在《向导》上撰论，欢迎孙中山北上。（陈锡祺主编：《孙中山年谱长编》下册，第 2068 页）

11 月 20 日　孙中山在上海寓所接见来自复旦、东吴、法政、上海等大学的何世桢、喻育之等三十多位国民党青年党员。

　　谈话内容：何世桢等谓，外界对三民主义有诸多误会，"此层望对外须有解释，而于本党分子应按纪律严加处理"。孙中山答道："尔等所言各节，余已明了。关于民生主义一部分，外间及党员尚多未了解，故余在粤曾有演讲，现已付书局印刷，不久可出版，将来可购阅研究。至关于纪律一层，余已有办法。"（《国民党员昨谒中山》，《申报》1924 年 11 月 21 日）又某君问："近有某党假借本党名义及破坏本党等情，应如何对付？"孙中山答称："某党不敢公然独行，乃假冒本党之名者，足见本党牌子之老而能受人信仰。吾党万勿因彼辈冒牌即怀妒恨，我意惟恐其不假冒……愿君今后努力，为本党多多介绍同志，异日予自京归，必将迎君畅谈。倘仍独君一人，而不能尽力介绍者，则君不必见我。"（《党员须多量介绍同志入党》，《国父全集》第 2 册，第 870 页）

　　△ 致电各省各公署等组织，要求派员分赴各地宣传国民会议。（《中山先生之通电》，上海《民国日报》1924 年 12 月 3 日）

　　△ 鲍罗廷每日恒在莫利爱路寓所，汪精卫、戴季陶等行事一秉承其命令。（《孙中山与反共产派之谈话》，《顺天时报》1924 年 11 月 29 日）

　　△ 致电日本涩泽荣一，谓："契阔多年，恒怀雅度。远闻高节，至慰私衷。特布极拳，曷禁神往。"（《致涩泽荣一电》，《孙中山全集》第 11 卷，中华书局 1986 年版，第 351 页）

　　△ 马伯援持冯玉祥请速促孙中山北上之电来谒孙中山，孙告之已决定

绕道日本赴津。(罗家伦主编、黄季陆增订:《国父年谱(增订本)》下册,第1158—1159 页)

△ 委派人员分赴各地宣传召集国民会议之真意,且发表致各省、各公署、各公团、各学校通电。通电内容为:"文主张召集国民会议,为解决目前中国问题之唯一办法,前已发表宣言,通告全国。惟内地交通不便,每多隔膜,因特派同志分赴各地宣传,俾民众均得了解国民会议之真意。所派同志,均给有委任书,到时务期惠予接洽为幸。"(《中山先生之通电》,上海《民国日报》1924 年 12 月 3 日)

11 月 21 日　与鲍罗廷、汪精卫、戴季陶及共产党执行委员沈定一、瞿秋白等作长时间谈话。(《中山到沪与共产党之活动》,《顺天时报》1924 年12 月 2 日)

△ 上午 9 时,国民党上海各区分部执行委员周颂西、石克士、蒋作新、童理璋等谒见,污蔑"共产党违背主义、破坏大局、攻击友人、私通仇敌、棍骗工人"等等,请孙中山惩戒其应得之罪。孙中山训诫谓:"十三年来民国绝无起色,党务并不进步,皆由尔等不肯奋斗之过,彼共产党成立未久,已有青年同志两百万人,可见其奋斗之成绩,尔等自不奋斗而妒他人之奋斗,殊属可耻,彼等破坏纪律,吾自有办法,与尔等何干。上海现有人口一百五十万人,今吾限尔等每人一年内须介绍党员一千人,否则不准再来见我。"(《中山到沪与共产党之活动》,《顺天时报》1924 年 12 月 2 日)

△ 谢持来谒。(谢持:《谢持日记未刊稿》第 4 册,第 355 页)

△ 上海商界代表虞洽卿、周佩箴来谒,告商界赞成国民会议主张,并讨论商业与国民外交等问题。(《虞洽卿谒孙先生》,上海《民国日报》1924 年11 月 22 日)

△ 致电许世英、张少卿、陈宧等,告 22 日启程绕道日本赴京。(《孙中山抵长崎》,《顺天时报》1924 年 11 月 25 日)

△ 交《东京日日新闻》《大阪每日新闻》驻沪记者声明书一份,委托记者们向日本国民转达其此次访日的目的。此声明书,两报记者以"上海特电"发回日本,次日分别刊出。声明称:"此次余之访问日本,系在赴天津会议之先在日本访问旧知,并与朝野各方会见,毫无隔阂地交换意见。现在中国行将统一,值此重大之时机,究应如何达此目的,当为有识者所慎重考虑。当今中国之问题,非独中国一国之问题,实宜以世界重大问题视之。余处此时

局,痛感无论如何不与日本提携则此事不可能解决,且不仅为外交辞令上之日中提携,必须在日中两国国民的真正了解之下,为拯救中国、确立东亚的和平,共同巩固黄色人种的团结,以对抗列国的非法压迫。为此,关于日本朝野对此时局有何意见,并今后将采取何种方针,欲听取日本朝野的意见,以资收拾中国之时局。一部分人传说余有意要求日本废除二十一条,归还辽东半岛,现在余对此类问题尚未有何等具体的考虑,不久抵北京后将召集国民会议,听取国内舆论,方为最善之策。"并表示:"今次中国之动乱,日本所采取之态度实为光明正大,余心窃为佩服。"(李吉奎:《孙中山与日本》,广东人民出版社 1996 年版,第 586—587 页)

　　△ 陈世光来谒,代转外交部欢迎北上之电,请示行期。(《渴望大元帅北上》,上海《民国日报》1924 年 11 月 22 日)

　　△ 命邵元冲、朱和中、韦玉等于明晨乘船赴天津。(王仰清、许映湖标注:《邵元冲日记》,上海人民出版社 1990 年版,第 78、79 页)

11 月 22 日　偕夫人宋庆龄等乘汽车离开寓所,至虹口汇山码头登船,起航前往日本。(《孙中山先生今日离沪》,上海《民国日报》1924 年 11 月 22 日;《孙中山先生昨晨离沪》,上海《民国日报》1924 年 11 月 23、24 日)

是日晨 6 时 45 分,孙中山、宋庆龄及随同卫士由莫利爱路寓所乘车出发至汇山码头,7 时登上开往日本的"上海丸"。在房舱略事休息后,孙中山来到大餐厅接见日本记者及沪上各报记者二十余人,发表讲话,重申收回租界及北上主张,望中日两国提携亲善。后,孙中山、宋庆龄至三楼,与送行者一一握手道别。8 时 45 分"上海丸"鸣笛起航,孙中山、宋庆龄在船头与送行者脱帽挥手道别。当日随孙中山、宋庆龄一同赴日的有李烈钧、戴季陶、黄昌谷夫妇及马湘、黄惠龙等人。其余随行人员则在此前后陆续专程赴津准备迎接孙中山。

11 月 29 日　受孙中山之托,谢持、居正、周佩箴、邵力子、叶楚伧等在寓所招待实业团体、商会、教会各界重要人物,向其详述国民党对于时局的主张,说明孙中山发起国民会议之目的,认为国民会议乃解决国是的唯一方法。商教界代表们皆表示赞成国民会议主张,且表示赞同孙中山的主张,上海总商会早有通电,主张以职业团体代表组织国民会议。(《各方面对时局之表示》,《时报》1924 年 11 月 30 日;《国民党员招待商教界》,《中华新报》1924 年 11 月 30 日)

11 月　△ 广州市总商会题赠孙中山"统一先声"银杯。(上海孙中山故居纪念馆藏)

　　△ 张坤仪为孙中山北上绘赠孙中山"仁风披丹冈"挂轴。(上海孙中山故居纪念馆藏)

1925 年

1 月　旅京广东同乡欢迎会将景泰蓝熏炉题赠宋庆龄。（上海孙中山故居纪念馆藏）

3 月 16 日　宋庆龄致电上海孙中山寓所。

嘱"勿移动孙先生在日书案座椅等原位"，保持孙中山在世时之原状。（上海《民国日报》1925 年 3 月 17 日）

4 月 11 日　宋庆龄由南京乘车赴上海。

下午 2 时乘火车赴上海。上海大学学生到车站欢迎，女共产党员杨之华和黄胤扶宋庆龄下车。抵沪后住莫利爱路寓所。（上海《民国日报》1925 年 4 月 13 日）

4 月 17 日　宋庆龄在寓所接受上海国民党女党员的慰唁，并委何香凝代她向女党员致谢。

国民党上海执行部青年妇女部于 16 日发出通告，定于 17 日下午 3 时召开全体女党员大会，以慰唁宋庆龄并请何香凝演说。后因故改推代表到莫利爱路 29 号寓所面致慰唁。何香凝代表宋庆龄致谢并勉励前来慰唁的女党员代表说："孙先生奋斗四十余年，毫无一些产业，先生所遗下来的产业，即《三民主义》《五权宪法》《建国大纲》《第一次代表大会宣言》及最后之《遗嘱》。这不但是孙夫人的产业，也便是中华民国和东方民族的产业。希望女同志们以后更当遵守先生遗言，根据先生主义，努力为本党宣传，方能达到男女平等及中国民族的解放。"最后，还述及中山先生临终时恐同志们被敌人软化的情形，语时悲切，几欲下泪。宋庆龄则勖勉女党员代表"应格外努力征求介绍女同志（入党）"。女党员闻之，皆极赞同。最后合影留念。（上海《民国日报》1925 年 4 月 18 日）

6 月 7 日　为"五卅"事件，宋庆龄致函杨杏佛，征求所拟电稿意见，并附两件英文稿。

"五卅"惨案发生后,宋庆龄拟发表声明抗议。是日给杨杏佛一封英文函,内附两件英文稿。函谓:"附上我的草稿,请你和许谦伦先生一起看一遍。删去不必要的句子,加入你们认为需要的东西。""我想路透社乐意为我们发此电报……但如他们不愿发报,则请今天就将稿子送电报局发出。"又说:"关于学生出面的电报,我想为我们的党考虑,学生联合会可发同样的电报,只要将第一节略加改动即可。"并指出:"这里许多组织提出对死伤者给予赔偿的要求,这实在是个笨主意。请告诉同学们不要提这种要求,我们必须提一些重要的和值得提出的要求。"(宋庆龄书信集编委会编:《宋庆龄书信集》上册,人民出版社1999年版,第50—51页)

6月9日　就"五卅"惨案,宋庆龄对上海《民国日报》记者发表谈话,高度评价五卅运动的伟大意义与爱国精神。

是日,《民国日报》发表《孙中山夫人之谈话》。记者在按语中说:"前因事得见孙中山夫人宋女士,叩以对'五卅'惨案之意见,孙夫人对此事极为愤慨,兹述其谈话如下。夫人随孙先生奔走革命十余年,其精神与主张,当为关心此事者所欲知也。"

谈话谓:"此次惨剧,简单言之,实为英日强权对于中国革命精神之压迫,中国人民能一致起而反抗英捕房之暴行,在上海此实为第一次";也是"中国三十年来依赖外力之一大觉悟,关系国家与民族前途至大,不可视为上海一隅之交涉,或数日之冲突也"。指出:"吾人所恃之武力",就是"全国国民之爱国心与团结力"。"今此爱国之情感日趋热烈,所惜未加组织,尚不能使入正轨耳。"为此,"今日所急者不在灭此爱国之火焰,而在善用此次火焰,使成积极有益之努力,以解放中国脱离英日帝国主义之压迫"。强调"今日最当恐惧预防者,为国人之自相分裂与中道气馁,尤忌违反公理之调和"。同时要切"不可信外人挑拨之辞,因惧被诬赤化,遂并国亦不爱也"。呼吁:"凡中国国民皆当负此救国重任。中国国民党党员,尤当努力以竟其领袖未竟之志。"并说:"最近学生工人与市民之爱国运动中,处处可见孙先生之精神,故孙先生精神实未尝死。吾人应共起奋斗,为民族争独立,为人权争保障。外间对学生主张打倒帝国主义颇有误会,不知此即孙先生四十年革命目的之一。"为了更有效地进行这一斗争,还主张有步骤地分内外两方面做工作。"对外当以言论唤起世界各国之人民主张公道";"对内当一方面团结各界,坚持到底。同时大规模向各省募捐款项,援助失业之工人。一方面宜趁此时唤起全国人之民族精神,为长时期之奋斗,务达取消一切不平等条约之目的"。并特别强调:"此次奋斗,不可专赖一界或一阶级,如商界政界之类,而当合工商学各界之全力应付之。"总之,"惟有人民团结自救而已"。(《为"五卅"惨案对上海〈民国日报〉记者的谈话》,上海《民国日报》1925 年 6 月 9 日;《五卅运动史料》第 2 卷,上海人民出版社 1981 年版,第 308—309 页;《宋庆龄选集》上卷,人民出版社 1992 年版,第 25—27 页)

△ 和于右任等发起组织的"五卅事件失业工人救济会"发表《募捐启事》,呼吁社会各界捐助款项救济失业工人。

为了援助失业之工人,宋庆龄和于右任、徐谦、沈仪彬、李佩书、戴季陶、周佩箴等发起组织"五卅事件失业工人救济会",会址设在法租界环龙路 44 号国民党上海执行部内。

是日,该会发表《募捐启事》。宋庆龄率先捐洋 170 元,其母倪太夫人和二弟子良也捐了款。同时,宋庆龄还竭力向海外募捐。从 6 月 18 日至 8 月 30 日,五卅事件失业工人救济会在《民国日报》上公布 21 次"募捐进支表",其中提及"孙夫人经手募"的就有 14 次,主要来自美国、加拿大、菲律宾、尼加拉瓜等国的华侨及国民党总支部分部。(上海《民国日报》1925 年 6 月 21、25、26、28 日;7 月 1、11、16、22、24 日;8 月 1、2、12、14、30 日)

6 月 10 日　为打破租界的舆论封锁,宋庆龄委托杨杏佛创办的《民族日报》在上海发刊。

为了进行广泛的反帝宣传,唤起全国之民族精神,宋庆龄特委托杨杏佛办一份报纸,取名《民族日报》。杨任主任编辑,高尔松(共产党员)任编辑。在《出版启事》中明确宣告:"同人自'五卅'惨剧发生以后,痛民族地位之堕落与租界言论之不自由,特编刊《民族日报》专讨论'五卅'事件,同时根据孙中山先生民族主义提倡中华民族精神。"报址设在上海宝山路商务印书馆对门。(上海《民国日报》1925 年 6 月 9 日)是日,《民族日报》出版发行。宋庆龄不仅在报上发表文章,还亲自撰写社论。杨杏佛逐日撰写社论,抨击日英帝国主义的罪行和反对军阀名流的妥协投降活动。高尔松在报上发表多篇署名文章,宋庆龄阅后,认为很好,曾送给他一张孙中山先生的照片,并亲自签名,以作纪念。《民族日报》旗帜鲜明地报道五卅爱国运动和积极宣传孙中山的反帝思想,使国内外反动派极为恐惧和忌恨,出版 16 天后被租界和华界当局同时勒令停刊。(杨小佛:《宋庆龄与杨杏佛的友谊》,《世纪》1997

年第 4 期;宋轶能:《高尔柏、高尔松事略》,载《上海文史资料选辑》第 74 辑,上海人民出版社 1984 年版,第 64 页)

6 月 13 日　宋庆龄接广州革命政府之报捷电。

是日晨,宋庆龄接到其弟宋子文由香港发来的电报。该电报告了广州政府最近对陈炯明叛军战事胜利情形。原电为英文。电文如下:"上海莫利爱路 29 号孙中山夫人鉴:政府嘱以下列消息传达。中山舰与省河炮舰队已对叛军大本营与营房施猛烈之攻击,敌人劫取河南之计划已完全失败,东江西江北江各军,均如期齐集,省城完全包围,敌军已濒绝地。宋子文佳。"(《民族日报》1925 年 6 月 18 日)

6 月 16 日　宋庆龄收到美国三藩市葛仑埠民德学校学生会来电。

美国三藩市葛仑埠民德学校学生会来电,谓:鉴于"沪惨杀案,华侨愿热烈协助,由广东行电汇沪洋千元,请转救济罢业总机关"。(上海《民国日报》1925 年 6 月 17 日)

6 月 18 日　署名"宋琼英",在《民族日报》上发表文章,抨击英帝国主义的暴行,号召民众以孙中山之主张和精神争取民族独立。

宋庆龄为抗议英帝国主义不仅在上海继续施虐又在汉口屠杀我工人学生,并号召国人起而斗争,撰写《孙中山先(生)与"五卅"后之民族独立运动》一文,以社论的形式在《民族日报》的头版头条发表。该文全文如下:

中国民族独立之精神深藏固着于吾人之心坎,绝非枪弹所能消灭。最近上海与汉口之暴行予中国民族解放运动以极大之刺戟,吾人深谢大英帝国主义之厚赐。此种暴行使中国人民觉悟其所处地位之危殆与卑下,实为反对帝国主义最有力之宣传。

此次被惨杀之市民每一死者已引起千万人之抗议与呼吁。此种惨无人道之举动充满酷爱自由之中国人民心中以反抗之恶潮。

英国远东政策日趋于侵略压迫之途,实为中国独立之最大障碍。吾人果欲中国脱离次殖民地之地位乎?吾人果欲为自有土地之主人翁,在世界上与他国平等不受帝国主义国家之威胁与恐吓乎?欲达此目的,中国之国际地位必有彻底之改革。

吾人果能继续努力于孙中山先生之主张以坚定诚挚之力,进求所志,必能征服此强有力之大敌。中山先生不云乎:"夫事有顺乎天理,应乎人情,适乎世界之潮流,合乎人群之需要,而为先知先觉者所决志行之,则断无不成者也。"(见《孙文学说》第八章)吾人果欲增民族历史之荣誉与所居时代之光辉乎！努力于中山先生之主张为吾人唯一之途径。(《民族日报》1925 年 6 月 18 日)

　　△ 宋庆龄收到加拿大稳梳华华人慈善会来电。

　　接加拿大稳梳华华人慈善会电："外警肆威,残杀学生,侨等愤甚,一致援助,由工商银行先电汇沪洋 2 000,请代分发工学界,并望坚持到底,款续汇。"(上海《民国日报》1925 年 6 月 20 日)

　　△ 宋庆龄收到澳洲雪梨国民党总支部来电。

　　接澳洲雪梨国民党总支部电："此间捐集百镑助工人救济会。"(上海《民国日报》1925 年 6 月 20 日)

　　△ 宋庆龄收到国民军第三军孙岳来电。

　　接国民军第三军孙岳电："此次沪变,学子死亡,工人失业,至深悯恻,岳拟捐助 1 000 元,以资救恤。"(上海《民国日报》1925 年 6 月 20 日)

　　6 月 21 日　宋庆龄在《民族日报》发表文章。

　　在《民族日报》特刊《孙中山先生与英帝国主义专号》上,发表《力争英帝国主义掌握中广州关余之孙中山先生》一文。该文个别词句略作调整后,于 7 月 2 日发表在广州《民国日报》上。(《宋庆龄年谱(1893—1981)》上册,广东人民出版社 2006 年版,第 289 页)

　　6 月 23 日　廖仲恺、邹鲁、汪精卫三人联名来函,告以中央通过请其出任妇女部部长。

　　函谓："本会前准妇女部部长何香凝同志函开(录全文)等由,经提出本会第八十八次会议,一致通过请夫人担任妇女部部长。敬祈慨允担任,并祈示复来粤就职日期是荷。"(转引自刘红:《一段鲜为人知的佳话》,《团结报》2004 年 10 月 14 日)

　　6 月 28 日　宋庆龄收到墨西哥孖沙打冷华侨团体来电。

　　接墨西哥孖沙打冷华侨团体电："学工被惨杀,愤极,请坚持。兹由广行电汇 580 元,请转账。"(上海《民国日报》1925 年 6 月 29 日)

　　△ 宋庆龄收到美国三藩市北力埠华侨阮岐山等来电。

　　接美国三藩市北力埠华侨阮岐山等来电："帝国(主义)残杀愤甚,请坚持。兹由广行电汇 1 000 元,请转账。"(上海《民国日报》1925 年 6 月 29 日)

　　7 月 25 日　复函廖仲恺、邹鲁、汪精卫,谦辞担任妇女部部长。

函谓:请"另选高者,以充此席"。并陈述理由说:"蒙委庆龄为妇女部部长,本当勉竭绵力,以随诸先生之后,为国为党服务。然窃念德薄能鲜,焉能膺斯重职? 且远居申江,难以就任。"(转引自刘红:《一段鲜为人知的佳话》,《团结报》2004 年 10 月 14 日)

8 月 7 日　宋庆龄收到邹鲁来电。

邹鲁又来电,谓:"有函悉。经本会决议,再电请就职。切盼速来勿辞。"(转引自刘红:《一段鲜为人知的佳话》,《团结报》2004 年 10 月 14 日)

8 月下旬　宋庆龄为廖仲恺遇刺逝世电唁何香凝。

孙中山的亲密战友、国民党左派领袖、国民党中央执行委员、国民政府委员兼财政部部长廖仲恺于 8 月 20 日在广州被国民党右派暗杀。凶耗传至上海,宋庆龄深感悲痛和愤慨,特致电慰唁廖夫人。电谓:"惊闻仲恺先生哀耗,元良遽丧,吾党损失甚巨,实深痛切。家母亦深哀悼。但先生为党牺牲,精神尚在,吾辈宜勉承先志,竭力进行。本拟赴粤亲致祭奠,惟因事所羁,不克如愿。务希各同志扶助本党,积极进行,万勿因此挫折。南望涕零,特电驰唁。"(广州《民国日报》1925 年 8 月 25 日;《宋庆龄选集》上卷,人民出版社 1992 年版,第 32 页)

11 月下旬　宋庆龄谴责反对孙中山三大政策的"西山会议派"。

国民党中央执行委员和监察委员邹鲁、林森、居正、谢持、张继等十余人,于 11 月 23 日至 28 日在北京西山碧云寺召开会议,自命为"中国国民党第一届四中全会",通过驱逐鲍罗廷,取消陈独秀、李大钊、谭平山党籍,不准共产党参加群众运动等决议,公开反对孙中山的三大政策,形成"西山会议派"。(《中华民国大事记》第 2 册,中国文史出版社 1997 年版,第 399、401页)宋庆龄对这伙右派的分裂活动极为痛愤,通电谴责他们说:"总理泉下有知,亦当痛哭。"(中共上海市委党史资料征集委员会、上海宋庆龄故居管理处编:《宋庆龄在上海》,学林出版社 1990 年版,第 224 页)

12 月 4 日　何香凝来函,催促宋庆龄回粤就任妇女部部长。

到了 12 月,仍未见宋庆龄起程来粤,于是何香凝遂于是日再致函催促。函谓:"香凝前以能力薄弱,曾具呈中央执行委员会辞去妇女部部长一职,请夫人旋粤担任,经蒙核准,并去电请大驾回粤。惟迄今未见南来。殊为翘盼。"并告以已由女同志公推其为出席国民党第二次全国代表大会代表,"希早日到粤,以慰女同志之渴慕"。最后,请宋庆龄同意担任"救护传习所"和为纪念廖仲恺筹办"农工学校"等项活动的发起人。（转引自刘红：《一段鲜为人知的佳话》，《团结报》2004 年 10 月 14 日）

年底　宋庆龄在上海接待前来中国采访的美国记者安娜·路易斯·斯特朗，并帮助她去广州采访省港大罢工。

美国著名的进步记者和作家安娜·路易斯·斯特朗在从莫斯科到温哥华的途中第一次来到中国采访。她在北京遇见了在莫斯科认识的鲍罗廷夫人。鲍罗廷夫人对斯特朗说："你一定要到广州来看我们。广州象征着现代中国。"还告诉说：由于省城罢工，"香港到广州的交通已断。一只英国小船从香港开到沙面。但是，广州罢工委员会不会让广州的船与英国的汽艇相会"。表示她愿意同罢工委员会疏通，请他们"破例让我会见你"。并一再强调"你应该看看广州，这是很重要的"。于是，斯特朗专程到上海访问宋庆龄，谈了自己想前往当时全国革命的中心、正在轰轰烈烈地进行反帝大罢工的广州进行采访的打算。宋庆龄十分热情地支持她的这一行动，并表示愿帮助斯特朗去广州。同时向她建议说："如果你从上海乘轮船去广州不去香港，就好办得多。但作为一名记者，两个城市都该去看看。"还特意为斯特朗写了一封信给当时在广东省政府担任财政厅长的弟弟宋子文，嘱咐他尽力协助斯特朗的采访工作。斯特朗在宋庆龄和鲍罗廷夫人的帮助下，终于到达香港和广州采访了省港大罢工的情况。（朱荣根等译：《斯特朗文集》1，新华出版社 1988 年版，第 253 页；郭鸿等译：《斯特朗文集》2，新华出版社 1988 年版，第 21—22 页）

是年　赠款 500 美元给威斯里安女子学院，作为"威斯里安扩建基金"，供兴建新的校舍。

宋在捐款给母校的支票上附言曰："（此款）是对母校的一点贡献，借此表达我对于威斯里安理想能普及到更多学子中去的快慰之情。"（据"宋庆龄赠款支票"影印原件）

威斯里安女子学院 1917 年毕业的校友伊丽莎白·达文波特·普赖特，曾对宋捐款一事著文评论曰："最近，孙夫人向'威斯里安扩建基金'捐了五百元。这证明在离校十二年之后，在相距一万二千英里的中国，在她心中威斯里安仍然有着同过去一样重要的位置。"（〔美〕伊丽莎白·达文波特·普赖特：《威斯里安同情它的女儿——中国首任总统遗孀》，《威斯里安校友通讯》1925 年英文版）

1926 年

1 月 20 日 何香凝将廖仲恺的照片题赠宋庆龄。（上海孙中山纪念馆藏）

1 月 25 日 鲍罗廷将照片题赠宋庆龄；鲍罗廷夫人将鲍罗廷夫妇合影照片题赠宋庆龄。（上海孙中山纪念馆藏）

4 月初 宋庆龄致函佛山县罢工团驻某村镇之别动队，要求释放被其拘捕的传教士。

广东佛山县某村镇有一基督教小礼拜堂，3 月 31 日晚间正在公开传教时，恰有驻扎该处之罢工团别动队巡逻至此，将该堂教士及其友一人"捕去幽禁，加以虐遇"。宋庆龄闻知此事，速致函别动队队长，要求将该教士等立即释放。该队长接函后，"即准如所请"。（上海《民国日报》1926 年 4 月 8 日）

4 月 16 日 宋庆龄复函在美国留学时的同学阿莉，表示要忘我地投身孙中山毕生的事业。

函谓："谢谢你那样美好的来信。"指出："现在我的思想仍是痛苦的。面对经受的可怕损失，我的悲痛非但并未减弱，而且有增无已。"同时坚定地表示："我试求忘掉我自己，投身我丈夫毕生的事业，就是实现一个真正的中华民国。"在谈到去广州参加国民党代表大会的情况时说："每个人都那样地周到和亲切，他们使我意识到对一个国家来说，没有无私的爱国者领导国家走出混乱是多么大的悲剧。我一定到自己尽力并鼓励他人继续我丈夫的事业！"还告知去南京参加孙中山陵墓奠基典礼，希望在 6 月和宋美龄一起去北京看望宋霭龄，以及宋子安将于秋季进哈佛大学等情况。最后请其"在最好的商店里定制一些名片"。"这些名片周围应有黑边。因为根据中国的习惯，这是这 3 年内我将使用的惟一的一种。"（宋庆龄书信集编委会编：《宋庆龄书信集》上册，人民出版社 1999 年版，第 53—54 页）

5月4—7日 宋庆龄连续发表关于征集孙中山文稿原件的启事。

启事全文如下：

中国国民党同志、孙中山先生友人公鉴：中山先生遗稿未经发表者尚有数十万字，均由庆龄保藏。兹拟于最短期间编印遗集，以垂久远，而广流传。惟念先生知交同志遍海内外，所藏先生书札文字必多，自应搜遍入集，以期完备。此项文件虽大部分均有底稿存档，惟原文真迹尤足珍贵，故拟一律影印行世。凡藏有上述文字者，务乞于两个月内即以原稿墨迹双挂号邮寄上海法租界莫利爱路 29 号交庆龄亲收，如能附以说明及关于该项文件之前后事实尤所欢迎。此项收到稿件当由庆龄负责保管，一俟编校摄制影片完竣，两星期内仍用双挂号寄还原藏稿人。如因特别原因藏稿人不能以原稿墨迹邮寄者，亦望以墨迹影片见寄。事关永久纪念先生，凡宝藏先生遗墨者，当必不吝借钞以襄其成也。孙宋庆龄谨启。（上海《民国日报》1926 年 5 月 4、5、6、7 日；《申报》1926 年 5 月 4、5、6、7 日）

5月25日 宋庆龄和何香凝等任会长的国民党党立红十字会发表《告各界民众书》，呼吁大家一齐赞助并加入党立红十字会。

告民众书明确指出党立红十字会的主要任务是救护致力于国民革命的革命军人、革命同志及贫穷民众。强调："革命军是为我们民众谋利益的，是为国民党的主义做我们人民的武力的。"因此，"我们民众想拥护自己的利益，就大家同心同德，死力来拥护国民党指挥下的革命军"，解救他们伤、病的痛苦。呼吁"农工商学各界民众，若想国民革命赶快成功，就要请大家一齐赞助党立红十字会，大家一齐加入党立红十字会"。最后还注明：报名处广州市广仁路广东省党部本会办事处内。（广州《民国日报》1926 年 5 月 25 日）

1927 年

6 月　宋庆龄题签 The Individual and the Social Order。（上海孙中山故居纪念馆藏）

7 月 17 日　宋庆龄秘密离开汉口回上海。

是日,宋庆龄乔装打扮,乘轮船秘密离开汉口回上海。①（《晨报》1927年 7 月 21 日）宋庆龄由于此行严格保密,上海新闻媒体直到 7 月 27 日才报道:“孙夫人数日前到沪,现仍寓莫利爱路 29 号总理故宅中。”（上海《民国日报》1927 年 7 月 27 日）

7 月 25 日　宋庆龄会见何应钦。

蒋介石派代表何应钦到莫利爱路 29 号面谒宋庆龄,陈述蒋“欢迎其到宁之意”。（《晨报》1927 年 7 月 31 日）

7 月 28 日　宋庆龄委托秘书致函各报社,驳斥所谓因与武汉共产党“不睦”而辞职离汉之谣言。

函谓:“中山夫人近日忙碌于救济伤兵事,因劳致疾,现已来沪休养,嘱鄙人代致函各报社,否认近日各方宣传谓中山夫人因与武汉‘赤党’不睦,忿(愤)而辞职之说。”函中特别斥责了英文《上海时报》散布的所谓“中山夫人因见中山主义既不能见诸实行,更不能脱离赤俄政策之束缚,故而辞职”的谣言,指出:中山夫人以为这完全是“故意淆乱事实”,因她在未离汉之前,已在声明中明白宣布辞职理由,即“因见中山主义已为一般逐渐得势之武汉分子所蹂躏”。并说:“中山夫人更愿进一步言之”,其辞职不但“与武汉之左派无关”,且对左派“极表同情”,因为今日“尚维持中山主义者”和“尚知以民生

---

①　一般认为,宋庆龄是在美国友人雷娜·普罗梅陪伴下离开汉口回上海的,但雷娜·普罗梅的日记却说明并非如此。雷娜在日记中清楚地说明她是在宋庆龄离开后,留下来帮助丈夫将《国民论坛报》移交给新负责人,并陪丈夫出席鲁茨牧师的晚宴。然后,在宋庆龄离开汉口两周后,她乘船前往上海(转引自[美]彼得·兰德:《走进中国》,文化艺术出版社 2000 年版,第 379 页)。

为政府基础者"都"惟有左派"。最后还指出:"再者中山夫人已于宣言中声明,中国之劳农运动,既非新事,亦非异说,因中山于'赤化'说未出之前 20 年,已实地为劳农作工夫。所谓'赤化'者实系一般诋毁武汉政府左派者,因欲令人人对武汉政府生厌恶之心,故呼武汉为赤化。"(《晨报》1927 年 7 月 31 日)

7 月 30 日 宋庆龄对合众社记者发表谈话,批驳"将在宁政府活动"的谣言。

蒋介石得知宋庆龄已抵上海,竭力施展拉拢伎俩,不仅发函电"坚请宋赴宁",且派全权代表何应钦于 25 日到莫利爱路 29 号面谒宋庆龄,陈述蒋"欢迎其到宁之意"。南京政府还扬言:"由路局备专车相候。"这一切"均被拒绝"。(《晨报》1927 年 7 月 31 日)

宋庆龄为了戳穿南京蒋介石政府所散布的她可能赴宁任职的谣传,于是日接见来访的合众社记者古尔德时发表谈话,严正宣布:"近日谣传余将在宁政府活动,全属无稽之谈。余此次所以必须来沪者,因余家宅在沪。"并坚决表示:"此后余之行止,将如余前在汉口所发之宣言,在国民党现行政策不改变之前,余决不参与任何活动,于革命事业不纳入中山主义轨道内时,余决不担任任何党务。余非叛徒,亦非骑墙,且与南京政府毫无关系也。"(《晨报》1927 年 8 月 3 日)

7 月 31 日 宋庆龄会见由武汉抵沪的雷娜·普罗梅,向她透露不想直接流亡到苏联。

是日,雷娜·普罗梅在日记中写道:"我在码头被盯梢的英国伦敦警察厅侦探库克盯上了。我叫上一辆出租车到孙夫人的寓所,不是直接去,因为司机不知道地方。大约 7 点 30 分抵达那里,她等着我,很高兴见到了我。她的神经还相当糟糕,她告诉我她的一些难处。有人打扰她,房子周围到处都有人监视,向她的仆人询问各种问题。她还没有出过门。我告诉她陈友仁提出的计划。她说她不想直接到俄国去,因为在中国的人会对此说三道四。她还为难地说,如果她取道去美国,就需要一笔钱。那天晚上没有决定——至少在几天后陈本人直接来谈话之前她还没有决定。最后,在一番我不知情的争论之后,她决定直接去俄国,但不是正式的;她去是以外交部长的身份——她是什么身份我不知道的。"(转引自[美]彼得·兰德:《走进中国》,文化艺术出版社 2000 年版,第 379 页)

7 月底　宋美龄前来莫利爱路 29 号看望生病卧床的宋庆龄。

8 月 1 日　宋庆龄和毛泽东、邓演达等联名发表《中央委员宣言》。

是日,由宋庆龄领衔和毛泽东、董必武、林伯渠、吴玉章、恽代英、谭平山、邓颖超等国民党二届中央委员会中的共产党人,以及邓演达、彭泽民、柳亚子、屈武等国民党左派人士共二十二人,以国民党中央委员名义,在南昌《民国日报》上发表《中央委员宣言》,痛斥蒋介石、汪精卫背叛革命,残害同志,屠杀民众的罪行。宣言指出:党中旧的领袖大半为敌人软化,武汉与南京所谓党部政府,"皆已成为新军阀之工具,曲解三民主义,毁弃三大政策,为总理之罪人,国民革命之罪人"。表示"同人等自今以后,惟有领导全国同志,誓遵总理遗志奋斗到底,决不敢有所瞻徇,以贻误革命大局"。并号召:"全国同志在此时间,均应一本总理创造本党之精神,与一切假冒本党革命名义者坚决斗争,尤望在本党指导之下的忠实将士,能一本总理百折不回之勇气,使一兵一卒皆能不受假冒本党革命名义者之所利用,为本党真正之革命主张奋斗到底。"宣言中还提出七项政治主张,旗帜鲜明地要继续反帝与解决土地问题,要"积极预备实力,以扫除蒋、冯、唐(生智)等新式军阀与国内一切帝国主义、北洋军阀与封建社会之势力"。(南昌《民国日报》1927 年8 月 1 日)

8 月 13 日　宣布辞职下野的蒋介石抵达上海,往访孙夫人宋庆龄,宋庆龄劝他辞职出洋。

8 月 22 日　宋庆龄和陈友仁等乘船秘密离沪,赴莫斯科。

是日早上 3 时 30 分,宋庆龄由雷娜·普罗梅陪同,悄悄地离开莫利爱路寓所,乘上预先停在路旁的一辆苏联总领事馆的汽车。她们与陈友仁及其两个女儿和武汉国民政府外交部秘书长吴之椿在黄浦江边两个不同的地方分别乘上两艘机动舢板,转驳到苏联货船上。一起上船的还有一个俄国人。货船借着早晨涨潮驶往海参崴,然后转乘火车赴莫斯科。(伊斯雷尔·爱波斯坦:《宋庆龄——二十世纪的伟大女性》,第 224 页;转引自[美]彼得·兰德:《走进中国》,文化艺术出版社 2000 年版,第 59 页)

△ 宋庆龄在上海《申报》发表《赴莫斯科前的声明》。

声明指出:"中国如果要想作为一个独立的国家在现代各国的斗争中生存下去,就必须彻底改变半封建的生活情况,并以一个新的现代化的国家代替那存在了一千年以上的中世纪制度。"并说:"这一工作必须用革命的方法来完成。"因为"国内军阀的腐蚀和外国帝国主义的侵略内外夹攻,不允许我们有那样漫长的时间来采取逐渐改进的办法"。

接着,声明阐述了孙中山为铸造一个"合适的革命工具"而制定的三大政策的行动纲领,高度评价了三大政策在大革命中取得的巨大成绩。指出:"由于三大政策使各种力量相互结合,国民党才能结束十年来广东的混乱局面,创建了并供应了革命军队,大举北伐",并在北伐中取得了"伟大军事收获",从而"使中国的国际地位空前地提高了"。同时,严厉谴责了国民党冒牌领袖们背叛三大政策后对中国革命的危害,预言这些叛徒"必然失败"。

声明还热情赞扬"中国共产党无疑地是中国内部革命力量中最大的动力"。并坚定地表示:"我个人的路线是明确的。我深信,三大政策是革命的思想与方法的基本部分。因此我得出结论:在与国内军阀及外国帝国主义的斗争中,只有在国民党领导下正确地配合运用由三大政策所产生的革命力量,国民党人才能获得真正的成功。"

声明最后说明这次访问莫斯科的主要目的,即"使苏联深深地相信,虽然有些人已经投靠了反动势力与反革命,但是,还有许多人将继续忠于孙中山为指导与推进革命工作所制定的三大政策"。(《宋庆龄选集》上卷,人民出版社 1992 年版,第 49—52 页)

1929 年

6月1日 沈卓吾将《总理奉安实录》题赠宋庆龄。(上海孙中山故居纪念馆藏)

6月3日 宋庆龄赴宋子文宅午宴。

席间有母亲倪珪珍、弟宋子良和宋子安作陪。至下午1时许始散。宋庆龄即回莫利爱路29号住宅。(上海《民国日报》1929年6月4日)

6月4日 宋庆龄接待母亲及宋子良。

下午3时10分,在莫利爱路寓所接待来访的母亲倪珪珍及弟弟宋子良。(上海法租界公董局警务处关于宋庆龄的言论和行踪的报告原件,上海市档案馆藏)

6月5日 上午9时20分,在莫利爱路寓所接待来访的弟弟宋子安。中午12时,接待来访的倪珪珍,一起离家,下午1时单独回寓所。(上海法租界公董局警务处关于宋庆龄的言论和行踪的报告原件,上海市档案馆藏)

6月9日 宋庆龄拒绝宋美龄发出的参加国民党三届二中全会的邀请。

是日晨,宋美龄专程从南京来上海,邀请宋庆龄赴南京参加将召开的国民党三届二中全会。宋庆龄于下午2时30分离开莫利爱路29号寓所,于3时40分回到家中。晚,宋美龄返回南京,宋庆龄未往。①(上海《民国日报》1929年6月10日;上海法租界公董局警务处关于宋庆龄的言论和行踪的报告原件,上海市档案馆藏)

6月16日 上午11时30分,在莫利爱路寓所接待来访的弟弟宋子良

---

① 据上海《民国日报》1929年6月10日报道《宋庆龄入京问题》称:蒋主席夫人宋美龄女士,于昨晨自京来沪。闻系专在敦促其姊宋庆龄女士入京参加二中全会,但宋庆龄女士昨未成行。故昨夜宋美龄女士与工商部部长孔祥熙匆匆同车返京。本报记者在车站叩询铁道部部长孙科,据答:"不赴京。"《国闻周报》第6卷第23期称:"宋美龄9日晨到沪迎宋庆龄入京,晚美龄回京,庆龄未往。"

和宋子安,午后 1 时又接待了来访的陈淑英。下午 4 时,宋子良和宋子安携带大量的欧洲报刊复来宋庆龄寓所。(上海法租界公董局警务处关于宋庆龄的言论和行踪的报告原件,上海市档案馆藏)

△ 宋庆龄近期仍居上海,并无赴杭之意。

《申报》发布《孙夫人在沪养息,往西湖说不确》一文对 13 日报道予以更正。文谓:"总理夫人宋庆龄氏前以总理奉安回国,先在平小住,复随榇到京。兹因奉安告成,业于本月 2 日抵沪暂住,以资休息。旋有宋氏拟赴杭久住之说,并于事前派秘书赵某先行前去布置一切,经觅定蒋庄为寓所等情。兹悉宋氏并无赴杭之意,近仍居上海,一时亦不他往。"(《申报》1929 年 6 月 16 日)

6 月 23 日　宋庆龄和宋霭龄一起前往孔祥熙家及孔家新居。

上午 11 时,在宋霭龄陪同下,去福开森路 393 号孔祥熙家。下午 2 时,和宋霭龄一起去西爱咸斯路 383 号孔家新居。4 时 30 分回莫利爱路 29 号寓所。(上海法租界公董局警务处关于宋庆龄的言论和行踪的报告原件,上海市档案馆藏)

7 月 5 日　宋子良接受大中社记者采访,称宋庆龄仍在莫利爱路总理故宅,没有离开上海。

上海《民国日报》刊登《孙夫人在沪养病》一文,为大中社记者采访宋子良时就宋庆龄近况的一番谈话。

"问:孙夫人前有赴杭小住说,确否?答:孙夫人无意赴杭。问:最近将离沪否?答:不致离沪。问:孙夫人现寓何处?答:现仍寓莫利爱路总理故宅。问:孙夫人最近在沪生活情形如何?答:因身体欠适,在沪养病看书。"(《宋庆龄年谱(1893—1981)》上册,广东人民出版社 2006 年版,第 431 页)

8 月 1 日　宋庆龄致电"国际反帝大同盟",强烈谴责国民党反动派对内屠杀工农,对外亲帝反苏的罪行。

是日为国际反战日。宋庆龄打电报给"国际反帝大同盟",指出:"反动的南京政府正在勾结帝国主义分子势力,残酷镇压中国人民大众。反革命的国民党领导人背信弃义的本质,从来没有像今天这样无耻地暴露于世人面前。在背叛国民革命后,他们已不可免地堕落为帝国主义的工具,企图挑起对俄国的战争。但是中国人民大众,不因受镇压而气馁,不为谎言宣传所蒙骗,他们只是将站在革命一边进行斗争。恐怖行动只能唤起更广大的人民群众,加强我们战胜目前残忍的反动派的决心。"

　　这份电报被印成传单散发。有人还从南京路先施公司楼顶将一批传单撒下。当一位朋友问及宋庆龄的感受时,她说:"自从我发了电报以后,心里感到痛快多了。我必须表明自己的信念,至于我个人会遇到什么后果,那是无关紧要的。"此后,宋庆龄的房屋受到监视,来访者被跟踪,甚至她夜间打字时发出的噼啪声也被别有用心地造谣为"一部向莫斯科发报的秘密发报机"。宋庆龄对此泰然处之,她对朋友们说:"我心里从未对革命感到失望,我感到失望的只是有些领导过革命的人背叛了革命的道路。"([美]兰德尔·古尔德:《孙逸仙夫人坚持信仰》,Nation 1930 年 1 月 22 日,转引自《文献》1981 年第 4 期)

　　8 月 10 日　宋庆龄面斥代表蒋介石前来游说的戴季陶。

　　戴季陶奉蒋介石之命,以拜访为名,偕夫人到上海宋庆龄寓所游说宋庆龄赴南京。宋庆龄针锋相对地回答:"我对政客的生活不合适,况且我在上海都没有言论自由,难道到南京可以希望得到吗?"接着,戴季陶拿出宋庆龄拍给反帝大同盟的电稿进行威胁:"这真是从你这里发出去的吗? 我真不大相信,像您这种地位,取这种态度,实在是有点不可思议。这诚然是一桩很严重的事啊!"宋庆龄回答:"这是唯一诚实的态度,即使孙先生处于这种环境之下,也是要取这种态度的。你散布谣言把我的电报视作共产党的捏造,未免太可笑了。我有权可以证明,一字一句都是我自己写的。"对戴季陶以"应该遵守党纪"的要挟,宋庆龄说:"遵守党纪,虽然,谢谢你们把我的名字列在你们的中央执行委员会,其实我并不属于你们的贵党。你竟有这种勇气告诉我,说我是没有权利说话的。你们把我当作招牌去欺骗公众吗? 你的好意真是一种侮辱。相信吧,没有哪个以为南京政府是代表中国人民的! 我是代表被压迫的中国民众说话。这你是知道的。全世界人民很容易分辨究竟我致电的'外国团体'对于中国及其人民的利益到底是友善的呢,还是有损害的呢? 你适才带着'爱国义愤'所援引的反帝国主义大同盟,现在正为中国的主权和民族的独立而积极地工作。我的电报正是维护中国人的光荣的表示。你们投降日本和外国帝国主义,侮辱革命的苏俄,才证明你们是一伙走狗,给国家与人民带来了耻辱。你们的爪牙杨虎,在法国巡捕房控告我装置秘密无线电,布置外国特务来对付我,这不是丢脸吗? 你们在中国革命的历史上留下了多少污点,民众将有一日要和你们算账的!"

　　宋庆龄还驳斥戴季陶所谓的孙中山的"理想超过了几世纪",三民主义"可能需要三百年或是四百年"才能实现的谬论,指出:"很明显地,你现在所引据的都是你们篡改过了的三民主义。孙先生自己曾声言过,假如党员能确守主义,革命是能够在二三十年便可以成功的。""我要警告你,不要把孙先生当作一个偶像,当作另一个孔夫子和圣人,这是对孙先生的名声的污辱,因为他的思想与行动始终是一个革命家。我很遗憾,你的思想已经堕落了。"并指出:"国民党是作为一个革命的组织而创建的,绝对不是一个改良派的会社,否则,它就应该叫做进步党了。"当戴季陶列举了政府取得的所谓政绩时,宋庆龄义愤填膺地指出:"我除了看见你们妄肆屠杀数百万将来可以代替腐败官僚的革命青年以外,没有什么了;除了穷苦绝望的人民以外,没有什么了;除了军阀争权夺利的战争以外,没有什么了;除了对饥饿的民众的勒索以外,没有什么了。事实上,你们什么都没有做,只进行了反革命活动。"进一步指出:"你以为中国的情形除了蒋介石以外,再不能有别的人能够把它改善? 这也只是你个人的偏见。国家的福利,不是任何个人的专利品或私有财产。你的根本错误,就在这里。至于说到实现孙先生《建国大纲》,我不知道哪些方面是蒋介石和他的僚属在哪里实行的。即便是他最后的遗嘱,你们每天只用作口头背诵的,你们都把它出卖了! 你们是禁止言论、禁止集会、禁止出版、禁止建立组织来实行唤醒民众吗?"对戴季陶所谓的中国民众"一定首先要经过一个训政时期"的谬论,宋庆龄予以批驳:"你知道你袭用了帝国主义反对我们取消领事裁判权和废除不平等条约所采用的同样的武器,拿来反对我们自己的民众吗? 帝国主义者说我们落后了多少世纪,不懂法律和秩序,所以不能治理我们自己,必须经过一个训政时期。你们不让群众有机会去实习上面所说孙先生著的《会议通则》,怎样能够希望人民会组织和集会呢? 哪里有能够不入水而能学会游泳的呢?"

　　当戴季陶假惺惺地劝说:到南京耽些时候,那里有你的亲属,在这样的环境里面,也会比较快活些时,宋庆龄义正词严地回答:"假如快乐是我的目的,我就不会回到这样痛苦的环境里面。目击我们的希望与牺牲被葬送,我同情民众甚于同情个人。"并大义凛然地表示:"使我不说话的唯一办法,只有枪毙我,或者监禁我,假如不然,这简直就是你们承认了你们所受的指摘并不冤枉。但是你们无论做什么事情,都要和我一样公开进行,不要使用鬼祟的毒计,用侦探来包围我。"并对戴季陶的"以后再来看你"之词,毫不留情地回答:"再来谈话也是没用的了,我们之间的鸿沟太深了。"①(天津《大公报》1929 年 12 月 12 日,《宋庆龄选集》上集,人民出版社 1992 年版,第 73—80 页)

8 月　宋庆龄接见暨南大学学生罗叔章。

暨南大学学生来函,表示对宋庆龄的支持和敬意。②之后宋庆龄在自己的寓所接见了暨南大学学生罗叔章。(张全民:《罗叔章——中国现代妇女运动的先驱》,《名人传记》2002 年第 6 期)

9 月 17 日　宋庆龄收到史沫特莱所赠自传体小说《大地的女儿》。

史沫特莱在扉页上用英文手写:"送给宋庆龄同志,我无保留地尊敬和热爱的一位忠贞不渝的革命家。"(上海宋庆龄故居纪念馆藏)

---

①　10 月 20 日,宋庆龄亲笔记录的《与戴传贤谈话笔记》在燕京大学出版的英文刊物 China Tomorrow(《明日之中国》)上发表。该文发表时,原编者特加按语称:"此文是孙夫人亲自为《明日之中国》准备的,其真实性无可置疑。"1929 年 12 月 12 日天津《大公报》将此文予以译载。

②　宋庆龄拍给"国际反帝大同盟"的电报传到暨南大学。大学生们十分敬佩宋庆龄的革命精神,便由罗叔章执笔代表大家致函宋庆龄,表达对她的支持和敬意。

1931 年

8 月 18 日　宋庆龄出席母亲葬礼。

参加葬礼的还有宋子文、宋子良、宋子安、宋霭龄、宋美龄、孔祥熙、蒋介石以及于凤至等。

清晨 6 时,举行基督教宗教仪式。宋氏家人亲友齐集宋氏花园草坪上,听牧师诵《圣经》及讲述宋太夫人行状。仪式结束后出殡,出殡队伍向虹桥路万国公墓出发,沿途到处设有路祭,队伍行进很慢。

到达万国公墓后,宋家在公墓礼堂举行了祭礼。9 时 30 分举行下葬典礼。倪珪珍的墓穴在礼堂前左首,傍宋耀如西侧,穴深 5 英尺,穴内铺以水泥,四周铺以青草。灵棺由 10 名工人从礼堂抬出,安置在预设的铜架上,棺上覆以青天白日党国两旗。先由牧师祈祷,祈祷毕,始将灵棺徐徐下降至墓穴内,约 3 分钟,乃由工匠将墓穴石板 5 方平铺于上。安葬后,宋氏家人亲友在墓前恭行三鞠躬礼。葬礼毕,宋庆龄乘车至宋霭龄、孔祥熙宅,与兄弟姐妹及蒋介石等在孔宅午餐。下午 4 时 10 分,乘车返回住宅。
(上海《民国日报》1931 年 8 月 19 日;《申报》1931 年 8 月 19 日;《胡兰畦回忆录》,第 232 页)

△ 宋庆龄接美国著名作家西奥多·德莱塞、梭因等 31 人署名来电。

来电为泛太平洋产业同盟秘书牛兰及其夫人于 6 月以所谓共产党嫌疑的罪名,被上海公共租界英巡捕逮捕,后引渡给国民党军事当局,要求宋庆龄援助他们夫妇获得自由。[①]电报谓:"迫恩女士关于泛太平洋产业同盟秘

---

① 牛兰夫妇被捕后辗转于南京、苏州的军事监狱及法院监狱之中,待遇极为恶劣。为此,牛兰夫妇曾多次绝食,以示抗议。牛兰夫妇被捕后,中共保安部门同苏联红军情报部上海站展开营救活动。中共中央联络员潘汉年和苏军方面的哈尔德·左尔格具体负责这项工作。为营救牛兰夫妇,宋庆龄虽多方活动,不遗余力,但国民党当局坚决不予释放。直至 1937 年 12 月,日本侵占南京时,牛兰夫妇才乘乱越狱,返回苏联。

书及其夫人之逮捕事件予以援助,免除不良待遇,及求得释放。"(《中国论坛》第 3 卷第 4 期,1934 年 1 月 13 日;《文艺新闻》1931 年 9 月 7 日)

8 月 19 日　宋庆龄接德国劳动妇女领袖克拉拉·蔡特金来电,要求救援牛兰夫妇。

来电谓:"因为你是伟大的孙逸仙理想的真实的承继者,我希望你会热心努力地援救泛太平洋产业同盟的秘书局的工作人员。"(《文艺新闻》1931 年 9 月 7 日)

△ 宋庆龄接德国罗弗莱赫尔教授和卓越的艺术家十余人来电,要求援助牛兰夫妇获得自由。

来电谓:"迫切的恳求女士对于被逮捕的泛太平洋产业同盟秘书之恶劣情况有所减除,及求得他的自由。"(《文艺新闻》1931 年 9 月 7 日)

8 月 20 日　宋庆龄接德国著名版画家珂勒惠支教授等十余名妇女界人士来电,要求援助牛兰夫妇获释。

来电谓:"最急切的恳祈你去援救被逮捕的泛太平洋产业同盟秘书及其夫人的释放。"(《文艺新闻》1931 年 9 月 7 日)

△ 宋庆龄与宋子文、宋子良、宋子安、宋霭龄、宋美龄联名在上海《民国日报》和《申报》登载《敬谢来宾》启事。

启事谓:"先姚倪太夫人弃养,承各界代表及中外亲友或枉驾存文,或函电慰唁。嗣后于 17 日领帖,18 日发引,既蒙亲临致敬,远道执绋,复承赠以花圈联幛及各种文字,更荷惠赐隆仪移助慈善事业,高谊盛意,殁存均感。除分别踵谢外,深以招待不周,殊觉歉仄,特先布达谢忱,惟希公鉴。"(上海《民国日报》1931 年 8 月 20 日;《申报》1931 年 8 月 20 日)

△ 宋庆龄接法国著名作家罗曼·罗兰等的来电,要求援助牛兰夫妇获得自由。(《文艺新闻》1931 年 9 月 7 日)

8 月 21 日　宋庆龄致函杨杏佛。

谓:"请告诉史沫特莱勿将外文稿发表,因我要亲自重写。至于牯岭和南京之行,由于我将处理某些报告,已打消此意。"(杨小佛:《也谈中国民权保障同盟的几个问题》,《孙中山宋庆龄研究动态》2003 年第 5 期)

8 月 23 日　宋庆龄致函《申报》《大公报》,发表辟谣声明。

声明谓:"庆龄此次因母丧回国,暂拟留沪休养,外传和平运动,绝未参预。"(《中华民国大事记》第 3 册,第 227 页)

8 月 24 日　宋庆龄会见德国《法兰克福日报》美籍记者史沫特莱,回答所提问题,并重申个人的政治见解。

问:"您是否接到广州方面的来电要求您参加那儿的政府?"答:"是,对的。"问:"您准备去参加吗?"答:"我不愿意参加任何一个政府。"问:"您是否已经同意在南京和广州政府之间实行调解?"答:"这个报道绝对虚妄。"问:"据说第三党①和广州政府之间有联系,您认为怎样?"答:"我确实知道第三党和广州政府之间并无政治上的联系。"问:"您是第三党的一员吗?"答:"否。"问:"您目前的政治观点如何?"答:"我的政治见解仍然和我在 1927 年所陈述的相同,那时我在离开中国以前曾在武汉发表了我的声明。"(《字林西报》1931 年 8 月 24 日;《与史沫特莱谈话》,《宋庆龄选集》上卷,人民出版社 1992 年版,第 81—82 页)

此前,宋庆龄曾收到史沫特莱的一封英文信,信中大意是为救一个人②的生命,请宋庆龄在百忙中给予 5 分钟谈话。宋庆龄看后对胡兰畦说:"这封信的英文写得很好,这信的英文基础很高深,话没有多少句,语言和文字都很美的。"并立即复信,约在寓所会见。([美]简·斯·金农:《史沫特莱传》,辽宁人民出版社 1991 年版,第 210 页;唐宝林:《深谷幽兰——战时"国母"风采》,广西师范大学出版社 1992 年版,第 172—173 页)

8 月　宋庆龄致函杨杏佛。

谓:自己因对邓演达和牛兰夫妇案件的关注,收到许多卑鄙的信件。而又因腰病复发出门数周作热辐射治疗。并谓:"任何攻击你的流言蜚语都动摇不了我对你忠于革命的完全信任。"(杨小佛:《同心同德,生死之交——宋庆龄与杨杏佛》,《宋庆龄与中国名人》,上海人民出版社 1999 年版,第 272 页)

9 月　宋庆龄接受纽约《先驱论坛报》记者埃德加·斯诺的采访。

斯诺应纽约《先驱论坛报》主编威廉·布朗·梅洛妮之约,准备撰写宋庆龄的传略,为此请求会见。宋庆龄安排"在静安寺路上的一家巧克力商

---

①　第三党即指邓演达组建的中国国民党临时行动委员会。1927 年,宋庆龄在莫斯科与陈友仁、邓演达共同发起筹建。而此时,宋庆龄从服膺孙中山的新三民主义,转变为信仰马克思主义,她支持邓演达反对蒋介石独裁统治的斗争,但在革命的领导权、革命主力军、革命的前途等方面的根本问题上,认识有歧异,因而没有参与邓演达组建的中国国民党临时行动委员会。

②　指牛兰。

店"与斯诺第一次会面,并与他共进午餐和晚餐。斯诺记述:"我们进了午餐后,继续留下来喝茶。到了吃晚餐的时候,我就认为我已经开始对她有所了解了。几天以后,我第一次到她在法租界莫利爱路那幢朴素的两层楼住所拜访她。"(《复始之旅》,新华出版社1984年版,第96—97页)

10月22日 宋庆龄在莫利爱路寓所与前来拜访的蒋介石会面。[1](上海《民国日报》1931年10月23日)

是年秋 宋庆龄在上海寓所会见《大美晚报》记者伊罗生。据伊罗生回忆,当时是由艾格尼丝·史沫特莱介绍,投入《中国论坛》、中国民权保障同盟、声明书和新闻稿的起草等活动。绝大多数的活动是在宋庆龄家的客厅和餐桌上进行的。([美]伊罗生:《重访中国》,Joint Publishing Co. H.K. 1985,第60—62页;李辉:《宋庆龄:永远的美丽》,《寻根》2001年第2期)

11月28日 宋庆龄在寓所会见刚乘轮船从法国抵达上海的何香凝,两人就抗日事业畅谈甚久。(《申报》1931年11月29日)

12月19日 宋庆龄在寓所会见中国国民党临时行动委员会负责人谢树英,并撰写《宋庆龄之宣言》一文。

是日,谢树英代表临时行动委员会由杨杏佛陪同到上海莫利爱路谒见宋庆龄。谢谓:"我今天特来请示,今后的党务怎么办?如果您能出来领导,那就好了。"宋庆龄沉默半晌,凄然回答:"我暂时不能出来!我写个宣言给你。"并谓:"你们要继续干下去!"谢提出:"请黄琪翔出来领导如何?"宋庆龄未表示意见,只说:"你们商量去。"接着,宋庆龄用英文草拟了一份宣言,由谢树英翻译后,陈瀚笙与谢两人,将宣言送到《申报》馆。(史夫:《浩气冲霄》,《回忆邓演达》,中国文史出版社2018年版,第144—145页)

12月20日 发表《宋庆龄之宣言》,指出国民党已不再是一个政治力量。

宣言指出:"当作一个政治力量来说,国民党已经不复存在了。这是一件无法掩盖的事实。促成国民党灭亡的,并不是党外的反对者,而是党内自己的领袖。"宣言无情地揭露蒋介石国民党个人独裁、争权夺利、剥削群众、残害革命者的种种反动行径:"国民党以反共为名来掩饰它对革命的背叛,

---

[1] 蒋介石此次由南京飞抵上海,同汪精卫、胡汉民在上海孙科寓所会谈。双方议定先在外交方面取得一致。以利共赴国难。又于中午11点20分赴莫利爱路访宋庆龄。

并继续进行反动活动。在中央政府中,国民党党员力争高位肥缺,形成私人派系,以巩固他们的地位;在地方上,他们也同样剥削群众,以满足个人的贪欲。他们和一个又一个的军阀互相勾结,因而得以跃登党和政府中的高位。但是,忠实的、真正的革命者却被有意地百般拷打,以致(至)于死。邓演达的惨遭杀害就是最近的例子。""过去北洋军阀政客所不敢做的事,都在'党治'的名义下毫无顾忌地做出了。因此,国民党今天已名誉扫地,受到全国的厌弃和痛恨,还有什么可奇怪的呢?"并揭露蒋介石之流所叫喊的"和平","不过是和平的分赃";叫喊的"统一","不过是对群众进行统一的掠夺而已"。大声疾呼:"我不忍见孙中山四十年的工作被一小撮自私自利的国民党军阀、政客所毁坏。我更不忍见四万万七千五百万人的中国,因国民党背弃自己的主义而亡于帝国主义。""既然组织国民党的目的是以它为革命机器,既然它未能完成它所以被创造起来的任务,我们对它的灭亡就不必惋惜。"表示:"我坚决地相信:只有以群众为基础并为群众服务的革命,才能粉碎军阀、政客的权力,才能摆脱帝国主义的枷锁,才能真正实行社会主义。"同时指出:"我深信:虽然今天当权的反动势力在进行恐怖活动,中国千百万真正的革命者必不放弃自己的责任;反之,由于国家当前形势的危急,他们将加紧工作,朝着革命所树立的目标胜利前进。"(《申报》1931 年 12 月 20 日;《宋庆龄选集》上卷,人民出版社 1992 年版,第 83—86 页)

12 月 31 日　宋庆龄致函《申报》《时事新报》。

谓:"庆龄对国事态度,详见本月十九日宣言。①二十八日沪京各报载庆龄与陈邹晤谈,及候胡入京,交李提案消息②完全不确,希即更正。"(《申报》1931 年 12 月 31 日)

----

①　即发表于 12 月 20 日的《宋庆龄之宣言》。

②　指 12 月 28 日上海、南京的报纸造谣宋庆龄在上海与陈(友仁)邹(鲁)晤谈,候胡(汉民)入京、交李(宗仁)提案等,借以制造混乱,混淆视听。

1932 年

1 月间　宋庆龄在寓所与史量才、杨杏佛交换对时局的看法。

"一·二八"事变前的一天晚上,在寓所与史量才、杨杏佛交谈至深夜。宋庆龄谓:"日本人得寸进尺,气焰很盛,看来上海的战事是不可避免的。"并谓:"驻守上海的十九路军抗战情绪很高,蔡廷锴、蒋光鼐等将领的态度都很坚决,应当给他们以支持,作他们的后盾。"史量才表示:"万一战事发生,我当追随夫人,尽瘁国是,支持十九路军抗战到底。"(窦天培:《爱国报人史量才》,《江苏文史资料集粹》文化卷,第 37 页)

2 月中旬　宋庆龄约请"民反会"党团书记吴驰湘等到莫利爱路寓所商谈。

宋庆龄详细询问沪西反日罢工工人的斗争和生活情况,热情赞扬沪西工人反日大罢工在政治上、经济上对日本帝国主义的沉重打击。亲自将筹集的两万元经费交"民反会"党团书记吴驰湘捐赠给沪西罢工委员会①,并嘱咐转达她对反日罢工工人的支持和敬意。(吴驰湘:《关于上海民众反日救国会的成立和活动》,上海社会科学院历史研究所编:《"九一八"—"一二八"上海军民抗日运动史料》,上海社会科学院出版社 1986 年版,第 235 页;李华明:《宋庆龄与十九路军》,《宋庆龄与中国抗日战争》,上海社会科学院出版社 1996 年版,第 242 页)

△ 宋庆龄为上海反日罢工工人捐款。

上海各业工人反日救国联合会于 2 月 15 日成立,并公开在全市各报刊登工人反日罢工募捐启事,呼吁社会各界支援。宋庆龄见报后,带头捐助大洋 1 500 余元,并订购了沪西一家米号的粮食,作为专门发放给反日罢工工

---

① 上海沪西 17 家日商纱厂工人 4 万人罢工,组织罢工委员会和义勇军,支援十九路军抗战。"民反会"为了支援沪西工人的反日大罢工,组织了 100 多个募捐队,向广大市民进行反日救国宣传和募捐,并把募得的钱款转给沪西工人罢工委员会。

人的救济粮。(吴驰湘:《关于上海民众反日救国会的成立和活动》,《"九一八"——"一二八"上海军民抗日运动史料》,上海社会科学院出版社 1986 年版,第 235 页;李华明:《宋庆龄与十九路军》,《宋庆龄与中国抗日战争》,上海社会科学院出版社 1996 年版,第 242 页)

2 月　宋庆龄致电苏联作家高尔基,要求声援中国人民的淞沪抗战。

宋庆龄致电高尔基,要求国际主义力量声援中国人民的淞沪抗战。

高尔基接到宋庆龄的呼吁电后,于 3 月 2 日在《消息报》上发表《响应孙中山夫人宋庆龄的呼吁》一文,指出:"援助中国——世界无产阶级团结的表现——这是一个伟大的事业。只有无产阶级能够有力地证实,这并不是一句空话。"(戈宝权:《高尔基与孙中山和宋庆龄》,《人民日报》1981年 5 月 30 日)

3 月 14 日　宋庆龄收到俄裔美国人莫里斯·威廉所撰并赠送的《孙逸仙与共产主义的区别》一书。

莫里斯·威廉在扉页用英文手写:"赠孙逸仙夫人——一个伟大领袖的得力助手及伴侣。顺致崇高敬意。"(上海孙中山故居纪念馆藏)

是年春　香港救伤队赴沪服务团将"香港圣约翰救伤队抵沪服务国民伤兵医院摄影纪念"照片题赠"国民伤兵医院院长孙宋庆龄"。(上海孙中山故居纪念馆藏)

4 月 20 日　宋庆龄致函陈友仁夫人乔吉特,谈及对陈友仁的看法。

函谓:"附上我给孙科夫人的一封信,是关于尤金的传闻的。尤金给我信所起的作用是使我可能有的对他的任何幻想都破灭了。他关于友谊的观念实在太古怪,他居然轻易地相信传闻,并且由此而十分轻率地对我横加诽谤!他的另外的一些自以为显示忠诚和友情的表现也同样的奇特。他对我的态度的解释以及政治上的控诉是完全不值得理睬的。"并谓:"在结束这封信的时候,我想对你提出这样一个问题:在我们都认识的朋友中,你有没有听到过有人提起我对你们夫妇所作的议论? 我的荣誉感和对友情的怀念使我直到现在为止从未在别人——不论是友是敌——面前提起过你们或参与过对你们的议论。"(转引自尚明轩:《宋庆龄与陈友仁夫妇关系中的一段曲折经历》,《宋庆龄与二十世纪学术研讨会文集》,上海三联书店 2000 年版,第 318 页)

△ Alfred 将 The Scientific Outlook 题赠宋庆龄。(上海孙中山故居纪

念馆藏)

4 月 26 日　与蔡元培、杨杏佛联名为牛兰案致电南京国民政府。

电谓:"国民政府主席、行政院院长、司法院院长公鉴:联太平洋工会干事牛兰夫妇,自去年六月因共党嫌疑,为上海公共租界捕房拘捕,移交中国政府,被禁几近一年,未经法庭公开审判。最近,最高法院忽发表调查牛兰案报告书,谓牛兰夫妇与中国共党活动确有关系,实犯希谋倾覆现政府之罪,令苏州高等法院依照报告书起诉;如经法院证明,应处死罪。查牛兰案久为国际所注目,各国知名人士,如杜伟、爱恩(因)斯坦、罗兰、波拉诸人,均根据思想自由、人权保障,电请释放牛兰夫妇。微论现在最高法院调查报告书所根据者,均为新加坡及上海捕房所搜集,未经被告承认之文件;即使文件有相当证据,亦应经过公开审判,予被告以自聘律师辩护之机会。今乃在法院审判之前,先定判词。似非法治国所应为。中国处暴日蹂躏之下,方向国际求公道,自应先以公道待人;中国方谋收回治外法权,应先以法治精神示人。□□等为尊重中国法治精神及国际公道,谨要求国民政府予牛兰夫妇以公开之审判,并许其自聘律师辩护;如证据不足,并望立予释放。临电无任迫切待命之至。"(杨杏佛起草的电文手稿,转引自《蔡元培年谱长编》第 3 册,第 605 页)

4 月 27 日　宋庆龄复电"国际非战及反对日本对中国之侵略大会"。

谓:同意担任大会执行委员会委员;至于届时能否出席大会,当视牛兰一案之情况而定。(《申报》1932 年 4 月 28 日)

5 月 23 日　宋庆龄与爱因斯坦、罗曼·罗兰联合发表告世界人民书。

谓:定于 8 月 1 日在日内瓦召开国际反战大会。(《中共上海党史大事记(1919—1949)》,知识出版社 1988 年版,第 326—327 页)

6 月 30 日　宋庆龄与杨杏佛、史量才、陶行知在《申报》上联合发表时评《剿匪与造匪》。

7 月 2 日和 7 月 4 日又连续发表时评《剿匪与造匪》二论、三论。

《剿匪与造匪》以确凿的事实,严密的逻辑痛斥蒋介石的"剿匪"政策,指出:"举国之'匪'皆黑暗政治所造成","一部分'剿匪'军队,剿匪其名,而剿民其实……实则兵之扰民,尤甚于'匪',民之畏兵,尤甚于'匪'"。由此时评谓:"杀一贪官污吏,实胜动员一师'剿匪'军队,整饬一师军纪,则又胜于动员十万大军,政治不清明,民生不定,虽十次武力'围剿',亦必无功,此为定

理,绝无可疑。"(《申报》1932 年 6 月 30 日、7 月 2、4 日)

9 月 7 日　宋庆龄会见从武汉来沪的宋美龄。

宋美龄奉蒋介石令自武汉抵沪看望宋庆龄,姐妹俩畅谈良久,宋美龄此行的真实目的是劝宋庆龄赴南京居住并在政府任职,均被宋庆龄拒绝。(《申报》1932 年 9 月 10 日)

是年秋　宋庆龄在上海寓所会见瑞士友人范桑夫妇。(《宋庆龄在上海》,上海人民出版社 1992 年版,第 155 页;《宋庆龄与中国抗日战争》,上海社会科学院出版社 1996 年版,第 523 页)

12 月 17 日　宋庆龄和蔡元培、杨杏佛等代表中国民权保障同盟致电国民党。

和蔡元培、杨杏佛等代表中国民权保障同盟致电国民党中央政治会议常务委员蒋介石、行政院代院长宋子文和北平天津卫戍司令于学忠,要求释放被北平警探非法逮捕监禁的许德珩等人。

电文指出:"许德珩等多人,至今未释,摧残法治,蹂躏民权,莫此为甚。"要求南京国民政府立即"明令全国保障人民集会结社言论出版信仰诸自由,严禁非法拘禁人民,检查新闻。希望即日释放在平被非法拘禁之学校师生许德珩等,以重民权,而张公道"。(《中国民权保障同盟营救许德珩等代电》,《申报》1932 年 12 月 18 日;《宋庆龄选集》上卷,人民出版社 1992 年版,第 89—90 页)

12 月 29 日　宋庆龄与蔡元培以民权保障同盟正副主席名义致电北平公安局鲍毓麟局长,要求释放全体被拘师生。

电谓:"闻在平被非法拘禁之学生,仅许德珩君经保释,其余数十人,仍羁押贵局。政府方面力言保障人民一切自由,而贵局所行如此,何以自解。务望将全体被拘师生,即予释放,以重公意,而保民权。"(《申报》1932 年 12 月 31 日)

是年　宋庆龄在寓所会见美国记者埃德加·斯诺。宋庆龄向斯诺介绍了国民党的情况,并使他认识了孙中山的为人及其未竟之志。(榕樱:《宋庆龄与斯诺的友谊》,《妇女》1982 年第 4 期)

△ 宋庆龄营救侯连瀛。

为营救侯连瀛致函孙科、陈铭枢等,谓:"前武汉军校教育长侯连瀛忠实努力工作,为不可多得之同志。"宁汉合流后被捕,"判决为无期徒刑",拟请

先生等就近设法营救,俾得早日恢复自由。(《宋庆龄书信集》上册,人民出版社 1999 年版,第 74 页)

　　△ 宋庆龄营救郑太朴等。

　　为营救郑太朴等致电孙科、陈铭枢等,谓:与邓演达"同时被捕之郑太朴、松堂、罗任一等生命又在危急中,望先生等仰体总理爱护青年同志之意,加速援救,勿谓摧残屠杀便可致国家于太平也。如何处之,立希电复"。(《宋庆龄书信集》上册,人民出版社 1999 年版,第 75 页)

　　△ 宋庆龄营救周平。

　　为营救周平致电孙科、何应钦等,谓:"周平同志前在西安因政治关系被捕,转解南京,与罗任一等同押于军法处。现罗等已准保释,周亦应请一律开释,以示公允。"(《宋庆龄书信集》上册,人民出版社 1999 年版,第 76 页)

1933 年

2 月 17 日 宋庆龄在上海寓所宴请英国作家、戏剧家萧伯纳,并作详谈。

是日,做环游世界旅行的英国著名作家萧伯纳偕夫人乘英轮皇后号于晨 6 时抵吴淞口。晨 5 时,宋庆龄偕杨杏佛等乘海关小轮前往吴淞口欢迎,并上英轮皇后号访萧伯纳,相见甚欢。后应萧伯纳的邀请,宋庆龄与其在餐厅共进早餐。

10 时 30 分,宋庆龄陪同萧伯纳下船登岸,先赴外白渡桥礼查饭店与同时来沪各游历团团员相见,稍作寒暄。随即赴亚尔培路访中央研究院院长蔡元培。12 时,宋庆龄陪同萧伯纳来到莫利爱路寓所,并设中式肴馔招待,蔡元培、鲁迅、杨杏佛、林语堂、伊罗生、史沫特莱等出席作陪。下午 2 时,萧伯纳应笔会之约请与蔡元培、鲁迅、杨杏佛、林语堂等人赴世界学院。3 时许,萧复至宋寓所并在寓所花园接见中外记者。约 45 分钟后,记者相率告辞,萧复与宋等略谈。4 时半,宋庆龄偕杨杏佛送萧伯纳返回停泊于吴淞口之皇后号轮船离沪赴秦皇岛,至 8 时许始返寓所。时,宋庆龄与萧伯纳曾就中国局势等问题作详谈。①

萧问:"请问中国对日本的侵略有什么准备?"宋答:"差不多没有,北方的军队仅有陈旧的军械与军火。南京政府把最好的军队最好的军械军火,用来抵抗中国的工农,不用来抵抗日本。"萧问:"南京政府与红军能不能成立一种联合战线来抵抗日本呢?"宋答:"前年十二月中国中部苏维埃政府曾发表宣言,宣告假使南京政府停止进攻苏维埃区域,他们愿意与任何军队缔结攻守同盟,抵抗日本的侵略。"萧谓:"这倒是一个很公平的提议。"宋庆龄

---

① 谈话内容刊登在 1933 年 3 月 1 日出版的《论语》第 12 期《萧伯纳过沪谈话记》。该文由署名镜涵所写,据作者称:"本文手稿曾经孙中山夫人审阅,所载孙夫人谈话部分,皆经孙夫人手订无讹。"

在回答萧伯纳关于伪满洲国是怎样一个政府、溥仪是怎样一个人的问题时谓:"他实在是日本的傀儡,并且曾经想要逃走。所谓'满洲国',不过是日本政府的傀儡政府。"萧:"中国人民对于李顿的报告书的态度如何?"宋答:"人民是反对的,但是政府已经接受了。你也知道在欧洲的非战会议组织了一个特别调查团,预备于本年三月来中国调查满洲状态,然后来上海会议⋯⋯""在上海的会议①,其主要的作用仍是宣传,——反对战争的宣传。真能消灭战争的唯一方法,唯有消灭造成战争的制度——资本制度。"他们还谈到关于萧的写作及作品等。萧伯纳又谓:"请告诉我,孙夫人,你在国民党的地位如何?"宋庆龄回答:"我一点没有关系。自从 1927 年革命的统一战线在汉口破裂以后,我就脱离国民党出国。嗣后我跟他们一点没关系。"随后,他们谈论了对婚姻、妇女等问题的看法。(《申报》1933 年 2 月 18 日;《宋庆龄选集》上卷,人民出版社 2004 年版,第 93—97 页)

3 月 28 日　宋庆龄发表声明驳斥某些报纸登载有关其行踪和在南京购置产业等种种谣言。

声明严正指出:"此种记载,或为反动者所散布,实则庆龄近来始终在沪,每日处理中国民权同盟之会务。庆龄愿声明,凡新闻记者,欲释本人在沪之行动与工作者,可致函本人住宅,或民权保障同盟见询,传播无稽之消息,似非必要也。"(《申报》1933 年 3 月 29 日)

4 月 17 日　宋庆龄在莫利爱路寓所会见前来辞行的宋子文。

宋子文于 4 月 18 日离沪赴美出席在美国召开的世界经济谈话会。(《申报》1933 年 4 月 18 日)

5 月 17 日　蔡元培致信宋庆龄,"因院务甚忙不能再在民权保障同盟服务",请求除名。此信送莫利爱路 29 号"孙夫人安启"。(《上海孙中山宋庆龄文物图录》,上海辞书出版社 2005 年版,第 75 页)

5 月　宋庆龄函约史良到寓所会谈,委托其担任邓中夏的辩护律师。(史良:《关于救国会的一些回忆》,《救国会》,中国社会科学出版社 1981 年版,第 451 页;史良:《人民的事业必胜——沉痛悼念尊敬的宋庆龄同志》,《人民日报》1981 年 6 月 2 日)

6 月 16 日　宋庆龄在寓所接待来访的杨杏佛。

_____

①　指 1933 年 9 月 30 日在上海召开的反战会议。

是日,杨杏佛因得到友人警告说国民党特务要阴谋加害宋庆龄和他,专程前往莫利爱路寓所告诉宋庆龄:特务已将她列入暗杀名单,请她务必注意安全。宋庆龄说自己也已接到若干恐吓信,并叮嘱杨杏佛"务须小心"。(参见《宋庆龄选集》上卷,人民出版社 1992 年版,第 124—125 页)

6 月下旬　宋庆龄接见报社记者,表示将继续进行中国民权保障同盟的工作。

谓:"我虽然受到某些方面的威胁,但在任何情况下也不会停止在中国民权保障同盟的工作。"并谓:"杨杏佛之死绝不会影响运动的进展,相反地此事将激励同盟加倍努力工作。"(原载《密勒氏评论》1933 年 7 月 1 日,转引自《中国民权保障同盟》,第 124 页)

8 月 5 日　宋庆龄接朱德①来电,祝贺世界反对帝国主义战争委员会远东会议的召开。

贺电谓:"中国工农红军在第四次反'围剿'中消灭了国民党军队二十师、缴枪十余万支,这不仅是中国民主革命战争最光辉的一页",也是红军指战员给大会的献礼。并表示"与苏联红军兄弟们一样站在反帝的最前线,作为大会的有力后盾"。(《红色中华》第 106 期,1933 年 8 月 28 日)

8 月　宋庆龄接毛泽东、项英、张国焘代表苏区政府向世界反战会议远东会议发来贺电。

贺电谓:"现在中国是两条道路——殖民地道路与苏维埃道路——的剧烈战争中……我们相信大会是完全同情于我们的,因此,大会的成功即是我们的成功,大会的胜利即是我们的胜利。我们领导全国工农和红军,一致拥护大会的顺利举行,为大会的伟大前途表示热诚的祝贺。"(《红色中华》第 107 期,1933 年 9 月 3 日)

△ 宋庆龄在寓所会见胡志明,帮助胡恢复与党组织的联系。

胡志明当时化名李瑞,1931 年 6 月在香港被英帝国主义逮捕入狱,后经"国际红色救援会"聘英籍律师辩护,于 1933 年年初获释。他化装成商人,经福建厦门到上海,但发现很难同法国共产党组织恢复联系。时,宋庆龄以世界反对帝国主义战争委员会远东会议上海筹委会主席名义,发表声明,宣布世界反战大会将于 9 月在上海举行。胡志明获悉这一消息,得知法国共产党

---

① 　朱德:时任中华苏维埃中央革命军事委员会主席。

领导人古久里也将前来参加会议,便立即写了一封给古久里的信,并注明托宋庆龄转交,来到宋庆龄寓所求助。后宋庆龄将此信交给法共领导人伐扬·古久里,伐扬·古久里与胡接触,由此恢复了胡与党的联系。(文庄:《宋庆龄同志帮助胡志明找到党组织》,《人民日报》1981年6月9日;华平:《孙中山、宋庆龄与越南人民的革命友谊》,《孙中山宋庆龄研究信息资料》1993年第1期)

11月21日　晚,宋庆龄向各报发表亲笔签名的《宋庆龄之声明》。

声明指出:"一切报纸所载,余与最近福建变动有关,及更荒谬的传余已赴闽垣,诸种无稽消息,均系对余愚笨而又恶意的中伤。国民党政客军阀之间所有争吵均只能增重对全国民众的压迫与痛苦。南京与福建之间或彼等与国内其他军阀之间并无重要的政治差异。无论用何种漂亮言词以吸引大众支持,惟一的问题就是争权夺利。余郑重声明,余与任何军阀政客集团,不论现在抑或将来,绝不会发生任何关系。余之立场,始终不变。即不可改变地、不妥协地反对所有这些集团。革命群众的利益同国民党和南京、福建及各地军阀的利益是截然相反的。因此,我不可能有其他的选择。"(《申报》1933年11月22日;中共中央宣传部编:《中共党史教学参考资料》第1册,人民出版社1979年版,第566页)

12月30日　宋庆龄致电汪精卫、居正、罗文干等,要求立即释放牛兰夫妇。

电报谓:"牛兰绝食已十日,牛兰夫人绝食亦已三日,此次请勿再以'暂缓',正式手续等等空言搪塞。前此政府人员所期许之正式手续等等诺言,今日已经证明完全为谎骗之辞。君等如不能完全对牛兰夫妻生命负责,请即时正式传令将之恢复自由,否则亦须即时释放牛兰夫人,因渠之孱弱身体,关系其目前之生或死,已非日而为时之问题也。君等究将如何处置渠二人,请即时赐知。"(《中国论坛》第3卷第4期,1934年1月13日;《申报》1933年12月31日;《宋庆龄选集》上卷,人民出版社1992年版,第139—140页)

是年冬　宋庆龄在寓所接待"小交通"董惠芳。

1933年的隆冬,按组织上的安排,董健吾让女儿董惠芳到孙夫人身边当"小交通"。一天下午董惠芳去宋庆龄家执行任务,宋庆龄对董惠芳说:"从现在起,我们是一家人,你叫我'二阿姨',我就叫你'小罗茜',好吗?"惠芳笑着频频点头。(董霞飞、董云飞:《神秘的红色牧师——董健吾》,北京出版社2001年版,第150—152页)

1934 年

1 月 12 日　宋庆龄为牛兰绝食事，再次致电汪精卫、居正。

电谓："牛兰绝食二十四日已濒死境，其妻亦去死不远。政府苟愿有所举动，或接受渠等要求或即传令释放，二十四日以来应早有表示。此际补救仍未为晚。君等若始终不欲牛兰夫妇复食，不应允渠等之要求，则全世界革命舆论、自由主义舆论皆将指牛兰夫妇之死为国民党所预谋杀害，皆将指此种谋杀仅与德国希特勒氏之野蛮残酷差可比拟。君等如欲成全渠二人之性命，请迅即为之，因完全责任均在君等之掌握中也。"（《中国论坛》第 3 卷第 4 期，1934 年 1 月 13 日；《宋庆龄选集》上卷，人民出版社 1992 年版，第 141 页；《中国民权保障同盟》，中国社会科学出版社 1979 年版，第 54—55 页）

是年春　何香凝、廖承志将远山樵夫图绘赠宋庆龄。（上海孙中山故居纪念馆藏）

6 月 12 日　宋庆龄致函上海《大美晚报》编辑，澄清事实。

谓："报道说我参与集资，以建造邓演达先生纪念塔，此非事实。"（《宋庆龄书信集》上册，人民出版社 1999 年版，第 84 页）

是年　宋庆龄与蒋介石派遣特务进行谋害的阴谋作斗争。

蒋介石杀害杨铨的目的，本是杀杨儆宋，当得知宋不屈服时，他气急败坏地要戴笠对宋采取进一步的措施。

起初，戴笠提出设法派人打入宋的住所。沈醉便派了一名女特务，假扮成宋宅附近一家住户的女佣人，去和宋家的李妈（李燕娥）拉关系，由于这个女特务急于打听宋的情况，很快被发觉。随后，沈醉又利用李妈与其流氓丈夫离婚的线索，另派一个男特务去与李妈来往，又被识破。

特务们的各种花招连连失败，蒋介石命令对宋长期监视，每周要写出监视报告送南京。上海区便指定两个特务分上下午守在宋寓所附近，专门注意出入宋宅的人员，看到有些乘汽车来的人便将车号抄下来，认识的人便记住姓名,并记录进出时间。特务们还时常打电话或写信对宋进行侮辱与恐吓。

　　与此同时,在戴笠催促下,沈醉又策划出迫害宋的一个新阴谋:用汽车去撞宋乘坐的汽车,将其撞成重伤,使其不能再活动。沈醉的计划是:在租界的马路上进行撞车,先把特务汽车前面的挡风玻璃换成不易破裂的保险玻璃,驾车的特务还穿上防弹护胸的背心以防自己受重伤,尾随在宋车后面,遇到路口亮红灯宋车停下时,朝宋车尾部猛撞。戴笠认为这个办法很好,可是叫谁去执行呢? 沈醉自告奋勇由他执行,他对戴笠说:“我的驾驶技术较好,而且决不会泄漏出去,这是最稳妥可靠的了。”戴笠同意。于是沈醉积极准备,反复琢磨怎样在撞车中使自己的头部、胸部避免受重伤。不久戴笠从南京来到上海,沈醉问及此事,他苦笑了一下,说蒋介石虽认为这个办法很好,可是顾虑如果把宋撞死或伤势过重,宋美龄和宋子文会要吵闹。所以叫沈醉作好准备,在没有他的命令之前,决不准轻易行事。(沈醉:《军统内幕》,文史资料出版社1984年版,第78—80页)

　　△ 宋庆龄在上海寓所,会见即将离开上海的伊罗生。[①]

　　当时,伊罗生向宋庆龄解释为什么离开中国,为什么结束与宋庆龄一起的工作。宋庆龄同以往一样,难过而关切地听他叙说,并要他注意安全。(《重访中国》英文版,第66页;李辉:《宋庆龄:永远的美丽》,《寻根》2001年第2期)

　　△ 宋庆龄收到维克多·A·亚洪托夫所赠《中华苏维埃》一书。

　　亚洪托夫在扉页上用英文手书:“赠孙逸仙夫人,为她的坚定和勇气,向她致以真诚的敬意。”(上海宋庆龄故居纪念馆藏)

---

　　① 1934年,由于伊罗生不同意在《中国论坛》上发表支持斯大林反对托洛茨基的文章,与当时上海的中共地下党发生矛盾,《中国论坛》也随即失去了相应的经费资助。在这种情况下,伊罗生与妻子离开上海。

1935 年

1 月 30 日　宋庆龄撰写《向美国朋友的呼吁》一文,呼吁美国朋友反对帮助南京政府。

文章指出:"我恳切地向你们呼吁:请发动一个强大的运动,以反对美国对中国的干涉。""我向你们呼吁,请尽全力争取做到:不让一支美国枪和一分美国钱用于帮助南京政府及其走狗粉碎中国广大群众的合法愿望。任何种类的帮助都不能给予南京政府,它的历史作用只是无耻地、不断地背叛中国的国民革命事业。""日本帝国主义对中国的侵略正在得到国际帝国主义的支持。瓜分中国的惨象正在我们眼前可怕地出现,并将导致世界性的战火。这一流血灾祸必须避免也可以避免,只要中国人民的朋友们团结一致,坚持不懈地努力,并同我们携手并进,揭露真相,帮助我们阻止外国帝国主义支持南京的卖国政府。"(纽约《今日中国》1935 年 3 月;《宋庆龄选集》上卷,人民出版社 1992 年版,第 144—145 页)

2 月 22 日　宋庆龄接蒋经国 1 月 23 日来函,来函托宋转交其给生母毛福梅的信,或者将信在国内媒体上公开发表。[①]

函谓:"我以十二分的诚意和热忱庆贺你们与中国人民底内外敌人——与蒋介石及帝国主义者作斗争中所表现的英勇。""谁与万万人共同生活。共同工作和斗争,这个人就不能被人战胜。""谁反对万万人而生活和工作,这个人必然灭亡。""这就是斗争的逻辑和规律。"并说:"我送了一封信给我的母亲,但是恐怕这封信被蒋介石的官吏所扣留,不能寄到我的母亲手里。因此我把这封信的副本寄给你,请你转交或在报纸上发表。"表示:"我的生活很好。我在苏联的国家内,为伟大的社会主义建设这件事业而工作。"(上

---

①　1936 年 2 月,苏联《真理报》刊出此封蒋经国斥责蒋介石的致生母函,并将致函日期标为"1936 年 1 月"。同年 2 月 12 日,《纽约时报》予以转载,曾轰动一时。

海宋庆龄故居纪念馆藏)

7 月初　宋庆龄在寓所会见上海曹家渡贫民区一所义务小学及女工夜校的校长程韵。(程韵:《忆:宋庆龄对我的教育》,《上海政协报》1986 年 5 月 30 日)

12 月 8 日　宋庆龄复函安斯沃思夫人,向安斯沃思夫妇致意。

函谓:"谢谢您给我来信。请相信,我如有机会访美,要设法同我在威斯里安所结交的可贵的友人们共度一段时光的。当年在那里我年幼思家,而您与安斯沃思博士对我极表慈爱。对此我将永记不忘。"并谓:"你们上次来华,我未能同你们见面。当然极感失望。然而中国有句谚语说得好:'有二必有三'。所以我就以你们下次再来时能够欢迎你们而感自慰了。"告以请将赴佛罗里达州的两位外甥女捎去一件纪念品和当年"小"宋庆龄的一帧近照,以表示问候和感谢。(《宋庆龄书信集》上册,人民出版社 1999 年版,第 90—91 页)

是年冬　何香凝为贺宋庆龄生日,将松竹梅图绘赠宋庆龄。(上海孙中山故居纪念馆藏)

是年　宋庆龄复函北平学生,支持北平学生的抗日救亡运动。

宋庆龄在收到北平学生来函后,随即复函。宋在函中赞扬北平学生的爱国精神,斥责蒋介石的卖国行为,并教导处在北国前线的青年不能只是苦闷,也不能只是埋头读书。"你们要有所表示,你们要行动起来!"

不久,北平学生从斯诺手里得到了这封宋庆龄亲笔签名的回信。(《斯诺在中国》,三联书店 1982 年版,第 397—398 页;唐宝林:《深谷幽兰——战时"国母"风采》,广西师范大学 1992 年版,第 72—73 页)

1936 年

1 月初　宋庆龄在寓所秘密约见中共党员董健吾,委托其陕北之行。

宋庆龄在约见董健吾时,委托他赴陕北革命根据地,将一封重要信件交给中共中央领导人。此事系国民党中央通过宋子文的委托,向中共中央传递国民党要求与中共谈判、重建国共合作关系的重要信息。宋庆龄再三嘱咐董健吾,此行将"益国非浅",一定要千方百计办好。

董健吾受命后与张子华于 1936 年 2 月 27 日到达中共中央所在地瓦窑堡。适逢毛泽东、周恩来、张闻天东渡黄河驻扎山西石楼,接待董的是秦邦宪、林伯渠、张云逸等。董即将宋庆龄的要函呈上,请他们转交毛、周、张。3 月 4 日,博古将毛泽东、张闻天与彭德怀联名的电报交董健吾,请董转南京。其电文曰:"弟等十分欢迎南京当局觉悟与明智的表示,为联合全国力量抗日救国,弟等愿与南京当局开始具体实际之谈判。"并提出与南京当局谈判的五项条件:"(一)停止一切内战,全国武装不分红白,一致抗日;(二)组织国防政府与抗日联军;(三)容许全国主力红军迅速集中河北,首先抵御日寇迈进;(四)释放政治犯,容许人民政治自由;(五)内政与经济上实行初步与必要的改革。"

董返回上海后即向宋庆龄汇报了陕北之行,并转交林伯渠于 3 月 3 日致宋庆龄的函一件,同时还转上中共中央赠宋庆龄的三枚边区铸造的刻有镰刀斧头的银币和一套布币。(石肖岩:《一份宝贵的资料》,《中国青年报》1981 年 6 月 4 日;《文献和研究》1985 年第 4 期;史纪辛:《宋庆龄为第二次国共合作搭桥》,《光明日报》2003 年 9 月 2 日)

2 月　宋庆龄收到苏联领事馆赠送的苏联美术家卡西安所作的版画《第聂伯河上的建设者》。①(上海孙中山故居纪念馆藏)

---

①　1936 年 2 月,苏联对外协会在上海举办"苏联版画展览"。展览结束后,苏联领事馆将乌克兰美术家卡西安的版画《第聂伯河上的建设者》赠宋庆龄留念。版画以建设中的第聂伯河北闸和第聂伯河的波涛为背景,刻画了工人们在大雨中迈步去工地参加劳动的情景。

3 月 22 日　宋庆龄致函鲁迅问候病情,并赠"糖食三种,茗一匣"。(《鲁迅日记》下册,人民文学出版社 1961 年版,第 1114 页)

5 月 31 日—6 月 1 日　全国各界救国联合会(简称"全救会"或"救国会")在上海召开成立大会,宋庆龄被选为执行委员。

全国各界救国联合会成立以后,宋庆龄将莫利爱路 29 号寓所作为救国会进行抗日救亡运动的内部联络的总部。(《中国呼声》,转引自伊斯雷尔·爱泼斯坦:《宋庆龄——二十世纪的伟大女性》,人民出版社 1992 年版,第 345—346 页)

6 月 5 日　宋庆龄致函救国阵线领袖,支持沈钧儒等救国会领袖的正义行为。

函谓:"因为住了一个半月的医院,所以直到现在才知道当局又企图破坏救国会的力量,并不断地威胁,要逮捕救国阵线诸领袖。"谴责国民党当局"一面鼓吹着'秘密准备抵抗日帝国主义',但一面又警告、逮捕我们救国会诸同志"。指出:"我们反日的最好办法,是只有加强我民族革命的力量。所以我敢担保你们将作坚持到底的努力。我们的路是长而艰苦的,但只有伟大的斗争才能获得胜利。如果我们能够尽力干去,这种胜利是有保证的。我们非常欣慰,签名于这救国会的纲领和宣言之后,我充分支持这个纲领和宣言。"(《救亡情报》第 6 期,1936 年 6 月 14 日;《宋庆龄选集》上卷,人民出版社 1992 年版,第 148—149 页;《宋庆龄书信集》上册,人民出版社 1999 年版,第 92—93 页)

△ 宋庆龄致函鲁迅促其迅速就医。

函谓:"方才得到你病得很厉害的消息,十分的担心你的病状!我恨不能立刻来看看你,但我割治盲肠的伤口至今尚未复原,仍不能够起床行走,迫得写这封信给你!""我愿求你立刻入医院医治!因为你迟延一天,便是说你的生命增加了一天的危险!!你的生命并不是你个人的,而是属于中国和中国革命的!!!为着中国和革命的前途,你有保存、珍重你身体的必要,因为中国需要你,革命需要你!!!"恳切地表示:"我万分盼望你接受为你担忧着、感觉着极度不安的朋友们的恳求,马上入院医治。""我希望你不会漠视爱你的朋友们的忧虑而拒绝我们的恳求!!!"(《你的生命不是你个人的》,《宋庆龄自传及其言论》,第 52—53 页;《宋庆龄选集》上卷,人民出版社 1992 年版,第 146—147 页;《宋庆龄书信集》上册,人民出版社 1999 年版,

第 88—89 页）

6 月　宋庆龄促成美国医生马海德和美国记者埃德加·斯诺的陕北之行。

早在 1934 年,宋庆龄就认识了马海德。中央红军到达陕北后,马海德曾多次向宋庆龄提出到陕北考察。最初,宋庆龄没有同意,而让人传话,现在还不能去,还得等一等。此后,宋庆龄一直利用各种活动观察考验马海德。斯诺也渴望到中国共产党的根据地陕北考察,并于是年春专程拜访宋庆龄请求帮助,"以便到红军地区以后起码作为一个中立者的待遇,而不被当作间谍"。宋庆龄答应了他的请求。

宋庆龄通过中共上海党组织与陕北中共中央取得了联系,获得了中共中央同意"邀请一位公道的外国记者和一名医生,到陕北去实地考察边区的情况,了解中共的抗日主张"的信息。春末,她函约马海德到寓所晤谈,非常高兴地对马说:"我告诉你一个好消息,你的夙愿实现了。""中共中央想邀请一位公道的记者和一名医生,到陕北去实地考察边区的情况,了解中共的抗日主张,我看你和斯诺一块儿去吧!"

之后,宋庆龄安排董健吾在西安护送他们到陕北。董健吾在一份资料中说:"宋副主席又要我再赴陕北,护送世界日报记者斯诺和美籍医生马海德至瓦窑堡。她马上函约他们由北平至西安,并请我先到那里等候他们,叫我化名王牧师。""我到西安招待所住 9 号房间。我在那里等候了三天,果然有两位外国朋友叩门而入。我去接待他们的时候,斯诺问我是否是王牧师,我告他是。他即将宋副主席给他们的半张剪开的卡片[1]交给了我,我也取出她给我的另一半张,对照之下,完全符合。于是我们坐下畅谈⋯⋯"(石肖岩:《一份宝贵的资料》,《光明日报》1981 年 6 月 4 日)

6 月,马海德和埃德加·斯诺从北平出发到西安,进入陕甘宁边区。斯诺当时是在红色区域进行采访的第一个西方新闻记者。之后,他撰写并出版了著名的《西行漫记》[2],使世人第一次真实地了解中国共产党的革命业绩和抗日主张。马海德到陕北后,留在边区,参加了中国革命。(马海德:《宋庆龄——我的革命导师》,《光明日报》1981 年 6 月 3 日;《复始之旅》,新

①　据马海德回忆是半张 5 英镑的钞票。
②　原名《红星照耀中国》(*Red Star of China*)。

华出版社 1984 年版,第 128 页)

7 月中旬　宋庆龄在寓所接待前来拜访的潘汉年,听取中共关于建立抗日民族统一战线的主张,表示充分理解和赞同。(陶柏康等:《潘汉年生平大事年表》,《潘汉年在上海》,上海人民出版社 1996 年版,第 557 页)

8 月中旬　宋庆龄函约文化界救国会党组书记钱俊瑞到寓所晤谈,委派钱代她赴巴黎出席国际反法西斯委员会扩大会议。

由于国民党特务的严密监视,宋庆龄实际上没有行动自由,难以赴巴黎参加国际反法西斯委员会扩大会议,她与中共地下党联系后,决定委派钱俊瑞为代表前往参加这次会议。8 月 15 日,宋庆龄通过史沫特莱约钱俊瑞到寓所晤谈,此后钱又至宋寓所晤谈一次。宋庆龄请钱俊瑞代表她在会上呼吁全世界人民要团结起来,不但要反对希特勒、墨索里尼的法西斯主义,还要反对日本军阀财阀的法西斯主义和残暴的蒋介石法西斯主义。同时,还对在座参加晤谈的美国反法西斯战士达德教授说:"中国共产党最近发了一个宣言①作了一个决议②,我看很好,完全赞成。你看过么?"达德说:"还没有。"宋庆龄要钱俊瑞立即想法找一份给达德,并翻译给他听。随后又对达德说:"你这次来中国是初次,你一定会发现中国的情形很糟很糟。但是,我劝你相信,中国的情形一定会好起来的。中国有个共产党,我看希望就在这里。你们美国朋友中有不少相当了解中国共产党的,比如史沫特莱、斯诺、葛兰尼契,他们同情和支持中国共产党。我看他们有眼光,有见识,他们也都是我的好朋友。"(钱俊瑞:《痛悼伟大的国际主义战士宋庆龄同志》,《人民日报》1981 年 6 月 1 日)

8 月 17 日　宋庆龄会见冯玉祥与夫人李德全。

当谈到孙中山去世之事,便止不住落泪,尤其谈到李德全代表冯玉祥看望病重的孙中山时,更是泪如雨下。(《冯玉祥日记》第 4 册,江苏古籍出版社 1992 年版,第 777 页)

10 月上旬　宋庆龄会见由陕北回上海的潘汉年,接受潘面呈的中共中央文件③以及毛泽东于 9 月 18 日写的来函,并与其商量组织统一战线之

---

①　"一个宣言",系指中共中央发表的《八一宣言》。

②　"一个决议"系指 1935 年 12 月中共中央会议的决议。

③　潘汉年带给宋庆龄的中共中央文件,一说是《中国共产党致中国国民党书》,另一说为《关于国共两党抗日救国协定草案》。

事。(陶柏康等:《潘汉年生平大事年表》,《潘汉年在上海》,上海人民出版社
1996 年版,第 557 页)

10 月　宋庆龄致函全国各界救国联合会第二次执委会,希望再接再厉
取得民族解放。

函谓:"本日开会,因有他约,不及参加,殊为怅怅。月来,诸同志在各地
努力奋斗,至慰心怀。整个领导,亦甚正确。其所以能使运动日益开展者,
非偶然也。惟救国功业,至为艰苦,如欲获得最后之胜利,尚须有更大之努
力。尚希诸同志再接再厉,以取得民族之解放!除请章乃器同志代表申述
鄙见外,特此函陈,并祝成功!"(《救亡情报》第 22 期,1936 年 10 月 18 日;
《宋庆龄选集》上卷,人民出版社 1992 年版,第 151 页;《宋庆龄书信集》上
册,人民出版社 1999 年版,第 95 页)

11 月 10 日　宋庆龄为纪念孙中山诞辰 70 周年,撰写《孙中山先生诞
辰纪念词》。

纪念词指出:"全国同胞纪念中山先生,要继续先生的遗志,争取中华民
族的解放。""我们要联合全世界一切爱好和平的国家,参加反侵略的国际阵
线,尤其要联合……确立太平洋集体安全制度,共同制裁日本帝国主义。我
们要联合……各地爱好和平的大众,建立国际统一战线,共同打倒日本法西
斯军阀。我们要联合国内各党各派及社会各阶层人物,建立民族统一战线,
打倒日本帝国主义和汉奸卖国贼。""我们只要不屈不挠,勇往直前,铁和血
一定可以铸造出来灿烂辉煌的民族解放功业。"(《救亡情报·孙中山诞辰纪
念号外》1936 年 11 月 12 日;《宋庆龄选集》上卷,人民出版社 1992 年版,第
154 页)

11 月 18 日　宋庆龄为纪念鲁迅及筹措鲁迅纪念活动的资金,与茅
盾、蔡元培联名致函国际友人。(转引自《促进鲁迅研究,传播鲁迅道德的
真理——米歇尔·露阿夫人提供的一组新史料》,《鲁迅研究月刊》1994
年第 5 期)

11 月 23 日　宋庆龄为营救"七君子"致函南京国民政府军事委员会副
委员长冯玉祥。(《宋庆龄冯玉祥等营救七君子电函选》,《民国档案》1985
年第 2 期;《宋庆龄选集》上卷,人民出版社 1992 年版,第 155 页;《宋庆龄书
信集》上册,人民出版社 1999 年版,第 96 页)

△ 宋庆龄深夜接到章乃器的弟弟章秋阳转交的方志敏狱中的手稿《可

爱的中国》。

立即给胡子婴回电话。之后,将手稿交上海地下党转交陕北中共中央。(胡子婴:《转送方志敏烈士手稿的背景》,《人民日报》1982 年 12 月 17 日)

11 月下旬　宋庆龄在上海寓所会见自欧洲归国的钱俊瑞。

钱俊瑞于 9 月代表宋庆龄参加在巴黎召开的国际反法西斯委员会扩大会议后,经苏联回国,第二天便去看望宋庆龄,向她详细汇报欧洲之行。宋庆龄听后连连点头称好,表示了对许多国际友人的感谢。接着又语重心长地对钱说:"你知道吗。最近国内情况十分险恶。救国会七位领导人被捕了,说不定哪一天你会遭到同样的命运。我看你最好写篇文章,报告出国做了些什么,光明正大。同时我建议你干脆到南京去一趟,找冯玉祥、于右任、林森几位,向他们报告世界人民怎样同情支持我国人民的抗日救国斗争,来加强我们自己的信心。"(钱俊瑞:《痛悼伟大的国际主义战士宋庆龄同志》,《宋庆龄纪念集》,人民出版社 1982 年版,第 125 页)

△ 宋庆龄通过格兰尼奇邀请吴大琨到莫利爱路 29 号。

吴大琨向宋庆龄同志汇报了一些救国会的具体工作情况。宋庆龄一边听,一边点头。吴大琨还把当时自己翻译的列昂节夫的《大众政治经济学》送了一本给她。宋庆龄因知吴大琨是留日学生,也就随手把她刚收到的一本日文书送给了吴大琨。(吴大琨:《在宋庆龄同志领导下工作》,《中国财贸报》1981 年 5 月 26 日)

12 月 12 日　晚,孔祥熙来见宋庆龄。

宋庆龄拒绝孔祥熙要求签署一项关于谴责张学良、释放蒋介石的声明,并对孔说:"张学良做得对,要是我处在他的地位,我也会这样做,甚至还会走得更远!"[①](《复始之旅》,新华出版社 1984 年版,第 112 页)

12 月 13 日　宋庆龄约胡子婴前来寓所,商同赴西安事。

是日,宋庆龄将西安发生事变一事告诉胡子婴,问胡子婴能否陪同自己到西安,"去劝说张学良释放蒋介石",以促成事变的和平解决。并由胡子婴

---

①　斯诺书中没有写明孔祥熙来见宋庆龄的日期,实际上,整个"西安事变"期间,只有 1936 年 12 月 12 日,即"西安事变"的当天,孔祥熙在上海,第二天(13 日)早晨 7 点,孔就与宋美龄同车返抵南京。孔即受命兼代行政院院长,忙得再也无法离京。所以孔祥熙只能在刚刚获悉"西安事变"的 12 日晚上去见宋庆龄。(毕万闻:《英雄本色——张学良口述历史解密》,中国文史出版社 2002 年版,第 302 页)

陪同前往何香凝寓所约请何香凝同行。同时嘱孙科安排飞机。后由于未能及时解决交通工具而未成行。（胡子婴：《光耀日月　气贯长虹——回忆宋庆龄名誉主席在救国会时期二三事》，《宋庆龄纪念集》，人民出版社 1982 年版，第 113—114 页）

12 月中旬　宋庆龄就"西安事变"发表声明①，呼吁放弃个人的不同政见，求同存异，组成抗日统一战线。

声明谓："中国目前处在战争之中，日本帝国主义军队正在入侵我国的绥远。考虑到现在国家正处在危急时刻，所有军队的当务之急是：求同存异，组成一个抗日的统一战线，任何企图阻碍此战线形成的做法都是在犯罪。"指出："是什么促成'西安事变'的发生？目前还不太清楚。有一种说法认为，'西安事变'是由于张学良个人对蒋介石的不满而引起的。然而，在一份电文中，张学良称，他唯一的目的是劝谏蒋介石同意建立一个统一战线，抵御日本的侵略。""无论张学良的动机是什么，所有爱国的中国人都会认为这是一次不幸的事件，因为它又将国家引入内战的危险之中，而内战将导致更深重的民族灾难，同时也给日本的入侵提供了便利。""一些孤立的活动，如拘留、监禁、暗杀都不能解决根本问题，镇压大众的呼声和在另外一条战线上展开更大规模的内战只会把中国引向毁灭。中国目前正处在这样一个危急关头，她已不能在另一场法西斯内战中损失她的工人、农民、战士、市民和元帅。因为在反对日本帝国主义的战争中，更需要他们。"强调："内战必须停止！这是我一贯的立场。面临日本入侵我国国门的危急时刻，个人的不同政见都必须放弃！""现在，另外一场南京和西安间的内战正在有逼近的危险。我热切地呼吁每一个中国公民尽自己最大的努力去阻止这样一场灾难的发生。让我们所有的中国人联合起来，抵抗日本的侵略，保卫自己的祖国。"（上海宋庆龄故居纪念馆藏；顾正斌：《评新发现的宋庆龄关于"西安事变"的声明》，《纪念宋庆龄文集》，中国和平出版社 1992 年版，第 143—144 页）

12 月 27 日　宋庆龄在寓所会见胡兰畦。

当时，胡兰畦在国民党将领李济深部工作。"西安事变"发生后，李派胡

---

①　此声明为英文打字稿，没有标题，在文稿的左上角写有"与来访者的谈话"和"立即发"的字样。据顾正斌《评新发现的宋庆龄关于"西安事变"的声明》一文，这是"在整理上海宋庆龄故居珍藏的宋庆龄遗稿时发现的"，"查阅'西安事变'期间各种中文报刊，都没有发现刊载宋庆龄的这份声明。……这份声明既没有正式发表，因而不为人所知"。

到上海,分别给何香凝和宋庆龄送信,促请她们采取紧急行动,为了抗日团结使事件和平解决。是日,胡兰畦携带李济深致何香凝和宋庆龄的信函来到上海。胡一到上海即去拜访何香凝转呈李济深致何的信。之后前往莫利爱路宋庆龄寓所拜访宋庆龄。

胡将李济深的信呈交宋庆龄,并转述李要防止内战,联蒋抗日的意思。宋庆龄看了信后说:"从这几天发展的情况看来,还不至于酿成内战。"又叮嘱胡兰畦:"你未到上海,上海的小报上就已经常常刊登骂你的消息,特务办的《现代史料》也刊登了一些小信说你的丑话。你到上海来,千万要当心啊!"(《胡兰畦回忆录》,四川人民出版社1995年版,第312—313页)

1937 年

2 月 18 日　宋庆龄发表题为《实行孙中山的遗嘱》的致国民党五届三
中全会的公开信,进一步说明所提出的《恢复中山先生手订联俄、联共、扶助
农工三大政策案》。

是日,宋庆龄在上海法租界莫利爱路寓所举行记者招待会,向在沪各外
国报纸①发表题为《实行孙中山的遗嘱》的致国民党五届三中全会的公开
信,信中指出:"中国已经被日本的侵略逼到了忍无可忍的境地,最后牺牲已
经不可避免。日本的挑衅已使抗日运动达到了高潮,并且在继续发展中。"
"中国人民已经立下志愿,下定决心,不再向日本帝国主义让步,而准备收复
失地,这在我们的民族生活上有着极重大的政治意义。"批评某些患"恐日"
病的政客:"他们过高估计日本帝国主义的力量,过低估计中国人民的力量。
这种错误的观念是没有根据的。"深刻地分析日本不能战胜中国的原因:"第
一,它在经济和财政两方面都太脆弱,不能作持久的战争。第二,日本人民
本身反对战争。日本人民政治活动的高涨,表示他们对于使日本劳动人民
增加重担、沦为赤贫的黩武冒险政策是怎样地忧虑和愤懑。第三,日本兵力
在数量上处于劣势。最后的,也是具有决定性的因素,就是中国人民本身已
决心抗战到底。"同时,愤怒地斥责抗日必先"剿共"的反动论调说:"我们要
先打断一只手臂之后再去抗日吗? 我们已经有了十年的内战经验。在这期

---

①　宋庆龄的信件和提案在下列外国报刊上转载:《上海晚邮报》(*Shanghai Evening Post &*
Mercury)、《东亚劳埃德报》(*Ostasiatischer Lloyd*)(德文报纸)、《中国每日先驱报》(*China Daily*
Herald)(亲苏报纸)、《上海每日新闻》(*Shanghai Mainichi*)(日本报纸)。《字林西报》(*North*
China Daily News)仅发表了一篇简短的社论,批评孙逸仙夫人在(中日)两国关系有明显改善之际
提出停止对日谈判。《上海时报》(*Le Shanghai Times*)和《中国新闻报》(*Le China Press*)则只字不
提。信件和提案的英文文本由位于汉口路同安里 441 号(No. 441, cite Tung An Li, Hankow
Road)内的"China in Foreign Eyes Press"通讯社译成中文。只有《新华晚报》(*Sin Hwa Wan Pao*)
(独立的报纸)和《大沪晚报》(*Ta Wu Wan Pao*)(在意大利领事馆注册的中意合办报纸)两家中国报
纸于 2 月 19 日转载了该译文,但未加任何评论。

间,国力都耗费在内争上面。日本军阀将我们的土地一块块地割去,使我们的国家受到蹂躏。""每一个中国爱国志士现在都庆幸政府在这些痛苦经验之后已开始了解,救国必须停止内争,而且必须运用包括共产党在内的全部力量,以保卫中国国家的完整。中国人不应当打中国人,这是不言而喻的。中国的人民都不愿打自己的兄弟,他们知道这是违背民族利益的。一切内争是可以、并且应当和平友好地解决。内战必须不再发生。和平统一必须实现。我们必须赶快建立反抗外来侵略的中国国防。"明确表示:"我坚决相信如果政府能忠实地遵奉孙中山的遗嘱,并采取有效的步骤来执行他的三大基本政策,中国就能很快地从内部的骚乱与苦难中解脱出来,并且能获得全世界极大的尊敬。"(上海法租界公董局警务处关于宋庆龄的言论和行踪的报告原件,上海市档案馆藏;《为新中国奋斗》,人民出版社 1952 年版,第76—79 页;《宋庆龄选集》上卷,人民出版社 1992 年版,第 165—168 页)

宋庆龄随信还附上了向国民党五届三中全会所呈提案。(上海法租界公董局警务处关于宋庆龄的言论和行踪的报告原件,上海市档案馆藏)

3月1日　宋庆龄为日本改造社出版《大鲁迅全集》,撰写《把鲁迅先生的战迹献给日本人民》一文,介绍鲁迅的战斗生涯。

文章指出:"鲁迅先生三十年来作为战士的生涯,是他从学生时代开始便直接和间接的参加了民族的政治的斗争。而且在思想问题上他提出劳动人民必须获得个性的解放,他是第一个肯定他们的力量而欢迎他们的人。三十年来,他秉着这个不屈不挠的信仰,斗争前进,对外表述了中华民族的真实的心声,对内向统治阶级提出了毫不留情的,而且因此也是最有力量的抗议。这使他成为伟大的民族战士,同时也成为伟大的国际主义战士……鲁迅先生在这一历史环境中,以他卓绝的天才、圣洁的人格和坚韧的意志,在一生之中,集中体现了使我们这个民族走向光明的时代的意志和力量。"并表示:"我相信,由于他的著作的介绍,日本的思想界将能最好地理解中华民族,使中日两国劳动人民达到进一步的理解和结合。"(日本《改造》杂志第19 卷第 3 号,日本改造社 1937 年版;《人民日报》1981 年 9 月 23 日;《宋庆龄选集》上卷,第 169—170 页)

3月　宋庆龄在英文杂志《中国呼声》上发表文章。

谓:"日寇之侵略,使中国达存亡最后关头",同时,也"使中国抗日运动日见加强和发展"。文章批评国民党当局存在的"恐日病"和"先'剿共',后

抗日"的谬论,呼吁国民党停止内战,联合抗日。(《救国时报》1937 年 3 月
25 日)

4 月　宋庆龄发表《儒教与现代中国》一文,反对蒋介石政权利用儒教
加强封建专制独裁统治,主张建立抗日民族统一战线。

文章指出:"三年以前,国内开始了一个名叫'新生活'的运动,这个运动
是带了儒教气味的。这使得我们在实际上有很大的必要寻觅对儒教正确的
认识。"文章在对儒学作了历史的、客观的分析和批判之后,指出:"我们现在
的社会组织正在急剧地变化、改造以及重建。新的社会秩序自然需要新的
意识、新的道德标准和新的关系。……我们需要向欧洲、美洲、特别是苏联
的工业与农业的成就学习。这样,我们就能满怀信心,向光辉的未来迈步前
进。"(纽约《亚细亚》杂志 1937 年 4 月号;《中国应当干什么》,宋庆龄:《中国
不亡论》,生活书店 1937 年版,第 44—58 页;《中国当前的急务》,《救亡情
报》1937 年 10 月 15、16 日;《中国当前的急务》,《宋庆龄自传及其言论》,光
华出版社 1938 年版,第 19—28 页;《向光荣的将来前进!》,《文摘战时旬刊》
第 2 号,1937 年 10 月 8 日;《宋庆龄选集》上卷,人民出版社 1992 年版,第
171—180 页)

5 月 7 日　胡兰畦将《在德国女牢中》题赠宋庆龄。(上海孙中山故居
纪念馆藏)

7 月下旬　宋庆龄在上海寓所会见周恩来、博古和林伯渠等。

周恩来、博古和林伯渠等在庐山与以蒋介石等为代表的国民党进行国
共合作谈判事宜后,于 7 月 21 日由庐山飞抵上海,住四川路的新亚酒店。
中国共产党的联络员李云将周恩来等希望拜访她的消息告诉了宋庆龄。宋
庆龄听后"兴奋极了"。

会见时,周恩来诚挚地对宋庆龄说:"夫人,我们非常高兴今天有机会见
到您,您近来身体好吗? 毛泽东及其他同志都问候您。"随后,宋庆龄听取了
周恩来介绍中共中央关于建立抗日民族统一战线的方针和政策,在看过《中
共中央为公布国共合作宣言》后,她表示坚决拥护和支持中国共产党提出的
国共合作共同抗日宣言的主张。

这次会晤,宋庆龄不仅为周恩来等准备了清香的绿茶,而且专门派人上
街购买了丰富的食品,留周恩来等在寓所进餐。(金冲及:《周恩来传》,中央
文献出版社 1998 年版,第 449 页;李云:《三十年代在庆龄同志身边两年》,

《解放日报》1981 年 5 月 23 日;李云:《我护送宋庆龄去香港》,《孙中山宋庆龄研究信息资料》1998 年第 3 期)

8 月 宋庆龄发《中国是不可征服的》一文,主张国共合作一致抗日,坚信中国必能收复失地,指出日本不过是一只"纸老虎"。

文章主张,为抵抗日本帝国主义的侵略,必须坚持孙中山的三大政策,实现国共合作。……又指出,依靠已经觉醒的中国人民大众的力量,就能打败日本帝国主义的侵略。……文中引用大量确凿的材料深刻地论证日本帝国主义在政治、经济上所存在的弱点,并与中国"土地广大,资源富有,人口四万万七千五百万"进行对比后,指出:"在这情形下,日本的武力已不过成为一只纸老虎。日本的经济和社会结构是不能支持一场对中国人民的长期战争的。即使中国不得不单独与日本作战,也不会打败的。"(纽约《论坛与世纪》1937 年 8 月;《宋庆龄自传及其言论》,光华出版社 1938 年版,第 16—18 页;《宋庆龄选集》上卷,人民出版社 1992 年版,第 192—198 页)

9 月 17 日 宋庆龄致函英国工党,揭露日本帝国主义侵略中国的野蛮行径,阐述中国人民勇敢抗日的精神,强调中国抗战的国际意义。①(《战时联合旬刊》第 4 期,1937 年 10 月 1 日;《救亡日报》1937 年 10 月 3 日;《宋庆龄自传及其言论》,光华出版社 1938 年版,第 45—51 页;《为新中国奋斗》,人民出版社 1952 年版,第 99—103 页;《宋庆龄选集》上卷,人民出版社 1992 年版,第 199—204 页)

9 月 24 日 宋庆龄撰写《国共统一运动感言》一文,对国共两党以合作为基础的抗日民族统一战线的正式成立感奋异常。(《国共统一运动感言》,《抵抗》三日刊第 12 号,1937 年 9 月 26 日;《国共统一运动感言》,《救亡日报》,1937 年 9 月 26 日;《国共统一运动感言》,《宋庆龄自传及其言论》,光华出版社 1938 年版,第 29—31 页;《国共合作之感言》,《宋庆龄选集》上卷,人民出版社 1992 年版,第 205—207 页)

10 月 3 日 宋庆龄发表《致英国工党来华调查日本侵略的代表团的信》。(《救亡日报》1937 年 10 月 3 日)

10 月 14 日 宋庆龄致电美国总工会,吁请进行抵制日货活动,并阻止

---

① 英国工党于 1937 年 10 月 4 日举行全国大会,讨论日本侵略中国问题。该党于 9 月间派代表来华,调查日本侵华暴行,并分别拜访中国政界人士。宋庆龄为此特作此函,吁请英国工党支持中国抗战。原文为英文,经上海《救亡日报》和《战时联合旬刊》各自译成中文发表。

美国军火运往日本。(《宋庆龄与抗日救亡运动》,福建人民出版社 1986 年版,第 164 页)

10 月 15—16 日　宋庆龄发表《中国当前的急务》一文。阐明关于粉碎日本侵略者灭亡中国的野心的具体主张,支持群众救亡运动。(《救亡日报》1937 年 10 月 15—16 日)

11 月 2 日　宋庆龄会见埃德加·斯诺,谈"西安事变"。

是日,宋庆龄与埃德加·斯诺会面,谈及"西安事变"中拒绝在谴责张学良逮捕蒋介石的声明上签字时这样回答:"张学良做得对,要是我处在他的地位,我也会这样做,甚至还会走得更远!"宋庆龄还对斯诺说,自己事先就知道张学良在计划这类行动,甚至曾敦促张这样做。

在此前后,斯诺得知,宋庆龄曾把斯大林的电报转给毛泽东。电报称,如果中国共产党不利用他们的影响使蒋获释,莫斯科将斥责他们为"土匪",并将在全世界面前予以谴责。(《英雄本色——张学良口述历史解密》,中国文史出版社 2002 年版,第 300、305 页)

11 月 6 日　宋庆龄发表题为《两个"十月"》一文,再次表达对第二次国共合作的实现的高兴和期望。(《抗战三日刊》1937 年 11 月 6 日;《宋庆龄自传及其言论》,光华出版社 1938 年版,第 54—60 页;《宋庆龄选集》上卷,人民出版社 1992 年版,第 213—218 页)

11 月 8 日　宋庆龄发表《十月革命给予我们的希望》,赞扬苏联自十月革命胜利二十年来的进步和繁荣,呼吁中国人民树立自信和决心。(《文摘战时旬刊》第 5 号,1937 年 11 月 8 日)

11 月　宋庆龄发表《关于国共合作的声明》,支持国共第二次合作。

声明谓:"1937 年 7 月 7 日日寇进攻芦沟桥之后,国民党和共产党为了团结抗日,奠定了正式合作的基础,以代替西安事变后所获得的停战。"指出:"孙中山一生主张共同奋斗救中国。这就是他主张国共合作的原因。共产党是一个代表工农劳动阶级利益的政党。孙中山知道没有这些劳动阶级的热烈支持与合作,就不可能顺利地实现完成国民革命的使命。倘使他所主张的国共合作一直不间断地继续到现在,中国目前已经是一个自由、独立的强国了。"呼吁:"前事不忘,后事之师。国难当头,应该尽弃前嫌。必须举国上下团结一致,抵抗日本,争取最后胜利。"(《为新中国奋斗》,人民出版社 1952 年版,第 109 页)

12 月 23 日　宋庆龄接受中共中央的建议,离沪赴港。

日军占领上海后,中共中央非常关心宋庆龄在上海的安全。早在 10 月下旬,毛泽东、周恩来就致电潘汉年,要他协助宋庆龄等人撤离上海去香港,潘立即将电文转给宋庆龄,但她认为尚有一些重要工作需要处理,暂缓去香港。随后,潘汉年又收到毛泽东、周恩来有关催促宋庆龄速离上海去香港的电文,并立即通过担任联络员的中共党员李云向宋庆龄作了转达。宋庆龄接受毛泽东、周恩来的建议,于是日清晨,在新西兰友人路易·艾黎的掩护下,乘坐一艘法国邮轮赴香港,由中共联络员李云陪同于 26 日抵达香港。①抵港后,暂住干德道 11 号宋子良的小洋房,宋子良则移居别处。(路易·艾黎:《一朵永不凋谢的花——回忆宋庆龄二三事》,《工人日报》1981 年 5 月30 日;李云:《三十年代在庆龄同志身边两年》,《解放日报》1981 年 5 月 23日;李云:《1937 年冬陪宋庆龄赴香港经过》,《宋庆龄在上海》,学林出版社1990 年版,第 206 页;刘家泉:《宋庆龄在香港》,中共中央党校出版社 1997年版,第 57 页)

---

①　到达香港时间,有三说:一、"由中国共产党指派任联络员的李云陪同于 25 日安抵香港"(《中国福利会志》,上海社会科学院出版社 2002 年版,第 10 页)。二、"27 日,宋庆龄肩负着人民的重托,来到了当时算得上是'世外桃源'的香港"(《宋庆龄在香港》,中共中央党校出版社 1997 年版,第 52 页)。三、李云回忆:"我们在船上度过了圣诞之夜,25 日半夜到达香港。由于检查防疫,延误了时间,直到 26 日清晨才上岸。我们终于抵达香港了。"(李云:《1937 年冬陪宋庆龄赴香港经过》,《宋庆龄在上海》,学林出版社 1990 年版,第 206 页)这里采用当事人李云的回忆。

1941 年

8 月 11 日 原莫利爱路寓所土地所有权人美国人 R·H·派克将莫利爱路 29 号寓所的土地所有权转让给中国上海房地产公司和美国联合有限公司。

1941 年 8 月 15 日,上海房地产公司和美国联合有限公司联合签署关于孙中山故居地产托管声明,"将这块地皮委托给罗莎蒙德·C·孙夫人代管"。1948 年 6 月 10 日,宋庆龄签署"土地所有权登记声请书"后,香山路 7 号寓所正式以"国父故居"之名,成为纪念孙中山的纪念地。(上海档案馆藏)

1945 年

10 月 13 日　宋庆龄致函格雷斯,告知近况并希望她来华帮助做救济工作。

函谓:"所有的组织都将很快迁移到上海去,但我在 1 月份之前不会动身。"因为"我在上海的房子已不能住了。破旧不堪,一切设备都被日本佬拿走了……修理要花几百万国币,我想还是放弃算了,在住了这么多年之后!当然我对它是有感情的,特别是它使我怀念那些曾同我欢乐相聚的亲爱的朋友们。"并谓:"请电告你是否愿意来帮助我做救济工作——曼尼①也许可以到联合国善后救济总署去找一份工作。""我希望你们一同回来,并且会向大家把问题提出来。"(《宋庆龄书信集》上册,人民出版社 1999 年版,第 304—305 页)

11 月 8 日　宋庆龄由重庆抵达上海,寓居国民政府拨给的靖江路 45 号。②(见 1948 年 5 月 25 日上海市政府职员沙架涛关于靖江路 45 号产业问题调查报告原件,上海市档案馆藏)

11 月 12 日　宋子文来电,谓:"收到你本月十日的电报。很高兴得知你对房子很满意。政府打算将它拨给你(作)永久住所,因为你决定将你在莫利爱路 29 号③的房子作为孙博士的纪念地。如果有什么事需要帮忙,请告诉我。我在中央银行大楼里有直接联系上海和重庆两地的无线电台。"(上海宋庆龄故居纪念馆藏)

12 月 13 日　宋子文致函钱大钧,要求通知有关方面制止纳粹德侨到靖江路 45 号宋庆龄寓所纠缠,妥善保管孙中山故居。

---

①　曼尼:美国作家马克斯·格兰尼奇的昵称。
②　因宋庆龄决定将原与孙中山共同生活过的故居捐出,作为孙中山纪念地之用,故政府另拨房子给宋庆龄居住。
③　今香山路 7 号上海孙中山故居。

函谓:"孙夫人因故居凌乱,总理遗物损失甚多,不忍复居故暂寓今宅。而房主纳粹德人时率妻儿前往纠缠,请兄即通知德侨管理委员会加以制止。再,总理故居虽尚未由党政机关接收,但已闻有人欲以保管为名,以图解决其私人居住问题。孙夫人之意,此屋决献于国家作为图书馆,专供公众研究三民主义之用,居室不得住人,仅可作藏书阅书之用,保管及警卫人等可住下房四间及车间楼上之一间。此点并请兄通知有关各方为荷。"(上海市档案馆藏)

12 月 19 日　钱大钧致宋子文复函。

抗战胜利后,因莫利爱路 29 号遭到日军的破坏无法居住,宋庆龄在宋子文帮助下入住恩利河路(今为桃江路)45 号。宋庆龄致函国民政府,欲将寓所"作为孙博士的纪念馆"。1945 年 11 月 12 日,宋子文复函宋庆龄提到此事。1945 年 12 月 13 日,宋子文又致函上海市长钱大钧,要求妥善保护莫利爱路寓所,并转达了宋庆龄希望将寓所赠予政府作研究三民主义之用。(上海市档案馆藏)

12 月 26 日　钱大钧复函宋子文,表示已遵照指示办理宋庆龄寓所和孙中山故居的有关事宜。

函谓:"孙夫人住宅时有德人纠缠已转饬德侨管理委员会严行制止。""廑念莫利爱路总理故居捐献国家,自当秉承孙夫人意旨,慎重处理后,拟定办法另行报核。"(上海市档案馆藏)

1946 年

2 月 25 日　《大公报》刊登《国父沪故居已移赠国家》。

《大公报》刊登报道称,香山路 29 号上海孙中山故居"已移赠国家,中央已令(上海)市府监管"。(上海档案馆藏)

1947 年

12 月 23 日　宋庆龄邀请中国福利基金会儿童工作负责人到香山路孙中山故居共进晚餐。

　　是晚为圣诞节前夜,宋庆龄邀请三位儿童福利站站长马崇儒、陈维博、周尔贤和儿童工作组组长顾锦心到香山路孙中山故居共进晚餐,用"圣诞节形式来款待"大家。她"亲自做了菜肴",还给客人"夹菜送茶"。席间交谈的主题"就是她时刻关心的儿童工作"。她说:"你们的工作很有成绩,要孩子们团结起来,你们这是为未来而工作,眼光要放远些,我们要有开拓精神,把事情做得越来越活跃。"并郑重地说:"我要提醒你们,当前的形势风云变幻,大家都要注意安全。尤其是要注意小先生们的安全。他们将来要成为有用之材。我说的这些话,你们是全懂的。"(陈维博:《镌刻在心底的思念——宋庆龄开辟儿童工作散记》,《中国福利会史志资料》1994 年第 4 期)

1948 年

4 月 7 日　宋庆龄致函吴国桢,要求增加莫利爱路 29 号工友工资。

函谓:"我是否可以提请你注意下列事情?沈启煌目前是看管莫利爱路 29 号的人员,他跟我说,仅靠每月一百五十万(1 500 000CNC)的收入,他无法养活他的妻子和三个孩子。因此,他恳求我让你给他加工资。由于这一数额对他来说显然不足,我是否可以请你满足他的要求?"(上海市档案馆藏)

4 月 9 日　吴国桢来函,答应增加莫利爱路 29 号工友工资。

函谓:"四月七日大函敬悉。国父故居工友沈启煌原在本府按月领有配给品一份,并由管理员程锡祺在应领管理费内转拨一百五十八万元以为工资。兹接尊嘱,遵饬总务处自四月份起补列工友名额支饷,原有津贴配给仍予保留发给,用示体恤。"(上海市档案馆藏)

4 月 10 日　宋庆龄致函王安娜。

谓:"谢谢你可爱的复活节礼物。这次重感冒不但影响了我的听觉,还使我的脸都浮肿了,至今未能会客。希望不久能去办公室看看。我目前住得太远,因为我自己的地方还不能居住。""这是我为你保留的一枚别针,作为我们在上海和重庆的活动的纪念。"(原件复印件,中国宋庆龄基金会藏;《宋庆龄书信集》续编,人民出版社 1999 年版,第 91 页)

4 月　宋庆龄致函王安娜,祝贺其"如此高效地把十三只箱子都搬了出来"。

至于箱子的置放处,"几天之内把莫利爱路的那所房子①就要开始修缮了。到时进进出出的都是工匠……我担心是否安全。……我现在住的地

①　那所房子:即原莫利爱路 29 号。1943 年莫利爱路的中文路名更名为香山路,但门牌号未变。1946 年门牌号亦改,香山路 29 号变为香山路 7 号。

方……几乎没有什么空余的地方可以贮放东西。可否等几天,看看我母亲的老房子①那里能不能保存。因为眼下正好我的二弟回来探亲,住在那里"。(原件复印件,中国宋庆龄基金会藏;《宋庆龄书信集》续编,人民出版社 1999 年版,第 94—95 页)

4 月　故居开始修缮工程。为了这次修缮,宋庆龄拆下了故居所有的布艺装饰,并把其中的一些桌布和带花边的窗帘送给王安娜。(上海档案馆藏)

6 月 6 日　吴国桢复函俞济时,报呈关于靖江路 45 号宋庆龄寓所产业问题的有关材料。

函谓:"孙夫人宋庆龄女士前因莫利爱路故居凌乱,总理遗物损失甚多,不忍复居。经本府前德侨管理委员会奉宋前院长面谕,并征得孙夫人同意,将靖江路四十五号房屋拨为住宅之用。据苏浙皖区敌伪产业清理处称,处理机关对于奉令拨用只解释为使用而不视为产权赠与,本案将来如何处理须再商榷,内存家具亦同等语。兹向中央信托局抄录该屋德侨遗留家具清册一份,附函奉复。至希誉照转陈为荷。"(上海市档案馆藏)

6 月 10 日　宋庆龄签署关于孙中山故居地产"土地所有权登记声请书"。②(《卢湾区志》,上海社会科学院出版社 1998 年版,第 1145 页)

是年夏　宋庆龄致函王安娜,告以已搬回香山路 7 号。③

函谓:"我正十分艰难地把日本人留下的破砖烂瓦清除出去。④等这个旧兵营变得更有些生气之后,希望你能过来团聚一次,因为这所房子正是你与王炳南一见钟情的地方。""请告诉格特鲁德,我的地址变更了,我的电话号码改为 72954。"(原件复印件,中国宋庆龄基金会藏;《宋庆龄书信集》续

----

①　母亲的老房子:即原西摩路 139 号(今陕西北路 369 号)宋氏老宅。

②　1941 年 8 月 11 日,在美国驻上海领事阿·埃德蒙·克鲁比的见证下,原莫利爱路寓所土地所有权人美国人 R·H·派克与中国上海房地产公司和美国联合有限公司签约,将莫利爱路 29 号寓所的土地所有权转让给中国上海房地产公司和美国联合有限公司。1941 年 8 月 15 日,上海房地产公司和美国联合有限公司联合签署关于莫利爱路 29 号地产托管声明,"将这块地皮委托给罗莎蒙德·C·孙夫人代管"。(《卢湾区志》,上海社会科学院出版社 1998 年版,第 1142—1145 页)

③　该函原未署日期,后被推断为写于 1946 年,但宋庆龄 1946 年还居住于靖江路 45 号。

④　1941 年 12 月,日军占领上海租界后,在莫利爱路 29 号内大肆劫掠,他们不仅掠走了一切设备,还偷去了锁在保险箱内的宋庆龄与孙中山的结婚誓约书。(《宋庆龄书信集》上册,人民出版社 1999 年版,第 304 页;赵金敏:《孙中山、宋庆龄婚姻誓约书》,《文物天地》1981 年第 2 期。原件藏中国革命历史博物馆)

编,人民出版社 1999 年版,第 59—60 页)

9、10 月间　宋庆龄致函王安娜,告以因住处漏雨将被迫迁居。

函谓:"这些天来我一直在寻找一处公房搬进去住,因为我现在的房子①快要塌了。特别是屋顶,楼上漏雨漏得很厉害,修了多少次也无济于事。这房子太老了,木头都腐烂了。工人都不愿意再去修屋顶,如果他们踩上去,怕整个屋顶都会塌下来。因此,他们请我尽快搬出去,以便他们着手修缮,把它改成一处纪念馆。""当然我的许多朋友和亲戚都有空房子,我也可以搬进去住。但是你要知道,这样就会谣言四起。所以我正在设法请别人替我在其他地段找房子,而不想在虹桥路一带解决。"并谓:"如果你要送织布机,请事先给我打个电话,以便我叫佣人腾出地方来。但在搬家之前,我是肯定不会把它支起来的。"(原件复印件,中国宋庆龄基金会藏;《宋庆龄书信集》续编,人民出版社 1999 年版,第 55 页;朱玖琳:《从〈书信集〉中寻觅宋庆龄自渝返沪后的踪迹》,《孙中山宋庆龄研究动态》2004 年第 4 期)

10 月 27 日　宋庆龄复函桑德斯夫人,感谢其热心宣传中国福利基金会上海儿童工作计划,并告因病及暂时迁居不能见客。

函谓:"感谢你十月二十一日来信告诉我你和你的丈夫正在进行的工作和发行你的新杂志《美国在呼唤》。""我很重视你的建议,即在你的刊物中登载一篇关于中国福利基金会上海儿童工作计划的文章。请查阅所附我会最近出版的一本小册子和其他资料,你可以从中选用任何部分。""如果你和你的丈夫在上海时能访问一些儿童福利站,我会非常高兴的。"并告:"我很遗憾,由于我要治病和暂时迁居,下周不能接见客人。不过,我的办公室和中国福利会的工作人员将会随时向你提供所需的任何帮助。"(《宋庆龄书信集》上册,人民出版社 1999 年版,第 755—756 页)

11 月 12 日　宋庆龄在孙中山诞辰纪念日,接待众多前来看望的中外名人。

是日,来看望宋庆龄或向她送花赠礼的中外名人"势如潮涌"。其中之一是美国驻上海总领事卡伯特夫人,她对宋庆龄说:归根到底,"每一代都会有这一代的革命"。宋听了"差点乐得噎住"。宋庆龄"以最亲切的态度"对那些送礼的国民党官员们说,"你们记住了孙先生的生日,为什么不记住他

①　现在的房子:即香山路 7 号。

的遗教?"(伊斯雷尔·爱泼斯坦:《宋庆龄——二十世纪的伟大女性》,人民出版社 1992 年版,第 508 页)

11 月　宋庆龄暂时迁出香山路 7 号。(朱玖琳:《从〈书信集〉中寻觅宋庆龄自渝返沪后的踪迹》,《孙中山宋庆龄研究动态》2004 年第 4 期)

12 月 16 日　宋庆龄致函彼得,告知已迁回旧居,说明由于目前美国形势的变化和对中国福利基金会项目的附加条件,增加了工作的难度。

函谓:"我已搬回老房子①去住了。因为抗战期间和抗战胜利后,房子一直没有修理,已十分破旧。所以目前我正力图使它适于居住。"另谓:"关于你的帮助工合募集资金的建议,我不表示乐观。而且,由于目前美国形势的骤变以及他们为中国福利基金会项目筹资所提出的附加条件,我对中国福利基金会项目的认可也必须有所保留。中国救济工作目前的状况一定使人感到迷惑不解。如果我个人再参与其他一些活动只会加剧目前这种状况。"(《宋庆龄书信集》上册,人民出版社 1999 年版,第 790 页)

12 月　宋庆龄在寓所设宴祝贺中国福利基金会工作人员陈永淦夫妇和张宗安夫妇新婚。(陈永淦:《从细微见伟大——回忆宋庆龄主席几件事》,《中国福利会会史资料》1990 年第 3 期)

是年　宋庆龄帮助傅叔达在上海汇丰银行大楼举办个人画展,并亲临画展参观。接受傅叔达所赠展品《墨竹图》一幅,又出资购买其展品中的 4 幅《墨竹图》。(王德斐:《傅叔达先生和他的〈墨竹图〉》,《孙中山宋庆龄研究信息资料》1991 年第 10 期;原件,上海孙中山故居纪念馆、上海宋庆龄故居纪念馆藏)

△ 宋庆龄致信陈翰笙,表示可能到美国去一趟,但后来没有成行。1946—1950 年陈翰笙在美国期间,曾让其胞妹陈素雅到上海香山路孙夫人家去探问。(陈翰笙:《谈谈孙夫人的高尚品格》,《宋庆龄纪念集》,第 118 页)

---

① 老房子:指香山路 7 号。

1949 年

1月2日 宋庆龄致函顾锦心,为失去交流机会表示歉意,并约中国福利基金会全体工作人员聚餐。

函谓:"昨天我去探望一位生病的朋友,为此失去了一次和你愉快交流的机会。"关于参加庆祝会的事,"我将尽量抽时间参加现定于下午开的庆祝会。我相信你和其余的人都能理解我必须提前离开。下午四时我必须会见一个路过上海的人,否则我将失去和他见面的机会"。信中还说"一个朋友送我一些云南火腿,我将带到庆祝会上",让儿童福利站的全体人员以及孩子们"在节日里享受一下"。"我还想在今后几周内请我们中国福利基金会的全体工作人员吃饭。我真希望我的住处能容得下我们所有的孩子和大人……"最后"衷心祝愿你和我们全体工作人员以及孩子们在一九四九年取得巨大成功"。(《宋庆龄书信集》下册,人民出版社 1999 年版,第 1—2 页)

1月上旬 宋庆龄致函王安娜,谈及由于寓所接待避难者所增加的麻烦。[①]

函谓:"这些日子以来,每当我提笔给你写信时,写的总是求救的内容。在这令人烦恼的日子里,我的生活越来越被那些来访的人们所扰乱。本来四个孩子就已经够乱乎的了。""我现在又需要两张铁床和两套床垫、被子和毯子,因为我还得再接待两个人。""我现在觉得我像狄更斯的小说《圣诞欢歌》中的老齐啬鬼那样,四个孩子搂着我的脖子,把我的餐厅变成卧室。过几天我将统统把他们撵到我母亲的房子去,那里很快就会腾空的。真是谢天谢地。但眼下我还不得不接待我的老朋友。""一旦将这些人都撵走以后,我准备清扫一下房子,举行一个驱妖晚会,把地球上的妖魔鬼怪统统

---

① 该函日期原仅标 1949 年,但函中内容与宋庆龄 1949 年 1 月 16 日致史蒂文森夫人函的内容密切相关,据此可知,该函写于 1949 年 1 月上旬。

逐出地球。你得帮我的忙,但不要再带酒来,我已经很多了……"(原件复印件,中国宋庆龄基金会藏;《宋庆龄书信集》续编,人民出版社 1999 年版,第 196 页)

1 月 16 日　宋庆龄致函史蒂文森夫人。

告以:"节日期间,我得了重感冒,一直躺在床上。还有几个来避难的朋友占去了我很多时间。有一段时间,我小小的房子里住着四个小家伙,对家中从来没有孩子的我来说实在是太喧闹了。"又谓:"我们目前正在经历一个异常艰难的时期。我们中一些有先见之明的人曾试图避免这一情况的发生,然而历史仍然选择了这条破坏性的道路。"并坚定地表示:"当和平重返我们这片广大的国土时,我们将不得不更加努力工作,不惜代价地为我们饱经战争创伤的人民带来幸福的生活。"(《宋庆龄书信集》下册,人民出版社 1999 年版,第 12 页;《宋庆龄来往书信选集》,上海人民出版社 1995 年版,第 176 页)

1 月 24 日　宋庆龄接待李宗仁代表甘介侯,表示对李宗仁和其他民主人士为和平努力"非常同情"。(《中华民国大事记》第 5 册,中国文史出版社 1997 年版,第 842 页)

1 月 31 日　李宗仁访晤宋庆龄。

李宗仁偕邵力子由京到沪,于上午 10 时 30 分邀社会名流颜惠庆、江庸、章士钊、陈光甫、冷遹、张君劢、钱新之等十余人商谈和谈问题,提出以颜惠庆、江庸、章士钊、陈光甫、冷遹五人为他的私人代表前往北平与中共方面"搭桥"。午后召集行政院在沪各部会官员孙科、吴铁城、朱家骅、徐堪、刘维炽、左舜生、钟天心、刘攻芸、端木恺等商谈所面临的各项问题。继往香山路访晤宋庆龄后返京。(《中华民国大事记》第 5 册,中国文史出版社 1997 年版,第 846 页)

1 月下旬　宋庆龄致函王安娜,对追踪新闻者和李宗仁特使甘介侯表示反感。[1]

函谓:"虽然上星期发布的消息[2]对那些追踪新闻的人来说应该是足够了,但讨厌的是他们还紧跟在我的脚后。如果他们想知道我的看法的话,请

---

[1]　该函原无日期,但根据函中有关李宗仁特使甘介侯的内容可判断,该函写于 1949 年 1 月 24 日以后。

[2]　指 1949 年 1 月 11 日《字林西报》发表的《中国福利基金会主席宋庆龄的声明》。

让他们看一下我在两年前发表的声明。①这项声明现在仍然有效。那个时候他们全都嘲笑我,称我是个红色傀儡。在经历了这么多的事情之后,我不知道他们现在是怎么想的……如果你没有这份声明,也不记得所有的要点,我可以叫人打一份给你。"

又谓:"廿一天好几次到我这里来。最后,为了把他打发走,我不得不起来见他。他简直就是废话连篇,总是吹嘘自己为民主运动做了哪些事,以及他对李的影响,等等。很自然,我与我们的人民一样,渴望和平。我们希望很快找到解决这一僵局的办法,因为它使我们的生活难以忍受,无论是在精神上还是在身体上,更不用说我们大家都遇到的各种物质困难。我们中一些有远见的人曾经想努力避开这种结果(我两年前的声明可以作证)。但是历史正在选择一条破坏极大的、痛苦的道路。"(原件复印件,中国宋庆龄基金会藏;《宋庆龄书信集》续编,人民出版社 1999 年版,第 127—129 页)

1 月　宋庆龄致函王安娜。

函谓:"这里已有槭糖浆了。你应该顺便过来一下,让我们用热咖啡和薄煎饼来庆祝一番。"并幽默地说:"不是槭糖浆包装得不仔细,就是海关没有重新包好,糖浆从美国一路滴到中国,从林森路滴到莫利爱路。我的外套都沾有糖浆,粘乎乎的。"另谓:"我希望你尽快用青霉素治疗,这样你就能够在春节期间把假日过得舒服一些。"②(原件复印件,中国宋庆龄基金会藏;《宋庆龄书信集》续编,人民出版社 1999 年版,第 137 页)

2 月 2 日　宋庆龄会见李宗仁,拒绝为其赴北方与中共接触。

是日,李宗仁由南京乘专机到上海,偕程思远拜访宋庆龄,请她以个人身份到北方一行,向中共领导人转达他"谋求和平的诚意"。宋庆龄拒绝了他的要求,严正地表示:"德邻先生,我曾经明白表示过,在国民党未实行孙中山先生的三大政策以前,我绝不参与这个党的任何工作。"(程思远:《饱经忧患,坚韧不拔》,《人民日报》1993 年 1 月 27 日)

2 月 24 日　宋庆龄致函在美国留学时的同学阿莉。

---

　　①　指 1946 年 7 月 22 日,宋庆龄对中外记者发表的《关于促成组织联合政府并呼吁美国人民制止他们的政府在军事上援助国民党的声明》。
　　②　该函原无日期,但根据函中宋庆龄正居住在莫利爱路和春节未到的信息可判断,该函写于 1949 年 1 月 29 日春节前。因为宋庆龄于 1948 年夏秋之际迁回莫利爱路居住,1949 年冬春之际已迁往林森中路 1803 号。

函谓："我要感谢你的圣诞礼物,收到你的礼物时,正值我身体感觉非常不适。在这时能收到那么可爱的礼物,真是使我更觉可贵!我的高血压又犯了,医嘱要我卧床和停止一切工作和活动。但我肩负的责任太多,很难遵从医嘱。你亲切的关怀极大地鼓舞了我,所以乘我还能动手就一定要给你写这封信。""你一定知道,中国正经历着一个十分困难的时期,尽管我们有些人预见到了这一结果并努力去避免它,历史还是选择了这一造成巨大破坏和痛苦的道路。人们所能希望的只是这一过程尽早结束。当和平再次降临,我们当更加努力地工作,作出牺牲,为我们长期遭受苦难的人民带来幸福。""由于在过去的几个月里,作为这里的人们主要口粮的水稻歉收,政府采取了控制物价的措施,而奸商们则大肆囤积所有物资,阻止进入市场。现在政府的限制开始放松,食品不再短缺,但由于物价的暴涨,成千上万的外埠难民的涌入,以及 20 万驻军的进入,物资供应还是很紧张。这里的情况就是这样。""纽约的援华委员会目前已经无力再进行运作和为其自身募集资金。因此,我们将在纽约设立一个新的救援委员会,该机构代表我的救济组织,为处于转折阶段的中国提供急需的帮助。"

又谓："我目前住在(字迹不清),抗战胜利后,所有以外国人名命名的街道都更改了路名,部分门牌号码也变了。假如另一僻静处的房子安排落实的话,我可能在今夏再一次搬家。现在的房子太过喧闹,因为紧邻一个公园。但愿这是我最后一次搬家,因为将要去的房子即使不是我梦想中的,至少也是个安静和舒适的房子。我搬去后,自然会给你寄张房子的照片的。"
(《宋庆龄书信集》下册,人民出版社 1999 年版,第 66—68 页)

3 月 28 日　宋庆龄致函耿丽淑,对"解总"与美国援华会继续接触的消息表示焦虑,不同意以为自己祝寿的方法来筹建中国福利呼吁会。

函谓："你听到美国援华会说中国解放区救济总会在香港的机构劝他们继续活动,我们对此感到十分焦虑。……请尽快告诉你们听到有关方面的任何情况。""我们充分了解你筹建中国福利呼吁会所遇到的一切困难,因此,我们很难拒绝考虑你的任何建议。不过,有些事情我们就是不能做。例如,我刚才打电报告诉你,不应采取为我祝寿的做法。在这个时候,考虑到中国的情况,采取这种做法将使我们的处境十分为难。而且我希望突出我们的工作而不要突出任何与我个人有关的事。""另外一个要求是希望在你们举行宴会的那天晚上与你们通话。这种做法必须留待今后考虑。这里的形势仍十分紧张,现在不是进行这种宣传计划的有利时机。"关于是否应邀访美,谓:"即使在遥远的将来我仍绝对不可能离开中国,不能接受任何类似的热诚邀请。"告以:"我提到新的住址只是表明我现在住在香山路7号而不住在以前的地址。你们最好还是像过去那样继续给我寄东西。"并谓:"遵照你电报中的意见",已给埃德加·斯诺发去了电报。(《宋庆龄书信集》下册,人民出版社1999年版,第167—168页)

4、5月间 宋庆龄迁居林森中路1803号①住宅,此后在沪时期一直居住于此。(朱玖琳:《从〈书信集〉中寻觅宋庆龄自渝返沪后的踪迹》,《孙中山宋庆龄研究动态》2004年第4期)

△ 宋庆龄致函王安娜。

函谓:"请把这封短信交给罗戈夫。告诉他,如果他和雅克夏明想要带其他一些苏联的朋友来,我将很高兴欢迎他们。你喜欢P.C.②吗?"又谓:"我将在这个星期天晚上七点半等你。把你最好的朋友带来。他们喜欢什么样的饭菜?别忘了我的新地址是林森路1803号。"③(原件复印件,中国宋庆龄基金会藏;《宋庆龄书信集》续编,人民出版社1999年版,第189页;原件复印件,宋庆龄陵园管理处藏)

6月初 中共上海市委收到中共中央指示:"要保存孙中山先生在上海的旧居,以资纪念;从优供给宋庆龄的日常费用及实物。"

1949年5月27日,上海解放。6月初,中共上海市委收到中共中央指示:"要保存孙中山先生在上海的旧居,以资纪念;从优供给宋庆龄的日常费用及实物。"8月19日,上海军管会及市人民政府拨款"修建沪市香山路7号孙中山先生故居","征得孙夫人宋庆龄之同意后,当即聘请本市有名的华盖建筑事务所陈植建筑师精心设计,随由陆福顺营造厂承包全部工程"。当时"为了保护现在以孙中山故居闻名的这所房子",在房子周围"建了高墙"。(上海档案馆藏)

8月 宋庆龄同意上海市军管会及市人民政府对孙中山故居的修建。

---

① 1949年12月,林森中路1803号改为林森中路1843号(《宋庆龄书信集》续编错误地将原信中的"1803"一概改为"1843")。1950年5月,为纪念淮海战役,林森中路改名为淮海中路。

② 即赵朴初。1949年4月,根据赵朴初的建议,中国福利基金会和其他几个机构成立了"上海临时联合阶级委员会"(简称"联救会")。国际上援助的大部分物资都由联救会处理。

③ 该函原无日期,根据函中"别忘了我的新地址是林森路1803号"的内容可以判断,该函写于1949年4、5月间宋庆龄移居林森中路1803号不久。

　　鉴于国民党政府对香山路 7 号孙中山故居未予精心修缮,任其腐蚀损坏,致使屋顶洞穿,四壁偏塌,屋内藏书及家具等损坏不堪,上海市军管会及市人民政府拟拨出巨款进行修建,在征得宋庆龄同意后,即聘请上海市有名的华盖建筑事务所陈植建筑师精心设计,随由陆福顺营造厂承包全部工程,修建工程于 8 月 19 日开始。预计三个月内完工。(《人民日报》1949 年 8 月 27 日)

图书在版编目(CIP)数据

上海孙中山故居史事编年:1918—1949/上海孙中
山故居纪念馆编.—上海:上海人民出版社,2023
ISBN 978 - 7 - 208 - 16913 - 5

Ⅰ.①上… Ⅱ.①上… Ⅲ.①孙中山(1866—1925)
-故居-大事记- 1918—1949 Ⅳ.①K878.2

中国版本图书馆 CIP 数据核字(2021)第 011578 号

责任编辑　刘华鱼
封面设计　一本好书

上海孙中山故居史事编年(1918—1949)
上海孙中山故居纪念馆 编

出　　版　上海人民出版社
　　　　　　(201101　上海市闵行区号景路 159 弄 C 座)
发　　行　上海人民出版社发行中心
印　　刷　苏州工业园区美柯乐制版印务有限责任公司
开　　本　720×1000　1/16
印　　张　16
插　　页　6
字　　数　246,000
版　　次　2023 年 9 月第 1 版
印　　次　2023 年 9 月第 1 次印刷
ISBN 978 - 7 - 208 - 16913 - 5/K · 3043
定　　价　88.00 元